U0061664

年華裏的初心

香港回歸與「一國兩制」重要親歷者訪談錄

閻小駿　康向宇

編著

中華書局

目錄

第一章

專 訪

梁振英

「當仁不讓」的政治人生

梁振英祖籍山東威海，1954 年出生於香港。在自我介紹中，梁振英經常説自己出生於「甲午戰爭爆發後下一個甲午年」，這並非無心之語。1894 年，是為農曆甲午年，日本對中國發動蓄謀已久的戰爭。中國倉促應戰，不敵戰敗。北洋水師全軍覆滅，清王朝被迫簽訂喪權辱國的《馬關條約》。甲午戰爭的失敗，為中國帶來了空前嚴重的民族危機，進一步刺激了無數仁人志士為救亡圖存而奮鬥，「甲午年」亦因此在中國現代史上獲得了獨特的符號意義。

「甲午之恥」不能忘，中華民族當自強。梁振英以出生於「甲午戰爭爆發後的下一個甲午年」自況，其實蘊含着深刻的愛國情懷。多年以後，梁振英以候任行政

長官身份接受記者採訪時，深情地說，自己出生於甲午年，他的父親出生於辛亥革命的 1911 年，他的姐姐出生於中華人民共和國成立的 1949 年，「這三個年份也應該說給了我在長大的過程中，作為一個中國人，一定的歷史定位」。

香港迄今為止的歷任特首當中，只有梁振英出身於專業界 —— 在投身政界之前，他是一名測量師。1977年，梁振英以優異成績從英國的布里斯托理工學院畢業，返回香港。當時適逢香港經濟起飛，他加入英資測量師行仲量行，三十歲左右即獲擢升為這家英資大行兩百年歷史上最年輕的合夥人。

梁振英在香港專業界嶄露頭角之際，中國內地亦開始發生着翻天覆地的變化。1978 年 12 月，中共中央召開十一屆三中全會，決定把全黨工作重心轉移到經濟建設，由此拉開了改革開放的大幕。在愛國情懷的驅使下，梁振英以相當積極的姿態，參與到改革開放的歷史進程當中。從七十年代末開始，梁振英經常義務去內地講課，並為深圳、上海等地的政策規劃提供專業建議，竭盡所能為國家的改革開放事業貢獻力量。

此時，中國政府亦將收回香港提上了議事日程。1979 年元旦，全國人大常委會發表《告台灣同胞書》，提出和平統一祖國的方針，標誌着「一國兩制」事業的

起點。從 1982 年戴卓爾夫人訪華開始，到 1984 年《中英聯合聲明》簽署為止，中英兩國政府關於香港前途問題進行了激烈談判。在此期間，梁振英積極參與到香港回歸的歷史進程中。為了穩定香港的地產市場，保證平穩過渡，梁振英應中國政府要求，起草了一份關於土地契約問題的報告，後來成為《中英聯合聲明》附件三的主要條文。1985 年，基本法起草委員會成立，香港亦成立了基本法諮詢委員會，梁振英獲邀加入諮詢委員會，並於 1988 年接替時任新華社香港分社副社長毛鈞年，擔任諮詢委員會秘書長。「直通車」因「彭定康政改」而告終後，梁振英又積極參與香港特別行政區的籌備工作，為香港的平穩過渡做出了重要貢獻。

在梁振英看來，自己的人生有兩件大事：第一，為國家的改革開放貢獻了一己之力；第二，參加了香港回歸祖國的全過程。從底層到特首的傳奇經歷，當然是諸多因素共同作用的結果。但梁振英認為，很多因緣際會，都可以追溯到自己的專業技能 —— 他之所以能在政界嶄露頭角，是因為他憑藉測量師的專業技能，為改革開放和香港回歸貢獻了一份力量。

香港回歸祖國以後，梁振英曾長期擔任行政會議召集人，並於 2012 年當選為香港特區第四任行政長官。或許由於出身基層，梁振英尤其關注貧富差距問題，在

任內推出多項經濟民生措施，如增加住房供應、公佈官方貧窮線、發放長者生活津貼等。此外，他任內還打了幾場政治方面的「硬仗」，如「政改」風波、「佔中」運動、旺角暴亂等，努力維護香港特區作為一個地方行政區所應承擔的憲制責任。卸任特首之後，梁振英又以全國政協副主席的身份，大力投入到「一帶一路」與「大灣區」的建設當中。他相信，新時代為香港賦予了新機遇，香港坐擁「一國」之利、「兩制」之便，可以作為內地與世界各國之間的「超級聯繫人」，「向世界提供跨制度區域合作的新經驗，為『一國兩制』的實踐賦予新的意義」。

訪談過程中，在解釋自己當年為何決定參選特首時，梁振英說了擲地有聲的四個字：「當仁不讓。」服務與擔當，當仁不讓。這，或許就是對「初心」的最好詮釋。

一、人生的兩件大事

1977 年，我從英國畢業，返回香港。我在英國讀的是測量學。測量學是什麼呢？它是與土地管理、房地產經濟活動等有關的一個專業。1977 年回來以後，1978 年，我認識了我的中學學長陳子鈞大律師、曾正麟規劃師、劉家駿建築師。其中，曾正麟和劉家駿還參加了港澳各界慶祝國家改革開放四十周年訪問團，並於 2018 年 11 月 12 日受到了習近平主席的接見。

認識他們後，我得知他們開始籌組一些活動，去深圳幫忙。當時我剛讀完書，時間比較多，便跟隨他們做。大家都知道，當時內地的土地是無償使用且不可轉讓的，沒有房地產市場。我在內地幫忙做一些規劃工作，講一些課，介紹土地經濟到底是什麼一回事，如何發揮市場的力量，怎樣決定土地和樓房的利用和分配。用今天的話來說，就是使市場在土地資源配置中起決定性作用。1978 年我在內地講課的時候，主要就是講這個問題。到了 1979 年，這些專業人士組成了「促進現代化

專業人士協會」，我亦參加成為會員。①

　　直至 1984 年，內地仍然沒有房地產市場。內地人民和中國政府官員對房地產到底是怎麼一回事，是不了解的。尤其是香港的土地年期，比如 999 年、99 年、75 年，具體是怎麼一回事，他們是不清楚的。但恰好在這個時候，中英談判有了一個突破：英國人不再糾纏於香港的「主權」問題。於是，在 1984 年的春天，中英兩國政府關於解決香港問題的談判便開始進入《中英聯合聲明》的具體起草階段。在起草過程中，遇到了一個問題，就是土地契約問題。因為香港界限街以北的所有土地年期，即整個新九龍和新界，都會在 1997 年 6 月 27 日或之前，即中國恢復對香港行使主權前的三天，全部屆滿。這是一個比較棘手的問題。這個問題怎麼處理呢？由於當時內地沒有房地產市場，所以不清楚這些問題。內地有很多法律專家，可以處理其他問題，包括香港人的國籍問題等，但他們不清楚關於土地契約的問題。

　　國務院港澳辦知道我們這群人經常到內地講課，便來找我和陳子鈞大律師 —— 他是我剛剛提及的三位中學

---

① 　1979 年，香港一班來自法律、會計、工程、測量等界別的專業人士，在廖瑤珠律師牽頭下，組成促進現代化專業人士協會，致力參與祖國的現代化建設。

校友其中一位，去年剛剛過身。他們都是比我大二十年的朋友。我們兩個人遂應港澳辦的要求，去到北京。我們當時住在舊的華僑飯店，不是今天的華僑飯店。今天的華僑飯店是在同一地點新建的。我們當時的普通話不行，港澳辦就派一位廣東籍顧問，來與我們用廣東話交談，以了解土地契約到底是什麼一回事，年期是什麼一回事，以及如何處理新九龍、新界的土地在香港回歸前三天全部到期的問題。我一一回答了他的問題。他聽了很久，說還是聽不明白，讓我回去寫個報告。我返回香港以後，便寫了一個報告，交給上面。這便是《中英聯合聲明》附件三「關於土地契約」的基本內容。《中英聯合聲明》簽署以後，附件三的作用是比較好的，它穩定了地產市場，穩定了經濟，穩定了人心。因為對很多香港家庭和企業來說，房子就是他們最大的資產。穩定了產權，自然就穩定了人心。

　　到了 1985 年，《中英聯合聲明》生效，基本法起草委員會成立，而香港也成立了基本法諮詢委員會。起草委員會邀請我加入諮詢委員會，我就加入了。諮詢委員會於 1985 年 12 月 18 日成立，有 180 名委員，皆為香港居民，來自工商、專業、勞工、教育、學術、藝術、新聞、社會福利和學生等界別。三年後，也就是 1988年，時任新華社香港分社副社長、諮詢委員會秘書長的

毛鈞年先生退休。[②] 我便接替他，當上了諮詢委員會秘書長。之後，我又參加了預備委員會的工作，以及籌備委員會的工作，直至 1997 年香港特區成立。

所以說，我的人生做了兩件比較大的事：一個是參加了國家改革開放，從南到北、從東到西地講課；一個是參加了香港回歸的全過程。這兩件事，其實有一個共同點，是什麼呢？那就是都和我的專業有關。因為我的專業，我才去了內地幫忙、講課，參與到了國家改革開放的歷史進程當中。若干年後，中英關於香港前途問題的談判遇到了土地契約問題，我也提供了專業意見，並被收入《中英聯合聲明》。因此，中央知道了我的存在，便邀請我加入基本法諮詢委員會。

---

② 毛鈞年（1937-2013），香港知名愛國愛港人士、原新華社香港分社副社長。1985 年 1 月至 1987 年 6 月，任新華社香港分社副秘書長兼文化教育部部長。1985 年 6 月，任香港基本法起草委員會副秘書長，12 月當選為基本法諮詢委員會執行委員會秘書長。1987 年 7 月，任新華社香港分社副社長。2000 年榮獲香港特別行政區政府頒發的大紫荊勳章。

二、改革開放與香港的回歸

改革開放與香港回歸的關係有很多，我先說一點。改革開放使內地的經濟發展比較快，令香港人對國家的未來發展有信心。在香港回歸的過程當中，香港人有很多顧慮。其中一個顧慮，就是香港的經濟發展水平比較高，內地的經濟發展水平比較低。香港回歸以後，中央的政策當然是內地人民來香港是要經過審批的。正如改革開放之前，大家都經常談到的，廣東有很多青壯年，都偷渡來香港，或者藉來香港旅行的機會逃港。如果內地經濟發展水平低，有很多內地人逃來香港，香港必定承受不住這個壓力。當時有些人甚至說一些危言聳聽的話，比如，內地人民會不會妒忌香港有比較好的生活水平，於是衝擊「一國兩制」。所以這是個很基本的問題。內地從 1978 年開始改革開放，經濟發展相當快，使得大家可以看到這個問題逐步解決。這個是第一點。

第二，內地的改革開放，為香港很多商人提供了大量的投資機會。先是製造業，香港有很多工廠搬到了內地。雖然有些企業家在內地的經營碰到很多問題，包

括腐敗問題、行政上的官僚主義問題等，但是因為內地的生產條件較好，生產成本很低，所以他們很願意在內地發展。但是，有部分人仍然對香港前途沒有信心。於是，這些人自己留在香港，經常到內地做生意，但是家人移民去澳洲、加拿大，把家安在那裏。不過，他們在開始時雖然對香港前途沒有信心，但因為對中國內地的改革開放有信心，所以願意去內地發展事業，把生意留在香港。這是一個重要的穩定力量。如果沒有內地的改革開放，這些生意人把香港的工廠賣了，一家人遠走澳洲、加拿大，對香港的平穩過渡是有影響的。

第三，內地的改革開放，亦促成了香港和內地社會的頻繁交流，使香港人認識內地，亦使內地人認識香港。國家對香港的方針政策，亦需要內地同胞的支持和理解。有了改革開放，大家接觸多了，溝通交流比以前多了，有利於穩住香港社會，也可以讓國家能夠順利落實對香港的方針政策。

所以歷史是很微妙的。1982 年，中國政府宣佈要收回香港；1978 年，十一屆三中全會決定實行改革開放。這是兩件事，不是一件事。在這兩件事當中，我相信國家不論改革開放或者不改革開放，都是會收回香港的。而當年滿清簽訂「新界條約」時，也沒有人想過九十九

年以後的 1997 年，是改革開放的第十九年。③ 微妙的地方在於，因為改革開放，令我們收回香港的工作比想像中容易。事實上，如果我們回頭看，從 1982 年中英關於香港前途問題的談判開始，到 1997 年香港回歸祖國，期間十五年，出現過「北京政治風波」等等的衝擊，亦經歷過「三違反」的「彭定康政改」等等的影響。④ 但十五年以後，1997 年 7 月 1 日，五星紅旗在香港升起的晚上，我們回頭看，會發現我們做出的成績比 1982 年所估計的要好。1982 年的時候，我們有很多各種各樣的顧慮。大家都知道，外國很多評論員和媒體說，到 1997 年，香港這個地方會毀滅，亦即所謂的「香港的終結」（The end of Hong Kong）。台灣很多人說，我們面臨「九七大

---

③ 「新界條約」或「新界租約」即《展拓香港界址專條》，是中英兩國於 1898 年 6 月 9 日在北京簽訂的一份不平等條約，內容是中國將九龍以北、深圳河以南的土地，租借給英國，租期為 99 年，於 1898 年 7 月 1 日生效。因為這塊新租借的土地沒有一個統一名稱，所以英國人稱其為「新界」（New Territories），意為「新領土」。《展拓香港界址專條》與 1842 年的《南京條約》、1860 年的《北京條約》共同構成了關於香港問題的三個不平等條約。

④ 彭定康（Christopher Francis Patten, 1944－），英國保守黨政治人物，曾任英國保守黨主席，1992－1997 年間出任香港總督，亦是最後一任香港總督。彭定康擔任港督不久，便提出一個所謂的「政改方案」，企圖將香港的政治體制從「行政主導」變為「立法主導」，以使英國的政治影響延續到「九七」以後。在中方強烈反對的情況下，彭定康依然於 1994 年將政改方案交付立法局表決通過，並在 1995 年香港立法局選舉中予以落實。在此情況下，中方被迫終止「直通車」，不允許 1995 年當選的立法局議員過渡到特區立法會，而是另組「臨時立法會」。

限」。我記得，大概在 1995 年、1996 年的時候，有一些台灣朋友問我，1997 年快到了，為什麼香港的房地產市場還這麼好？所以說，改革開放與香港回歸之間，有着很微妙的關係。當香港特別行政區成立以後，香港和內地的關係更密切，互相補足，作用亦更加明顯。所以我覺得，你們現在在做口述史，改革開放與香港回歸之間的關係，是一個很值得講的問題。

三、「五十年不變」

內地主體的社會主義制度和香港的資本主義制度這「兩制」是並存的。我們對香港的整個方針不只是「一國兩制」四個字，而是「一國兩制」、「港人治港」、高度自治。在「一國」之內，「兩制」是並存的。然後，香港實行「港人治港」。最後的那句話很重要——香港實行的是「高度自治」，不是「完全自治」。為什麼要講「高度自治」不是「完全自治」呢？因為雖然在「一國」之內，內地主體實行社會主義制度，香港不實行社會主義制度，但實行資本主義制度的香港，仍然是中國的一部分，我們的中央政府仍然是中國政府。中國對香港行使主權，這個是要講清楚的。所以我們的自治只會是「高度自治」，而不是「完全自治」。在這個前提下，我們兩種制度基本上是並存的。

不過，我們不能說「兩制」之間是相互獨立的。比如，香港法院享有終審權，全國性法律除列於基本法附件三者外亦不在香港實施，但是香港雖然講司法獨立，但香港的司法亦不是完全是獨立於我們國家的。在某些問題上，基本法說清楚了香港的權力。但在另外一些問

題上，比如說在涉及中央權力、涉及主權的問題上，人大享有立法解釋權。

鄧小平講過「一國兩制」、「五十年不變」。這五十年的時間，可以讓香港和內地更加認識對方的制度。我順道講一下，為什麼要「港人治港」。我們不單是「一國兩制」、高度自治，還有「港人治港」。大家都聽過，有些中央派來香港的官員，比如原新華社香港分社社長、中聯辦主任，都講「香港是一本很難讀的書」。因此，我們不是「京人治港」，而是「港人治港」。基本法規定，「香港特別行政區行政長官由年滿四十周歲，在香港通常居住連續滿二十年並在外國無居留權的香港特別行政區永久性居民中的中國公民擔任」，而不是說住滿七年成為永久性居民就可以。香港的管治者，必須對這個地方有充分的、全面的認識。所以我們說，「一國兩制」、「港人治港」、高度自治，五十年不變。

但是，我們基本法是沒有一個失效日期（End date）的。「五十年以後更沒必要改變」的意思是什麼呢？我的理解是，我們對國家的發展有信心。國家實行改革開放，建設社會主義市場經濟，使市場在資源配置中起決定性作用。在五十年的時間內，內地將發展起來。所以五十年之後，更不需要把香港納入內地的社會主義制度之下。

所謂「不變」，實際是指香港的社會制度、經濟制度、政治制度不會變成和內地的制度一樣。最簡單的，內地每個省、市都有政協，香港市民可以在內地的省、市擔任政協委員，但香港除特區政府和立法會之外，沒有一個機構名為「香港特別行政區政協」。這就是「不變」。此外，我們會創設一些過去沒有的政策，比如公佈貧窮線，這亦不可能被看作「變」。所謂「變」，其實針對的是我們的發展方式，比如特區政府的施政重點。這是可變的方面。

　　有些人說，「港人治港」其實是「工商界治港」或「地產商治港」。這些人可能認為，政府的政策偏幫某一個界別。這個說法是不正確的。至少在我自己任行政長官的五年內，也有工商界朋友說，我們那屆政府在基層方面的工作做得太多了。我們的施政綱領之一，就是解決貧窮問題。我們破天荒地成立了一個扶貧委員會⑤，破天荒

---

⑤　2005 年，時任香港特區行政長官董建華宣佈，為了處理香港經濟轉型下的貧窮問題，成立一個包括香港政府高級官員、立法會議員、工商業人士、民間團體和專家學者等持份者參與的扶貧委員會（Commission on Poverty）。2007 年，扶貧委員會在任期屆滿後解散。2012 年，梁振英當選行政長官後，宣佈重新設立扶貧委員會，並且設立扶貧委員會籌備小組的職能和成員。扶貧委員會由香港特別行政區政務司司長擔任主席，其他成員包括中央政策組首席顧問、四位分別負責衛生福利、民政事務以及教育政策事務的局長、立法會議員、商業人士、民間團體領袖、非官方團體及學界代表。

地確立了一條官方貧窮線⑥，而且大幅度地增加了社會福利開支。所有這些工作，大家都是可以看到的。我知道有人這樣批評特區政府，但至少我自己那一屆政府，在扶助基層方面是做了大量工作的。

香港社會各個階層、各個行業的人參與治理香港的權利是平等的，機會是均等的。我們只看行政長官的選舉，無論是當年 400 人的推選委員會，或現在 1200 人的選舉委員會，都是均衡參與的。根據基本法規定，我們的選舉委員會有四個不同界別，包括工商、金融界，專業界，勞工、社會服務、宗教等界，立法會議員、區議會議員的代表、鄉議局的代表、香港特別行政區全國人大代表、香港特別行政區全國政協委員的代表。另外，各界人士的均衡參與，在香港政府的大量諮詢委員會中，以及在立法會、行政會議中，都可以體現出來。

---

⑥　2013 年，香港特區政府正式公佈了官方貧窮線，及有關貧窮人口的分析，以制定扶貧政策及評估政府扶貧政策成效。

四、基本法諮詢委員會

我在 1988 年接任基本法諮詢委員會秘書長的工作。基本法諮詢委員會的工作是什麼呢？主要有三個方面。

第一，在香港宣傳、講解基本法的徵求意見稿和草案。基本法的文本前後有三稿。基本法起草委員會在 1988 年通過了基本法（草案）徵求意見稿，在 1989 年通過了基本法（草案）。基本法（草案）又經過修訂之後，才於 1990 年交付表決並獲通過。我們的第一個工作，就是宣傳、講解基本法的這幾稿。

為鼓勵社會各界各階層人士關心基本法，1988 年的基本法（草案）徵求意見稿出台前後，當時港英政府同意給了免費的電視和廣播電台廣告時間。我們請了徐小鳳小姐免費為我們演唱了一首主題曲，並拍攝了廣告片。基本法（草案）徵求意見稿有盲人凸字版。我們還拍了一個錄影帶，請了劉家傑先生為旁白，介紹香港前途問題的由來。

兩個草稿通過後，在當時的條件下，「諮委會」秘書處竟然可以搶在第一時間，在香港通過二十多家銀行近九百間分支行，向社會免費派發草稿文本。我們事先

與銀行協議好，第一天晚上北京才逐條表決通過，第二天中午前我們就把基本法草稿放在各個分行，方便大家取閱，並請大家提意見。以上這些宣傳手法，都具有開創性。

第二，調查研究。比如，香港人都很關心國籍問題。什麼叫「中國公民」？香港特區護照是怎麼回事？回歸之後，香港人作為中國公民，和英國人留下來的英國國民（海外）護照（BNO）的關係是什麼樣的？[⑦] 當時，我們秘書處專門請人做了這方面的研究工作，並寫了一些研究報告供社會參考，因為這是大家普遍關心的問題之一。

第三，收集意見。我們以不同的形式，做了很多工作，如舉辦了無數場座談會，落區聽意見，以及辦一些社會活動，包括我們受基本法起草委員會委託，在香港 —— 其實是在全國範圍內 —— 徵集區旗、區徽的設計。為了鼓勵大家積極參與，我們還在沙田馬場舉辦了一場兒童繪畫比賽。

---

⑦　1996 年 5 月 15 日第八屆全國人民代表大會常務委員會第十九次會議通過的《全國人民代表大會常務委員會關於〈中華人民共和國國籍法〉在香港特別行政區實施的幾個問題的解釋》規定：「所有香港中國同胞，不論其是否持有『英國屬土公民護照』或者『英國國民（海外）護照』，都是中國公民。自 1997 年 7 月 1 日起，上述中國公民可繼續使用英國政府簽發的有效旅行證件去其他國家或地區旅行，但在香港特別行政區和中華人民共和國其他地區不得因持有上述英國旅行證件而享有英國的領事保護的權利。」

應該說，我們的諮詢工作，在整個香港社會都激起了比較熱烈的回應。看了大家的意見以後，我們形成了一系列書面報告，既有專題報告，也有各方面報告。我們將其交給北京，使起草委員會，尤其是內地「草委」，能夠知道香港各界各階層的不同想法。這個工作是卓有成效的。「諮委會」成立四個月後，秘書處已向「草委會」提交了六批專題研討會的總結報告和七十七份函件和資料，並得到「草委會」的肯定和感謝。

同時，我們亦有組織內地「草委」來香港，與香港的諮詢委員和各界人士見面，直接聆聽他們的意見。我記得我辦過一場座談會，當時比較哄動，但也有些提心吊膽——我們請了一些內地「草委」，包括後來被大家稱為「四大護法」的法律專家，到香港電台，通過和幾位預約的傳媒高層交流，接受他們的提問，向全社會介紹基本法（草案）徵求意見稿。[8] 這是 1988 年的事。在當時內地的習慣中，這是不可思議的事情，但我們做到了。

---

[8]　香港媒體所謂的「四大護法」，是內地四位法律專家邵天任、蕭蔚雲、吳建璠和許崇德的合稱。他們因在基本法解釋問題上多次站在中央立場發聲而得此名。

五、「雙普選」與「23 條立法」

應該說，自從中英兩國政府關於解決香港前途問題的談判開始，對於香港發展選舉式民主的問題，中央的態度一直是開明的、開放的。《中英聯合聲明》確實規定「行政長官在當地通過選舉或協商產生」，但我們從來沒有用協商的方式產生行政長官。

我們應該先講這件事情的起點。1982 年，戴卓爾夫人訪問北京，和鄧小平先生會見。鄧小平先生提出了中國政府對香港問題的基本立場，意思是，1997 年要收回香港。在此之前，英國政府和香港的相當一部分人都有一個誤判。他們以為，當時的中國政府要着手現代化，要改革開放，需要香港的資金，需要香港這個實施另一種制度的城市，等等。因此，他們認為，在此情況下，戴卓爾夫人訪問北京時，只要堅持一下，中國政府便會讓步，不會在 1997 年對香港行使主權。所以鄧小平先生代表中國政府，在戴卓爾夫人面前宣示中國的基本立場，對於英國政府和香港很多人來說，是突如其來的。他們對此沒有準備。

大家接受了這個現實之後，香港很多人便說：香

港不是一個政治城市，而是一個經濟城市。我們在香港生活，不在內地生活，就是希望遠離政治。我們不希望搞太多政治方面的事情。只要這個地方能夠繼續享有自由，包括旅行自由、言論自由、學術自由等，我們就可以繼續做生意，養妻活兒。這個便是我們最大的訴求。所以在 1982 年至 1984 年的中英談判期間，香港社會是沒有什麼關於普選的訴求。這是當時的歷史背景。

然而，在從 1984 年簽訂《中英聯合聲明》之後，到 1988 年我們的基本法（草案）徵求意見稿公佈之前，社會上對選舉的訴求就變了。在起草基本法的時候，社會上有聲音要求更大程度的選民參與。大家都知道，1985 年，香港舉行了有史以來的第一次立法局選舉，部分議席由功能組別選舉產生，當時的選舉還沒有分區直選。[9] 到了 1988 年，社會上開始爭論，當年是否應該有立法局直選。這個「八八直選」，便成為社會上大家討論得比較

---

[9]　1984 年，港英政府發表《代議政制綠皮書 —— 代議政制在香港的進一步發展》，研究在香港發展所謂「代議政制」。1985 年，香港立法局首次引入間接選舉，其中 24 名議員分別由選舉團和功能組別選出，每類各選 12 名。選舉團的成員，包括所有市政局、區域市政局及區議會的議員。立法局的其餘議席依然透過港督委任產生。

熱烈的一件事。後來，港英政府也否決了「八八直選」。[10]
所以香港的第一次分區直選是 1991 年。[11] 大家可以看到，
在簽訂《中英聯合聲明》以後，對於選舉產生立法局部分
議員以至選舉產生行政長官，社會上的意見是變多了的。

　　基本法規定，在香港實施的法律，包括三種。第
一，「本法」，即基本法。第二，香港的本地法律。第
三，基本法附件三列明的在香港實施的全國性法律。為
什麼這些全國性法律一定要在香港實施呢？很明顯，香
港雖然實行不同於內地的另一種制度，但有些全國性法
律是全國人民都要遵守的，比如國籍法。所以，《中華人
民共和國國籍法》便是我剛剛提及的在香港實施的全國
性法律之一。雖然它不是香港制定的法律，但要在香港
實施，因此列於基本法附件三。

　　開始的時候，在國家安全問題上，我們準備把維護
國家安全的全國性法律也列入基本法附件三。然而，我
們很快便碰到一個問題。當時香港有一種意見，便是內
地的罪與罰的概念與香港不一樣，不應適用於香港。這

---

[10]　1987 年，港英政府發表《綠皮書：一九八七年代議政制發展檢討》，並向
市民諮詢對於 1988 年在香港立法局引入直接選舉的意見。「八八直選」建議雖
然得到「泛民主派」大力支持，但最終並未被採納。

[11]　1991 年香港立法局選舉，是港英時代第一次在立法局引入地區直選。這
次地區直選把香港分成 9 個選區，每區選出兩席，共 18 席。立法局的其餘議
席分別透過功能組別間接選舉及透過港督委任而產生。

個意見有其合理性。所以大家便說，關於國家安全的全國性法律不在香港實施，但是香港應該自行立法，以確保國家安全不會受影響，不會有人在香港做一些危害國家安全的行為。

我們要注意基本法第 23 條在基本法中的位置。基本法的第一章是「總則」，第二章是「中央和香港特別行政區的關係」，第三章是「居民的基本權利和義務」。那麼，基本法第 23 條放在哪裏呢？放在第二章，而不是第三章。基本法第 23 條是第二章「中央和香港特別行政區的關係」的最後一條。緊接着，第 24 條便是大家熟識的香港永久性居民的定義，屬於第三章「居民的基本權利和義務」。

另外，我們還要注意基本法第 23 條的文字表述。第 23 條的原文是「香港特別行政區應自行立法禁止……」，如果看英文的話便更清楚。英文是「The Hong Kong Special Administrative Region shall enact laws on its own to prohibit ……」這裏是「shall enact」，而不是「will enact」。大家知道，「香港特別行政區」（Hong Kong Special Administrative Region）是第三人稱單數，一般應該用「will」的，但這裏卻用了「shall」。「shall」的意思是，這是你必需做的。所以從基本法的用字來說，「23 條立法」確實是

香港的憲制責任，而這個也是我們未完成的憲制責任。

我們在 2003 年未能夠完成這個憲制責任，最主要原因是社會不理解。我不是要把這個責任推給當時的政府，我當時也是其中一份子。我當時是行政會議召集人，如果說誰需要負責任的話，我也是需要負責任的。當時，社會上有很多人沒有認識到「23 條立法」的原意和影響。我認識一位高級公務員，他是天主教徒，很誠懇地跟我說：「基本法第 23 條不能立法。立法以後，如果家裏有聖經的話，也會犯法的。」他真心相信這一點。所以說，我們當時的解釋和說明工作沒有做好。

我任特首的那五年，要兼顧的事情太多，最主要是要應對政改問題，因此沒有啟動「23 條立法」。一屆任期內不能夠兼顧這麼多事情。但是，到了現在，「23 條立法」的條件應該說已經成熟了。

六、香港的政治體制

　　在設計香港特區的政治體制時，我們有一個很重要的原則，就是盡量保留港英時期政治體制中行之有效的部分。所以時至今日，我們很多內地朋友問：「行政會議是什麼？為什麼會有行政會議這個東西？」其實，不單內地沒有行政會議，世界上許多地方都沒有行政會議。但我們認為，在 1997 年以前的港英政體中，行政局是一個行之有效的部分，於是我們將其保留下來。這就是行政會議的由來。⑫

　　在港英統治時期，總督的權力非常大，而且權力的行使完全由行政主導。所以我們如果看基本法第四章「政治體制」的行政長官那部分，會發現行政長官的憲制權

---

⑫　香港特別行政區行政會議（Executive Council），是協助行政長官決策的機構。行政會議每週舉行一次會議，由行政長官主持。行政長官在作出重要決策、向立法會提交法案、制定附屬法規和解散立法會前，須徵詢行政會議的意見。但在人事任免、紀律制裁和緊急情況下採取措施的事宜上，行政長官則無須徵詢行政會議。行政長官如不採納行政會議多數成員的意見，應將具體理由記錄在案。行政會議成員必須是在外國沒有居留權的香港特別行政區永久性居民中的中國公民，由行政長官從行政機關的主要官員、立法會議員和社會人士中委任。現時行政會議成員包括問責制下委任的十六位主要官員及十六位非官守議員。

力亦相當大。很多權力與當年總督的權力是相當的。當然，政治上會否動用這些權力，是另一回事。不過，我們也做過一些修改。比如説，當年的總督可以委任立法局議員，但現在的行政長官不可以委任立法會議員，所有立法會議員都是選舉產生的。

什麼叫「行政主導」？我們的政治體制如何體現「行政主導」？從行政和立法兩者之間的關係來看，我們並不是「立法主導」。首先，香港特區行政長官和英國首相的產生辦法不一樣，英國首相來自下議院，但香港特區行政長官並不是產生於立法會。

其次，香港立法會的權力相對有限。比如説，立法會不能編制並提出財政預算、決算；立法會議員可以提出私人動議，但不可牽涉公共政策和財政方面的影響。所以説，推動立法的主動權在特區政府。另外，行政長官還可以解散立法會，等等。這些地方都可以體現出「行政主導」。

另外，基本法第 64 條規定：「香港特別行政區政府必須遵守法律，對香港特別行政區立法會負責：執行立法會通過並已生效的法律；定期向立法會作施政報告；答覆立法會議員的質詢；徵税和公共開支須經立法會批准。」這裏提到了特區政府向立法會負責的四個方面，第三點和第四點之間沒有「及」字，第四點後面沒有

「等」字。這表明，特區政府只就這四個方面向立法會負責。如果有立法會議員說，行政長官、行政機關等對立法會不負責任，立法會要制衡行政機關——這是政治，不是法律。如果談政治，他說什麼也可以；如果談法律，就是我剛剛說的那些。

有人說，香港特區的政治體制應當是「三權分立」。事實上，「三權分立」這個講法是過時的，基本法裏也沒有「三權分立」這四個字。在「三權分立」的情況下，行政機關和立法機關基本上是相互抗衡的，但我們並沒有採取這種做法。我們在基本法裏講得很具體：行政長官、行政機關的權力與責任是什麼，立法會的權力與責任是什麼，行政機關如何就四個方面向立法機關負責。我們講司法獨立，但不講「三權分立」。香港的政治體制是「行政主導」，這是值得一講的。實際上，香港回歸已經二十一年，但很多人都不理解這一點。

我們知道，行政長官的選舉完全獨立於立法會的選舉。最重要的一點，是中央保留了最後的任命權。無論是現在的選舉委員會選舉行政長官，還是日後假如有一人一票普選行政長官，當選人產生後，必須得到中央人民政府任命，才能就任。為什麼中央要保留對行政長官的任命權？這個問題亦要講清楚。

倫敦、紐約、東京市長由選舉產生，不必經上級

政府任命，但他們的權力是有限的，基本上僅限於城市管理、市政衛生、交通秩序等。然而，香港實行高度自治，幾乎所有法律都是本地立法。我們的財政也是完全獨立的，不必上繳中央，中央也不給我們撥款。基本法還規定：「香港特別行政區政府在必要時，可向中央人民政府請求駐軍協助維持社會治安和救助災害。」凡此種種說明，香港實行高度自治，香港特別行政區行政長官的權力是很大的，比倫敦、紐約、東京市長的權力都要大。這些權力從哪裏來？為什麼香港作為一個地方行政區，不是一個獨立的主權國家，卻可以有一個權力這麼大的行政長官？

其實，行政長官這麼大的權力，並非完全由選民賦予的。市民從下而上，選出行政長官，賦予他一般的地方行政權力。選出以後，中央說「好，我接受這個人」，然後才作出任命。中央通過任命，賦予他以額外的權力，這才使得他的權力比倫敦、紐約、東京市長的權力大。這是一個很清楚的憲制安排。行政長官被任命以後，因為有從下而上的選舉授權，和從上而下的額外授權，所以便出現了剛才所說的「雙負責制」：他既向香港社會負責，亦向中央負責。

香港特區行政長官除了「雙負責」以外，還有「雙身份」。這一點亦是非常重要的。我們可以在基本法中

發現，行政長官是兩個不同方面的首長。基本法第 43 條規定：「香港特別行政區行政長官是香港特別行政區的首長，代表香港特別行政區。」基本法第 60 條又規定：「香港特別行政區政府的首長是香港特別行政區行政長官。」這裏要說明一下，香港特區政府不包括立法機關 —— 基本法第 59 條明確規定：「香港特別行政區政府是香港特別行政區行政機關。」由此可見，香港特區行政長官是「雙首長」。他不僅是香港特區政府的首長，同時亦是香港特區的首長。因此他的權力非常大，責任亦非常大。

七、「自由行」

開放「自由行」，不單是為了滿足香港旅遊業發展的需要。當然，旅遊業對我們很重要，我們一直非常重視旅遊業的發展。但我們之所以開放「自由行」，主要基於以下兩點理由。

第一，當時我們已經容許很多國家和地區的人士，包括一些發展中國家的人士，以「自由行」的方式——即不用參加旅行團的方式——來香港，因此我們沒有理由不容許內地居民以「自由行」的方式來香港。

第二，當時我們已經體會到，沒有「自由行」，將影響到香港和內地的經濟合作。比如，香港有一間公司在上海開了個分公司，上海分公司的職員要來香港開會。在沒有「自由行」的時候，他要怎麼辦呢？這個上海人必須在當地報名，參加一個香港旅行團。到香港以後，他就離隊去公司開會；開完會以後就等，等旅行團回上海的時候，再跟着旅行團回去。這絕對是不合理的，對香港和內地的經濟合作完全沒有幫助。而且，對我們來說，這類事情其實濫用了旅行社的出團。此外，就算沒有「自由行」，內地人由於種種原因，來香港的人數還是

會不斷增加，只是會換一種方式來香港罷了。

我們歡迎內地的朋友來香港旅行、工作，甚至定居。現在我們人口增長的一個重要部分，就是以家庭團聚原因持單程證來香港的人士。[13] 這是我們歡迎的。但是，我們必須防止「自由行」政策被濫用，不能使「自由行」衝擊香港的民生和社會秩序。

如果大量內地人都透過「自由行」為孩子取得香港永久性居民的身份，會對香港社會造成兩個比較大的影響。第一，婦產科服務供應不足。這個問題是大家都知道的。第二，我們沒法規劃我們各個方面的服務，比如教育服務。一個內地居民在香港生的小孩，一般會在出生後被帶回內地。但這個孩子三、四年後，到底會否來香港讀幼稚園？我們無從得知，因此沒法對相關服務進行規劃。奶粉的問題也是一樣。香港人的居住面積較小，不會一次性買大批奶粉放在家中。他們一般只會買一兩罐奶粉，發覺不夠的時候，再去買。如果大量內地人把香港的奶粉都買光，香港媽媽發覺需要買奶粉時卻一下子買不到，就會嚴重影響到香港的民生。

---

⑬ 「單程證」的官式名稱是「中華人民共和國前往港澳通行證」，實際上是中國政府發給內地居民合法移居到香港或澳門的許可證。關於「單程證」制度的起源與發展，參見閻小駿：《香港治與亂：2047 的政治想像》（香港：三聯書店，2015），頁 94－98。

從政治上講，如果我們處理不好這些問題，還會對香港和內地同胞之間的關係造成比較負面的影響。所以我們做了一些工作，採取了一些措施。另外，我們並不是在針對內地居民。我相信，來自任何一個地方 ── 即使不是中國內地 ── 的旅客，只要濫用我們的入境政策，或者人數過多以致影響到我們的民生和社會秩序，我們都會採取措施。

八、參選特首

　　2012 年是選舉的年頭。1997 年到 2012 年，是香港回歸的第一個十五年。我剛剛講到，在 1997 年回頭看，從 1982 年中英談判到 1997 年香港回歸的十五年裏，我們取得的實際成果，比我們起初在 1982 年的時候所預期的更好。1982 年，香港社會對很多問題皆擔驚受怕，但最後取得的實際成果卻十分好。

　　1997 年到 2012 年，是香港回歸的第二個十五年。我在 2011 年決定參選。在 2011 年回頭看，香港取得的實際成果，卻比 1997 年的時候所預期的要差。1997 年，經過十五年的辛勞過渡，我們如釋重負，以為特區成立後在各方面皆會順風順水，然而實際上卻並不如此。2011 年，我在比較了兩個十五年的情況後，決定一盡己力，參選行政長官。我當時的講法是：當仁不讓。我希望透過自己的工作，能改變這個局面。

　　我在特首任內的一個主要工作是處理「政改」問題。基本法第 45 條已經有了白紙黑字的規定，就是行政長官最終要「由一個有廣泛代表性的提名委員會按民主程序提名後普選產生」。候選人只能透過提名委員會提名，並不存

在所謂的「公民提名」或「政黨提名」。⑭ 只不過，由於香港社會的反對派，包括「佔中三子」，不斷蠱惑人心，才助長了這些觀點的蔓延。很多參與「佔中」的青年人，其實並不了解基本法在這個問題上的規定。但亦有人認為，可以透過「佔中」等不法手段，迫使中央就範。

我覺得，要想說服社會上某些人接受基本法的規定，是不容易的。他們說，這是「鳥籠民主」，如果要「開放民主」的話，便要實行所謂的「公民提名」。他們還為此舉行了一次民間公投。我們有一個活生生的負面例子放在眼前，那就是英國。如果我們在今日回望的話，全世界最糟糕的一次公投，便是英國在 2016 年的脫歐公投。一些複雜的議題，比如脫歐、政改等，是不適合通過公投來決定的。幸好我們當年沒有把民間公投所得的結果接受為政改方案。

---

⑭ 2014 年，由香港「泛民主派」組成的「真普選聯盟」提出一個「提名三軌制」政改方案。根據該方案，參選人可以透過三種方法取得提名參選：(1)公民提名：參選人獲得 1% 登記選民具名聯署提名；(2) 政黨提名：於最近一次立法會選舉中，獲得直選部分全香港總有效票數 5% 或以上的政黨或政治團體，單獨或聯合提名一名參選人；(3) 提名委員會提名：由官方提名委員會成員直接提名參選人。

九、應對「佔中」

2014 年，香港發生了「佔中」運動。在處理「佔中」運動時，我覺得，最困難的決定是決定不清場，因為當時社會上對清場的呼聲非常大。在七十九天的時間裏，我們的警察在前線受到了相當大的壓力及冤屈。法庭審理「佔中三子」期間，有控方證人在宣誓後，亦有如此說法。他們都是在宣誓後才說的，不能有半點虛言。「佔中」份子十分離譜，他們連給當值警察送餐的餐車亦要檢查，警察是不能接受這種做法的。所以說，最艱難的決定是決定不清場，給予「佔中」參與者如青年學生以最大的忍讓及最充分的時間，並希望透過忍讓及時間來解決問題。我並不知道世界上還有哪個政府，能夠容忍城市的主要道路被人佔領七十九日而不去清場。[15]

「佔中」運動衝擊了香港的法治精神。戴耀廷在法院

---

[15]　2014 年 9 月 28 日，香港一些反對派人士以爭取所謂「真普選」的名義，發起了「佔中」運動。發起者擬採取佔領香港金融區中環的交通要道的方式表達抗議，但佔領行動隨後蔓延到旺角、銅鑼灣和尖沙咀等地，極大影響了香港社會的正常運轉。佔領行動持續七十九天，最終在 12 月 15 日以銅鑼灣佔領區及添馬艦立法會示威區被清場而作結。

作結案陳詞時，闡述了所謂「公民抗命」的理念，並引述了馬丁·路德·金的話。這些都是一派胡言。我們不能夠接受這些論調，這是對香港法治的衝擊。

2014 年以後，香港還出現了「港獨」。「港獨」之所以出現，有很多原因。我們先講最大的原因：香港是一個非常複雜的、高度國際化的社會，而青年學生是被誤導和被指使的。所以我在 2015 年施政報告中提出，希望大家對這些錯誤主張保持警惕，不能掉以輕心。我們不能簡單地認為，香港回歸祖國之後，所有政治問題，包括「港獨」問題，就會迎刃而解。事實上，在《學苑》的文章刊登之前，社會上已經有很多人在炒作這個議題，發表很多歪論，基本上跟台灣部分人搞「台獨」的手法一樣。比如，他們不單要求「公民提名」，更要求中央一定要任命「公民提名」後的當選人為行政長官。儘管他們沒有公開支持香港獨立，但他們表示，中央在行政長官選舉問題上要信任香港人，不能拒絕任命香港人所選出的行政長官。換言之就是「去中央化」，即在行政長官選舉這個議題上，中央只可以袖手旁觀，有關任命權只是行禮如儀。他們很明顯希望逐步蠶食中央所擁有的權力。所以《學苑》刊登的文章並不是一個偶然，亦不是一個起點，只不過是事件發生進程當中的一站。所以我覺得，我有責任把這個問題提出來，以讓社會對此

保持警惕。

第二，香港有部分人濫用了中央授權香港的高度自治。比如，我們有自己的護照、自己的區旗。又如，在一些國際賽事上，香港隊可以對國家隊。在全國性賽事中，一個國家不同地區的隊伍之間可以互相對碰。比如，香港隊可以對山東隊，亦可以對上海隊。這種做法在國際上非常普遍。例如，在英國的足球賽事中，英格蘭隊可以對蘇格蘭隊，蘇格蘭隊可以對愛爾蘭隊，愛爾蘭隊亦可以對威爾斯隊，這些地區都是國家的組成部分。但大家沒有看到過英格蘭隊跟英國國家隊對碰。然而，由於我們實行高度自治，香港隊可以對國家隊。有些人便乘虛而入，問我們一個問題：「你支持香港隊還是國家隊？」如果是香港隊對上海隊，這個問題就是正當的。我支持香港隊，因為我是香港行政長官；上海市長亦可以支持上海隊。我們可走在一起鼓掌。但如果是香港隊對國家隊，這個問題就成了一個陷阱。所以我要求官員不能回答這個問題。我們是有一些獨特性，可以體現香港的高度自治。但這種獨特性被一些別有用心的人濫用了。所以我們要明確提出反對「港獨」。

十、回顧與總結

我任內堅持四個主要的施政方面：房屋問題、貧窮問題、老年社會問題以及環境問題。應該說，我們在這四方面都有所進展。尤其是在房屋問題上，我們不斷公佈將在未來三至五年內新落成的單位的總數。我們每年都會發佈施政匯報，總結政府於過去一年工作的進度和成效，供市民檢視。我們在任內一共做了五份施政匯報，卸任後亦做了一份總結過去五年工作的施政總匯報。大家可以根據客觀數據事實，了解我們這五年的成果。這就是我們的日常施政。

另外，在這五年時間內，我們還遇上了幾場硬仗。第一個是政改，第二個是「佔中」，第三個是旺角暴亂⑯，第四個大家可能覺得比較小，是 2016 年立法會選舉。在這次選舉中，我們採取措施，去暴露反對派候選人的真面目，這造成了什麼結果呢？在這次選舉中，反對派的

---

⑯ 2016 年 2 月 8 日晚，旺角一些小販涉嫌非法經營，與到場執法的特區政府食環署職員發生衝突。大批所謂反對派人士到現場滋事，並衝擊在現場調停的警員。2018 年 6 月 11 日，香港高等法院宣佈相關人士罪名成立，並處以相應刑罰。

頭號人物，如陳偉業、李卓人、何秀蘭、黃毓民、范國威、馮檢基等，全部落敗。選民放棄給他們投票，轉為投票給一些年輕的政治素人。但一些年輕的本土派人士在宣誓時不符合法律要求，因此被取消資格。最近的兩次補選，都是建制派當選。在 2016 年立法會選舉中，我們可以看見有關趨勢已經形成。以換屆和補選來看，李卓人、黃毓民等人落敗是不容易的，但我們能夠打敗他們。總言之，我們在五年內打了四場硬仗，亦有四個主要的施政領域。

卸任特首後，我的工作主要集中在四方面。全國政協是一個方面。目前，政協的工作相當主動及積極，我盡量出席在北京的政協會議。此外，我亦有協助「一帶一路」建設、大灣區發展以及改革開放的工作。

十一、基本法與憲法

　　基本法是由全國人大通過的，香港的高度自治權是由中央授予的。正如我剛才所說，基本法諮詢委員會的一個工作便是調查研究。在 1988 年、1989 年的時候，有部分委員提出了「剩餘權力」（residual power）的問題，於是我們出具了一份報告，專門探討這個問題。在聯邦制下，邦政府享有「剩餘權力」，因為聯邦是由一個又一個不同的邦組成的，每個邦都給予聯邦政府一些權力，並為自己保留一些權力，保留下來的是所謂的「剩餘權力」。除了交出的權力之外，剩餘的權力皆由各邦自己保留。

　　然而，香港的情況完全不同。香港是中國的一部分，而中國並不是聯邦制政府，所以香港亦不可能享有「剩餘權力」。中國政府跟英國政府談判後簽署了《中英聯合聲明》，中國對香港恢復行使主權，同時授權香港實行高度自治。所以事實是，中央授予香港多少權力，香港便享有多少權力。我在香港亦是如此說，儘管某些人覺得不中聽。

　　中央的管治權和特區的自治權要「有機結合」起來。

事實上，很多不同單位之間，都存在「有機結合」的問題。比如，香港及澳門怎麼有機結合，以及香港跟大灣區怎麼有機結合，等等。「有機結合」的意思是什麼呢？基本法的條款，尤其是基本法第二章對中央和香港特區關係的規定，是很清楚的，中央和香港特區的權力及責任都沒有含糊的地方。「有機結合」並不是說大家在一些灰色地帶中探討，而是說在一些大家都有一定權力的議題上，互相結合起來。在不同的領域，根據不同的需要，我們有不同的結合方式。例如，「一地兩檢」就是大家權力的有機結合 —— 中央有中央的權力，特區有特區的權力，我們沒有修改基本法，但是各得其所。這就是「有機結合」。

在憲法與基本法的關係上，我們不用大憲法、小憲法這種講法。事實上基本法亦是十分清楚的，因為有憲法 31 條，因此香港特別行政區才可以實施「一國兩制」。明顯基本法是一部憲制文件，跟香港的其他法例（Ordinance）是不同的，我們不敢想像香港沒有基本法。我們同時亦不可以想像只有基本法沒有國家憲法。兩者缺一不可。

十二、要勇於走出去

我在探訪基層學校的時候，經常跟學生説，儘管你們出身基層家庭，可能讀書不太好，但你們現在才十五六歲，有的是青春。作為十五六歲的中國人，你們還有四五十年的事業發展生涯，而這四五十年對於我們中國人來説，是一個非常輝煌的年代。與我們十五六歲時相比，完全是兩碼事。他們的天空很大，起點亦很高。雖然我知道不可能，但是我還是想向中學同學們説明我的心底話：儘管你們出身基層家庭，考試成績不一定優異，但如果生命可以交換，我想用我前任香港特首、全國政協副主席的生命，來換你們的生命，你做我，我做你。我太羨慕他們了，大好前途啊！

世界很大，但由於交通運輸非常發達且十分廉價，世界亦變得很小。他們人生的舞台可以在香港，亦可以在香港以外的任何地方。如果選擇後者的話，這個舞台實在太大了。他們可以飛到世界任何一個適合自己事業發展的地方。我們「一帶一路」國際合作香港中心曾資助同學往世界各地遊學，考察當地中國人的事業發展情況。六十八間中學陪同學生的老師説，他們回來後，每一個人都改變

了。他們看到了更大的世界，知道人生可以用很多不同的跑道來起飛，不一定要在香港排隊，考試上大學等待起飛。作為中國人，現在的「一帶一路」建設需要源源不絕的中國人飛往世界各地發展事業，當然這亦包括中國內地。現在的粵港澳大灣區那麼方便，坐高鐵、過大橋便能到達，即日來回，是好是壞，自己可以判斷，但不能不知道這些選擇的存在。所以簡單說就是，年輕人不應只聽別人講，要勇於走出去，自己體驗世界。

第二章

專 訪
周南

生當華夏重興世，
身在疾風驟雨中

說到香港回歸與「一國兩制」，周南是一位繞不開的人物。

　　周南是中國外交界的知名人士。但青年時代的周南，卻更像一個遊走於古今中西之間的知識份子。周南祖籍孔孟之鄉山東曲阜，1927 年出生於吉林長春。1944 年到 1948 年，周南先後就讀於北京大學哲學系、燕京大學經濟系和西洋文學系，接受了相當良好的通識教育。

　　周南回憶自己在新華社香港分社的工作經歷時，曾經講過一個故事，這個故事相當生動地體現了周南的深厚學識。據周南回憶，自己從小就對詩歌充滿興趣，在

北大讀書期間，他能用中世紀英文（Middle English）整段地背誦喬叟的長詩《坎特伯雷故事》。周南的西學素養，英國人亦有耳聞。他擔任新華社香港分社社長之後，有一次會見來訪的英國外交部次官。一見面，這位英國外交官就用中世紀英文背誦這首長詩，以顯示自己也懂得這首長詩。然而，遺憾的是，在周南眼中，「他的中世紀英語發音並不到位」。

喜歡詩歌的人，往往熱愛自由。然而，在內憂外患的時代，革命成為民族獨立與人民解放的必經之路。1946 年，周南在燕京大學從事地下學生運動時，加入了中國共產黨，從此走上了為建立新中國而奮鬥的道路。1948 年，周南被安排進入培養外交幹部的中央外事學校，由此邁出了他長達半個世紀的外交生涯的第一步。中華人民共和國建立後，周南參與了一系列重大外交活動，多次陪同國家領導人出訪，並曾參與駐巴基斯坦、坦桑尼亞和聯合國的工作，積累了豐富的外交經驗。

1981 年 11 月，中國改革開放的巨輪剛剛起航，周南也結束了長達十年的聯合國任職生涯，返回北京。不久之前，全國人大常委會委員長葉劍英發表了「有關和平統一台灣的九條方針」，標誌着「一國兩制」的起點。周南此後的外交生涯，都與中國的改革開放和「一國兩制」緊密地聯繫在一起。

1983 年 1 月起，周南先後擔任外交部部長助理、副部長。當時，中英關於香港前途問題的談判已經進行到了關鍵時刻。1984 年 1 月到 9 月，周南以中國政府代表團團長身份，參加第八到二十二輪的談判，並代表中國政府草簽了《中英聯合聲明》。隨後，1986 到 1987 年，周南還參加了澳門回歸的相關工作。1990 年 1 月到 1997 年 7 月，周南擔任新華社香港分社社長。周南的外交技藝，給英國人留下了深刻印象。英國外交大臣傑弗里·豪曾説：「中英談判如果沒有周南，就像中國的正式宴會沒有茅台酒一樣。」由此可見，周南是長達十五年之久（1982－1997）的香港回歸歷程的一個重要親歷者。

　　收到邀請函之後，已經九十歲高齡的周南老先生欣然應允了我們的訪談。在訪談過程中，他回憶了「一國兩制」構想的形成過程，以及鄧小平先生在香港回歸過程中發揮的重要作用。作為歷史進程的親歷者，他不僅為我們勾勒出香港回歸的歷史脈絡，而且提供了諸多「富有溫度」的歷史細節。例如，在「駐軍」問題上，鄧小平為何拍案而起；面對彭定康的咄咄逼人，鄧小平如何指示「對英國人一點也軟不得」……

　　或許是因為祖籍孔孟之鄉，使周南獲得了與生俱來的儒家士大夫氣質。他從政多年，但筆耕不輟，被譽

為「詩人外交家」。香港回歸前夕，他曾賦詩一首，題為
《遣懷》：

> 歎老嗟貧謝未工，神頑耳順尚能童。
> 生當華夏重興世，身在疾風驟雨中。
> 搏浪方知滄海闊，攀峰又見碧山雄。
> 九州道路行將遍，草長鶯飛我欲東。

有人問周南：你寫的「生當華夏重興世，身在疾風
驟雨中」這兩句詩，是否指在香港的這一段經歷和鬥爭？
周南回答：「是，也不完全是。因為不只是香港這一段，
也可以說是一生的寫照吧！甚至可以說是同一代參加革
命的知識份子幹部的寫照吧！」

無論求學，抑或從政，自始至終，周南都「初心
不改」。

一、「一國兩制」構想的形成

我主要按照香港回歸推進的大體時間順序，想到哪兒就講到哪兒。回憶錄或之前訪談文章中有的，我就盡量少說，但難免也會有重複。[1]

香港的收回，是老早就確定了的。新中國成立以後，我們一直公開聲明，晚清政府簽訂的關於香港的三個不平等條約，我們不予承認；在適當的時候，我們將通過外交談判的和平方式，徹底解決這個歷史遺留問題。[2]

什麼是「適當的時候」呢？大家心裏都有數 —— 最

---

[1] 參見宗道一等編著、周南修訂：《周南口述：身在疾風驟雨中》（香港：三聯書店，2007）。

[2] 據周南回憶，「1971 年 10 月，我們恢復了在聯合國的合法席位。第二年的 3 月，當時黃華同志是我們的常駐代表，當時我也在聯合國，我們接到中央政府的指示，要我們向聯合國非殖民化特別委員會提出：『香港、澳門是歷史上遺留下來的帝國主義強加於中國的一系列不平等的結果。香港和澳門是英國和葡萄牙當局佔領的，解決香港、澳門問題完全是屬中國主權範圍之內的問題，根本不屬於通常的所謂殖民地範疇。中國政府主張，在條件成熟時，用適當的方式解決香港、澳門問題，因此不應列入反殖民宣言中使用殖民地地區的名單之內。』這封信是寫給聯合國非殖民化特別委員會主席的……1972 年 11月 8 日，第二十七屆聯合國大會以 99 票對 5 票（美、英、法、葡、南非）的壓倒多數通過了相應決議……從殖民地名單上刪去了香港和澳門的名字，這樣就從國際法律上確認了中國對香港、澳門的主權」。參見《周南口述：身在疾風驟雨中》，頁 236－237。

晚不能超過「九七」。因為到 1997 年，「新界租約」就期滿了。這就出現了一個嚴峻的問題，到時候怎麼辦？改革開放初期，鄧小平同志就講，在香港問題上，無非兩個解決方案。一個就是將新界繼續租借給英國，再來九十九年。但這等於賣國，等於用一個新的不平等條約取代三個舊的不平等條約。另外一個就是收回，且時間不遲於 1997 年。另外，既然是收回香港，那麼收回的地區就不能止於「新界」，而是包括香港島和九龍半島在內的整個香港地區。③

那麼，怎麼收回呢？無非也是兩種方式：一種是和平方式，一種是非和平方式。也就是說，一種是通過外交談判解決；一種是通過武力手段解決，我們直接把部隊開進去。對此，中央有過統籌考慮。非和平方式有它的優點：省事，不用談判，而且可以趁機隨着大軍過

---

③ 此處講話內容，出自 1982 年 4 月 27 日鄧小平在平壤同朝鮮勞動黨中央委員會總書記、國家主席金日成舉行的第一次會談。在這次會談上，鄧小平在談到香港問題時指出：「我們尊重國際條約，還是到 1997 年，不準備提前解決這個問題。方案無非兩個，一個是新界延長租期，一個是收回。現在我們定的方針是，到一九九七年包括香港島、九龍半島、新界整個收回。英國的『盤子』是放在能夠繼續維持英國的統治這點上。這不行。在中國，不管哪個人當政都不會同意新界延長租期。而且一建國我們就否定了關於香港的不平等條約，不承認這個條約。賣國的事誰也擔當不起。所以，我們同英國人說，到一九九七年，香港島、九龍半島、新界，中國全收回……不管怎樣，香港必須收回。不搞這一條全國人民要反對。」參見中央文獻研究室編：《鄧小平年譜：1975－1997》（下）（北京：中央文獻出版社，2004），頁 817－818。

去，把香港的那些消極因素掃一掃。但是，這種方式的副作用也更大一些 —— 畢竟動了武，總會造成傷亡和損失。從這個角度看，非和平方式不如和平方式。那麼，和平方式具體又該怎麼辦呢？那當然就是「一國兩制」了。

「一國兩制」最早針對的是台灣問題。1981年國慶節前，我們公佈了一個有關和平統一台灣的九條方針政策，也就是我們常說的「葉九條」，因為這九條意見是葉帥以全國人大常委會委員長的名義答新華社記者問時提出的。這是「一國兩制」的「台灣方案」，也是「一國兩制」的最初藍本。大家可以仔細看看這九條意見。中央後來提出的解決香港問題的十二條基本方針政策，就是由此轉化出來的。

「葉九條」實際上就是中央解決台灣問題的基本方針政策。根據「葉九條」，國家實現統一後，「台灣現行社會、經濟制度不變，生活方式不變，同外國的經濟、文化關係不變」，「台灣可作為特別行政區，享有高度的自治權」。而且，它比中央後來對港澳的基本方針政策還要寬，因為它規定台灣可保留軍隊。那個時候，在中央領導人的心目中，不僅考慮到了台灣問題的解決，同時也已經開始考慮如何將解決台灣問題的思路適用於港澳問題的解決。只不過，我們一開始並沒有直接講明這一點。

眼看「九七」將至，英國人坐不住了。香港怎麼辦？1979年3月，港督麥理浩前來「投石問路」。[④] 他不是直入主題，而是搞了一通外交辭令，說新界土地契約不能超過1997年，可能會影響到香港的繁榮穩定。換句話說，「九七」快到了，投資者都在觀望，看還能不能繼續在香港投資。如果繼續投資，到時候沒有保障怎麼辦？麥理浩的真實意圖，其實是勸說中國政府不反對港英政府在新界批出超越1997年的土地契約。中國政府如果同意，就等於同意英國在「新界租約」期滿之後，依然可以繼續管治整個香港地區。

　　鄧小平同志很敏銳，一下就看出了麥理浩的真實意圖。他明確對麥理浩講：「我們歷來認為，香港主權屬於中華人民共和國，但香港又有它的特殊地位。香港是中國的一部分，這個問題本身不能討論。但可以肯定的一點，就是即使到了一九九七年解決這個問題時，我們也會尊重香港的特殊地位。現在人們擔心的，是在香港繼續投資靠不靠得住。這一點，中國政府可以明確地告訴你，告訴英國政府，即使那時作出某種政治解決，也不會傷害繼續投資人的利益。請投資的人放心，這是一

---

④　麥理浩（Crawford Murray MacLehose, 1917－2000），英國資深外交官，1971－1982年間出任第25任香港總督，是港英時期在任時間最長的總督。

個長期的政策。」⑤ 這番話就是給麥理浩明示，香港回歸後，還可以繼續保持資本主義制度。但是，英國人沒聽明白，也不放心，又不斷派人來北京試探。也就是說，英國人已經迫不及待地想知道香港問題的解決方式。大家都知道，1982 年，鄧小平會見了英國前首相希思，並就香港問題發表重要講話。但在我的印象中，在此之前，1980 年，鄧小平同志其實已經會見過另一個英國前首相詹姆斯・卡拉漢。我還見過這個人。

後來，1981 年 4 月，英國外交及聯邦事務大臣卡林頓勳爵訪華。鄧小平同志在會見卡林頓時，就講得很明確了。他除了重申對麥理浩講過的那番話之外，還通報了全國人大常委會將要宣佈的對台方針要點，並建議英國研究一下中國對台灣問題的立場。他其實是在暗示，中央將參照對台方針的基本內容來解決香港問題。⑥ 後來，到 1982 年 1 月，鄧小平同志在會見美國華人協會主席李耀滋時指出：「九條方針是以葉副主席的名義提出來的，實際上就是一個國家兩種制度。」⑦ 至此，他明確提出了「一國兩制」這個概念。

---

⑤　中央文獻研究室編：《鄧小平年譜：1975–1997》（上），頁 500–501。

⑥　《鄧小平年譜：1975–1997》（下），頁 729。

⑦　同上註，頁 797。

麥理浩走後，中央認為，香港問題也應該提上議事日程了。鄧小平同志指示當時負責港澳事務的廖承志和擔任外交部長的黃華，好好研究一下這個問題，提出一個具體的解決方案，供中央參考。後來，他們就以對台灣問題的「葉九條」為基礎，增加了一些有香港特色的內容，擬定了一套解決香港問題的十二條基本方針政策，於 1982 年 3 月上報中央。通過「一國兩制」解決香港問題的基本思路由此進一步明確了下來。緊接着，1982 年 4 月，英國前首席希思訪華。同年 9 月，戴卓爾夫人訪華，鄧小平同志與英國人在香港問題上展開直接交鋒。在此之前，鄧小平同志還專門出席了中共中央政治局常委會議，來討論這個問題。[8]

　　1981 年底，我從中國常駐聯合國代表團被調了回來。第二年，也就是 1982 年，我被安排在外交部當部長助理，協助負責西歐事務的副部長姚廣工作。[9] 廖公主持港澳工作的時候，我還只是在「幕後」協助姚廣同志做一些具體工作。1983 年，姬鵬飛同志主持港澳工作以後，我才開始全面介入香港問題。

---

[8]　《鄧小平年譜：1975－1997》記載，1982 年 2 月 18 日，鄧小平「出席中共中央政治局常委會議，討論廣東問題和香港問題」。同上註，頁 800。

[9]　姚廣（1921－2003），外交部原副部長，第七屆全國人大常委會委員和外事委員會副主任委員，第八屆全國人大外事委員會顧問，中共第十二屆中央委員。

二、鄧小平為中英談判「定調子」

關於中英談判的細節，各種材料都已經披露得比較充分，我就不準備多講了。我想重點談談我對於中英談判的感受。從第一階段的「秘密磋商」到第二階段的二十二輪「正式會談」，鄧小平同志重點關注什麼？我覺得，鄧小平同志主要抓三方面的工作。

第一，定調子。鄧小平同志在 1982 年 9 月 24 日會見戴卓爾夫人時的那次談話，真的是高屋建瓴。戴卓爾夫人聲稱三個不平等條約有效，想要「以主權換治權」，說話還很咄咄逼人。她以威脅的口氣說：「要保持香港的繁榮，就必須由英國來管治。如果中國宣佈收回香港，就會給香港帶來災難性的影響和後果。」對此，鄧小平同志針鋒相對地回擊道：「主權問題不是一個可以討論的問題。中國在這個問題上沒有回旋的餘地。一九九七年中國將收回香港，不僅是新界，而且包括香港島、九龍。否則，任何一個中國領導人和政府都不能向中國人民交代，甚至也不能向世界人民交代。如果不收回就意味着中國政府是晚清政府，中國領導人是李鴻章！……香港繼續保持繁榮，根本上取決於中國收回香港後，在

中國管轄之下，實行適合於香港的政策。香港現行的政治、經濟制度，甚至大部分法律都可以保留，當然，有些要加以改革。香港仍將實行資本主義，現行的許多適合的制度要保持⋯⋯我的看法是小波動不可避免，如果中英兩國抱着合作的態度來解決這個問題，就能避免大的波動。」

接下來，鄧小平說了一段很強硬的話：「中國政府在做出這個決策的時候，各種可能都估計到了。如果在十五年的過渡時期內香港發生嚴重的波動，中國政府將被迫不得不對收回香港的時間和方式另作考慮。如果說宣佈要收回香港就會像夫人說的『帶來災難性的影響』，那我們要勇敢地面對這個災難，做出決策。」[10] 什麼意思？就是說，如果香港發生動亂，那對不起了，我們就要採取非和平方式解決問題，而且也不會等到 1997 年！戴卓爾夫人當然聽懂了這個意思。但這段話沒有一個字提到動武，高明啊！

後來，中英雙方的正式會談已經開始了，英國卻還在糾纏所謂「以主權換治權」的問題。對此，鄧小平同

---

[10] 《鄧小平年譜：1975－1997》（下），頁 854－855。參照鄧小平：〈我們對香港問題的基本立場〉（1982 年 9 月 24 日），《鄧小平文選》（第三卷）（北京：人民出版社，1993），頁 12－15。

志在會見英國前首相希思時，讓他給戴卓爾夫人帶話：
「英國想用主權來換治權是行不通的。希望不要再在治權
問題上糾纏，不要搞成中國單方面發表聲明收回香港，
而是要中英聯合發表聲明。在香港問題上，希望戴卓爾
夫人和她的政府採取明智的態度，不要把路走絕了。中
國一九九七年收回香港的政策不會受任何干擾，不會有
任何改變，否則我們就交不了賬。」

　　英國人放棄「以主權換治權」之後，又提出，香港
回歸之後，英國並不謀求在香港的管治方面「發揮主導
作用」，而是只謀求「與香港保持某種密切聯繫」。那
麼，究竟什麼是「保持某種密切聯繫」？英國人並沒能說
清楚。鄧小平同志指出：這實際上就是要求「某種程度
的參與管理」，也就是「中英共管」，我們當然也不能同
意。他坦率地告訴戴卓爾夫人：「如果在解決香港問題的
十幾年過程中，香港出現不能收拾的局面，中國政府將
重新考慮收回的時間和方式。」[11] 這樣一來，鄧小平同志
就打消了英國人的又一個幻想。在談判的關鍵時刻，鄧

---

[11]　這一講話內容，出自 1983 年 10 月鄧小平與西班牙外交大使費爾南多‧
莫蘭的會談，參見《鄧小平年譜：1975－1997》（下），頁 942。

小平同志講了關鍵的話，起到了關鍵的作用。什麼是調子？這就是調子！用一句話講，就是圍繞「主權」這個核心問題做工作。⑫

---

⑫　在 1984 年 10 月召開的中央顧問委員會第三次全體會議上，鄧小平簡要回顧了這一歷程：「兩年前戴卓爾夫人來談，當時她堅持歷史上的條約按國際法仍然有效，一九九七年後英國要繼續管理香港。我跟她說，主權問題是不能談判的，中國一九九七年要收回整個香港。至於用什麼方式收回，我們決定談判。我說談判要兩年，太短了不行，但是不遲於兩年必須解決這個問題，到時候中國要正式宣佈一九九七年收回香港。結果真的是談兩年。開始她提出談判的題目就是一個歸屬問題。我說是三個問題：第一個是主權問題，總要雙方就香港歸還中國達成協議；第二個是一九九七年我們恢復行使主權之後怎麼樣管理香港，也就是在香港實行什麼樣的制度的問題；第三個是十五年過渡期間的安排問題，也就是怎樣為中國恢復行使主權創造條件。她同意談這些問題。兩年談判，差不多一年多的時間是拖在歸屬和主權問題上，她沒有讓。當時我還跟她說，如果在十五年的過渡期間香港發生意外的事情，發生動亂，中英雙方根本談不攏，中國將重新考慮收回香港的時間和方式。所以，解決香港問題，我們的調子就是那時定下來的，以後實際上就是按這個調子走的。」參見鄧小平：〈在中央顧問委員會第三次會議上的講話〉（1984 年 10 月 22 日），《鄧小平文選》（第三卷），頁 84－85。

三、香港駐軍的重要意義

在中英談判過程中，鄧小平同志發揮的第二個重要作用，就是抓重點。1984 年 4 月，英國外交大臣傑弗里・豪訪華。在此之前，中國外交部草擬了一份《關於同英國外交大臣就香港問題會談方案的請示》報告，請鄧小平同志審閱。鄧小平同志親自批示了一句話：「在港駐軍一條必須堅持，不能讓步。」[13]

後來，在談判過程中，英國人千方百計胡攪蠻纏，不想讓我們在香港駐軍。這期間還出了一個紕漏。在全國人大開會的時候，有個香港記者向我們的一位黨和國家領導人提問駐軍問題。由於他不了解情況，一不小心「上了當」。這位記者問：香港市民怕駐軍，中央是不是一定要在香港駐軍？這位領導同志不經意地回答說：也可能不駐軍吧。第二天，香港各大報紙就報道：中共高級領導人講香港不必駐軍，這是中國政府的意見。鄧小平同志知道以後勃然大怒，拍了桌子。他明確指出：「關於『將來不在香港駐軍』的講話，不是中央的意見。

---

[13]　參見《鄧小平年譜：1975－1997》（下），頁 972。

既然香港是中國的領土，為什麼不能駐軍！英國外相也說，希望不要駐軍，但承認我們恢復行使主權後有權駐軍。沒有駐軍這個權力，還叫什麼中國領土！……我國政府在恢復對香港行使主權之後，有權在香港駐軍，這是維護中華人民共和國領土的象徵，是國家主權的象徵，也是香港穩定和繁榮的保證。」[14]

其實，香港駐軍遠不止有主權象徵的意義。《中英聯合聲明》草簽之後，1984年10月，鄧小平會見港澳同胞國慶觀禮團時，就非常明確地指出：「我講過中國有權在香港駐軍。我說，除了在香港駐軍外，中國還有什麼能夠體現對香港行使主權呢？在香港駐軍還有一個作用，可以防止動亂。那些想搞動亂的人，知道香港有中國軍隊，他就要考慮。即使有了動亂，也能及時解決。」[15] 所以說，在香港駐軍問題上，鄧小平同志是深謀遠慮的，他看到了出亂子的可能性，並採取了必要的預防措施。

---

[14] 同上註，頁978。

[15] 鄧小平：〈保持香港的繁榮和穩定〉，《鄧小平文選》（第三卷），頁75。

四、中英聯合聯絡小組的來歷

在中英談判過程中，鄧小平同志發揮的第三個重要作用，就是未雨綢繆。他堅持要設立一個「中英聯合委員會」，即後來的中英聯合聯絡小組，就是出於未雨綢繆的戰略考慮。[16] 他認為，為了使香港在過渡時期保持局勢穩定，需要有一個中英聯合機構進駐香港。我們根據鄧小平同志的指示，準備了一份草案，主要講為什麼要組織中英聯合委員會，任務如何，什麼時候進駐香港。

然而，當我們在談判桌上拿出草案時，英國人卻不樂意了。他們首先不承認香港存在一段「過渡時期」，其次認為沒有必要設立一個中英聯合委員會。他們擔心，中英聯合機構進駐香港以後，會成為香港的「第二權力中心」，而港督則會成為「跛腳鴨」；到時候，市民要

---

[16] 中英聯合聯絡小組（Sino-British Joint Liaison Group）成立於 1985 年 5 月 27 日，於 2000 年 1 月 1 日解散，是一個聯絡機構而非權力機構。《中英聯合聲明》附件二規定，聯合聯絡小組的職責為：就《聯合聲明》的實施進行磋商，討論與 1997 年政權順利交接有關的事宜，以及就雙方商定的事項交換情況並進行磋商。中英聯合聯絡小組的工作到 2000 年 1 月 1 日為止。小組成立後，共舉行了四十七次全體會議，其中十八次在香港舉行，十五次在倫敦舉行，十四次在北京舉行。

打官司就不會找港府，而去找中英聯合委員會了。所以他們說，中英兩國已經有外交關係，有事情可以通過各自的外交代表聯絡和磋商，何必增設這麼一個聯合機構呢？當時，我是中方代表團團長。我們向英國人明確表示：設立一個中英聯合機構的主要目的，是通過一種聯絡和磋商機制，及時就地解決一些問題，貫徹落實雙方達成的協議，保證「平穩過渡」和「順利交接」；如果遇到無法解決的問題，再反映到上一級，由兩國政府進一步協商處理。但英國人就是不放心，在這個問題上磨來磨去，不願意接受我們的方案。

在這個問題上，鄧小平同志親自做英國人的工作，包括直接與他們的外交大臣傑弗里·豪會談。1984 年 4 月，鄧小平會見傑弗里·豪，在談到香港問題時指出：「過渡時期這十三年不會是很平靜的，有人要起破壞作用，並且已經有了信號。現在意識到，提出來是必要的。英方也要想到這個問題，採取預防措施。必須看到在過渡時期內有很多事情要做，需要雙方合作。沒有一個機構怎麼行？可以考慮這個機構設在香港，輪流在香港、北京、倫敦開會。」[17] 然而，英國人還是不想同意。雙方一直協商，又拖了幾個月。

---

[17] 《鄧小平年譜：1975－1997》（下），頁 970。

但拖到最後，英國人還是坐不住了。1984 年夏天，我記得是 7 月份，英國外交大臣傑弗里·豪再次訪華。我們提前到北戴河，向鄧小平同志請示對策。我們提出：是不是可以在堅持原則的基礎上，在具體的進駐日期和結束日期方面靈活一點，給英國人一個台階下？鄧小平同志經過考慮之後，表示同意。他指出，進駐是必須的，但名稱和時間可以靈活一點。

　　那麼，為什麼鄧小平同志堅持一定要設立一個中英聯絡機構？他後來也講了，他擔心香港在「過渡時期」可能出現動亂，「對於中英聯合聲明……總有些人不打算徹底執行。某種動亂的因素，搗亂的因素，不安定的因素，是會有的」。[18] 有了中英聯合聯絡小組，如果出現一些小問題，可以及時就地協商解決；如果一些問題鬧大了，再提交中英兩國政府進一步協商處理。這就是鄧小平同志堅持設立中英聯合聯絡小組的初衷。

---

⑱　鄧小平：〈保持香港的繁榮穩定〉（1984 年 10 月 3 日），《鄧小平文選》（第三卷），第 75 頁。

五、「行政主導」

在我的印象中,在香港基本法的起草過程中,鄧小平同志關心的核心問題,是香港回歸以後如何保持長期繁榮和穩定。首先是保持穩定,沒有持續的穩定就沒有持續的繁榮。這是他思考問題的一個出發點。為了實現這個戰略目標,鄧小平同志在香港基本法的起草過程中,主要抓了兩方面工作。第一,「九七回歸」以後,香港實行什麼樣的政治體制;第二,建立什麼樣的中央與特區關係。

對於香港回歸以後實行什麼樣的政治體制,鄧小平同志講得很清楚:「香港要穩定。在過渡時期要穩定,中國恢復行使主權以後,香港人執政,香港也應該穩定。這是個關鍵。香港的穩定,除了經濟的發展以外,還要有個穩定的政治制度。」香港基本法起草委員會委員的構成很複雜,既有西方的代理人,也有後來成為反對派的人。這些人,再加上一些受英美影響的香港媒體,鼓吹香港要學習西方,搞三權分立、議會民主、立法主導,鬧得很厲害。對此,鄧小平同志的態度很鮮明 —— 香港不能全盤照搬西方的民主。他說:「現在香港的政治制度就不是實行英國的制度、美國的制度,今後也不能

照搬西方的一套。如果硬要照搬，造成動亂，那是很不利的。這是個非常實際的嚴重問題。」[19] 在會見全體「草委」時，鄧小平也明確指出：「我過去也談過，將來香港當然是香港人來管理事務，這些人用普遍投票的方式來選舉行嗎？我們說，這些管理香港事務的人應該是愛祖國、愛香港的香港人，普選就一定能選出這樣的人來嗎？……即使搞普選，也要有一個逐步的過渡，要一步一步來。」[20] 這是鄧小平同志提出的指導性意見。

1984 年簽署的《中英聯合聲明》，在行政長官的產生辦法上，其實並沒有提及「普選」。《中英聯合聲明》的正文規定：「香港特別行政區政府由當地人組成。行政長官在當地通過選舉或協商產生，由中央人民政府任命。」《中英聯合聲明》附件一「中華人民共和國政府對香港的基本方針政策的具體說明」則規定：「香港特別行政區政府和立法機關由當地人組成。香港特別行政區行政長官在當地通過選舉或協商產生，由中央人民政府任命……香港特別行政區立法機關由選舉產生……」也就是說，《中英聯合聲明》的正文及附件對未來的香港特

---

[19] 鄧小平：〈要吸收國際的經驗〉（1988 年 6 月 3 日），《鄧小平文選》（第三卷），頁 266–267。

[20] 鄧小平：〈會見香港特別行政區基本法起草委員會委員時的講話〉（1987 年 4 月 26 日），《鄧小平文選》（第三卷），頁 220–221。

區的行政長官和立法會的產生辦法，僅僅規定了上述幾句話。這幾句話第一次指明了香港特區政制發展的民主化目標和路向，但無論是行政長官還是立法會的產生辦法，都沒有出現「普選」字樣。

「普選」的政治安排，其實是基本法做出的。基本法第 45 條規定：「香港特別行政區行政長官在當地通過選舉或協商產生，由中央人民政府任命。行政長官的產生辦法根據香港特別行政區的實際情況和循序漸進的原則而規定，最終達至由一個有廣泛代表性的提名委員會按民主程序提名後普選產生的目標。」香港基本法第 68 條規定：「香港特別行政區立法會由選舉產生。立法會的產生辦法根據香港特別行政區的實際情況和循序漸進的原則而規定，最終達至全部議員由普選產生的目標。」這裏的「根據香港特別行政區的實際情況和循序漸進的原則」，就體現了鄧小平同志的指導性意見。

長期以來，西方在香港培植了很多代理人。直到現在，這個問題依然存在。本來英國人在香港搞的是港督專政，一人統治；再弄一個虛假的立法局，議員都由港督委任。然而，英國人離開之前，忽然一百八十度大轉彎，變成了民主的倡導者和維護者，搞所謂的「還政於民」和「議會民主」，甚至取消原來的委任議員，以加快普選進程。英國人其實是想用「以華制華」的手段，通

過讓自己的代理人控制立法機構，而在離開之後繼續控制香港政局。

我們當然不同意，因為這樣搞下去一定會「天下大亂」。所以，鄧小平同志主張，香港的政治體制應該是「行政主導」，而不是「立法主導」。香港不能像一些西方國家和地區那樣，由立法機構的多數黨執政，而是要賦予行政長官以較大的權力；行政長官應該由選舉團間接選舉產生，並由中央任命，這樣才能保證是「愛國者」當選為行政長官。

「行政主導」雖然沒有寫進基本法的具體條款，但它確實是基本法的立法原意，大家對此都心知肚明。遺憾的是，香港回歸以來，「行政主導」並沒有得到很好的貫徹落實。今後，我們還是要根據基本法，進行與時俱進的調整。基本法規定，香港原有法律，只有在不與基本法相抵觸的情況下，才能予以保留。所以香港的法律是「基本不變」，而不是「完全不變」；某些不符合基本法精神的，就應該變一變。

六、中央的全面管治

　　關於香港回歸以後的中央與特區關係，鄧小平同志的態度也非常明確：「一國兩制」不能把中央搞得一點權力都沒有。在會見基本法「草委」時，鄧小平同志耐心地做了工作。他明確指出：「切不要以為香港的事情全由香港人來管，中央一點都不管，就萬事大吉了。這是不行的，這種想法不實際。中央確實是不干預特別行政區的具體事務的，也不需要干預。但是，特別行政區是不是也會發生危害國家根本利益的事情呢？難道就不會出現嗎？那個時候，北京過問不過問？難道香港就不會出現損害香港根本利益的事情？能夠設想香港就沒有干擾，沒有破壞力量嗎？我看沒有這種自我安慰的根據。如果中央把什麼權力都放棄了，就可能會出現一些混亂，損害香港的利益。所以，保持中央的某些權力，對香港有利無害。」

　　鄧小平同志認為，在特定情況下，中央有必要對特區進行「干預」。他對「草委」說：「大家可以冷靜地想想，香港有時候會不會出現非北京出頭就不能解決的問題呢？過去香港遇到問題總還有個英國出頭嘛！總有一些事情沒有中央出頭你們是難以解決的。中央的政策是不損害香港

的利益，也希望香港不會出現損害國家利益和香港利益的事情。要是有呢？所以請諸位考慮，基本法要照顧到這些方面。有些事情，比如一九九七年後香港有人罵中國共產黨，罵中國，我們還是允許他罵，但是如果變成行動，要把香港變成一個在『民主』的幌子下反對大陸的基地，怎麼辦？那就非干預不行。干預首先是香港行政機構要干預，並不一定要大陸的駐軍出動。只有發生動亂、大動亂，駐軍才會出動。但是總得干預嘛！」[21] 鄧小平同志的意思是，你們不要怕干預，也不要籠統地反干預，而要看干預的內容是什麼，看這種干預對香港有沒有好處！不能一說到「干預」，就好像中央沒有道理。

對於香港回歸以後的複雜形勢，鄧小平同志有着清醒而深刻的認識，提出了很多預見和預警。鄧小平同志早就說過，不要以為香港回歸就萬事大吉了，香港有內在的不安定因素，包括外國勢力的影響。我們在香港工作，對此看得一清二楚。英國人撤退之前，佈置很周密。正是在鄧小平同志的堅持下，基本法才有了第 23 條。但時至今日，「23 條立法」還沒有得到落實。依我看，我們有必要創造條件，早一點落實「23 條立法」。

---

[21]　鄧小平：〈會見香港特別行政區基本法起草委員會委員時的講話〉（1987 年 4 月 26 日），《鄧小平文選》（第三卷），頁 220–221。

我們必須認識到，香港特區的高度自治，既不是無限自治，也不是完全自治，而是中央全面管治下的高度自治，是有限度的。而且，香港特區的高度自治權是中央授予的 —— 可以授予，就可以收回。地方政府必須對中央政府負責，中央政府的全面管治權絕不能輕易放棄。比如，基本法第 18 條就很重要 —— 當全國人大常委會宣佈國家進入戰爭狀態或香港特區進入緊急狀態時，「中央人民政府可發佈命令將有關全國性法律在香港特別行政區實施」。

七、鄧小平指示要和英國人針鋒相對

　　「彭定康政改方案」的出台，說明英國人是不甘心從香港撤退的。1989 年後，西方社會重新開始遏制中國，英國人覺得機會來了，可以「鹹魚翻身」、死灰復燃了。他們不想不折不扣地執行《中英聯合聲明》，又開始重提「駐軍」問題，重提馬上實行「全面普選」。這些絕對不是孤立事件，而是有國際的大氣候和香港的社會心態為基礎。

　　1992 年 10 月，彭定康在沒有和我們商量的情況下，拋出了一個「三違反」的所謂「政改方案」。為什麼說它是「三違反」呢？因為它違反了《中英聯合聲明》關於 1997 年順利過渡的安排必須由中英雙方共同商定的規定，違反了基本法關於香港推行普選必須採取循序漸進原則的規定，還違反了中英兩國政府通過交換信件達成的有關第一屆立法會組成方式的諒解和建議。至於「彭定康政改方案」和中英圍繞其展開的較量的具體細節，我就不多談了。我主要談一下鄧小平同志當時的態度。

　　鄧小平同志當時是直接過問了這件事情的。彭定康

單方面拋出政改方案之後，才來北京與我們談判。小平同志指示我們，要和英國人針鋒相對，「對他們背信棄義的做法，必須堅決頂住，決不能讓步。要質問他們，中英協議還算不算數？如果他們一意孤行，我們就要另起爐灶」。這個「另起爐灶」的概念不是別人發明的，是他老人家自己提出的。他還特別重申：我在 1982 年見戴卓爾夫人時講的那句話 ——「在必要的時候，要重新考慮收回香港的時間和方式」—— 現在依然有效。他還加了一句：「另外的方式，就不是和平的方式了。」他又說：「要做好各方面的準備工作，包括軍事方面的準備工作。」

1993 年，中英在香港政改問題上展開了十七輪談判，但沒有談攏，而且英國人的要價也愈來愈高。再後來，談判破裂了，原有的「直通車」安排就沒法實現了。我們就按照鄧小平同志的指示「另起爐灶」，搞「預委會」、「籌委會」，最後照樣實現了香港的「平穩過渡」。

八、與鄧小平的三次見面

　　我很早就見過鄧小平同志。1974 年春節期間，我回國休假。正好趕上江青開大會，我們都被迫參加。當時，毛主席決定由鄧小平同志出席「特別聯大」，並擔任中國代表團團長。江青反對，想阻止這件事。毛主席就對她說：這是我決定的事情，你不要反對嘛！這事情才定了下來。鄧小平同志要出席「特別聯大」，就得提前準備講話稿，我被安排參與此事。[22] 當時，鄧小平同志剛復出，住在阜成門外一個小院裏。他找喬冠華同志商議此事，喬冠華同志要我也一起去。在那裏，我第一次見到了鄧小平同志。這是我與鄧小平同志最初的接觸，印象

---

[22]　鄧小平於 1973 年底復出以後，即協助周恩來分管外事工作。1974 年 4 月，鄧小平率領中國代表團出席聯合國大會六屆特別會議，在大會上發言，闡述了毛澤東關於「三個世界」劃分的戰略思想和中國的外交政策，在國際上產生了巨大影響。

很深。[23]

1990 年，我剛到新華社香港分社工作不久。有一次，我回京彙報工作，正趕上鄧小平同志會見包玉剛先生，並請他在釣魚台國賓館吃飯，也通知我去。結果那天我還捅了個簍子——我遲到了。我一進門，鄧小平同志已經坐在那兒了，他和我說：「哎喲，新官上任了，新官上任了。」我記得，他在席間講，內地亂不得，香港也亂不得。他說，內地要是亂了，香港首先就受不了，如果大量難民湧入香港，香港整個會被衝垮。

我最後一次見到鄧小平同志，是在 1992 年。這一年，鄧小平同志發表了著名的「南方談話」。鄧小平同志到了深圳以後，深圳方面通知我過去。我到了賓館，他要跟廣東省軍區和省委的負責同志一起照相，讓我也參加。我見到他後，本來想跟他當面彙報工作。但當時中共中央辦公廳副主任王瑞林同志說，老人家已經很疲勞了，現在不方便，彙報工作的事以後再說。於是，我就

---

[23] 據周南回憶：「小平同志很簡樸，會客室不大，放了幾個沙發。他從樓上下來，穿著拖鞋，很隨意，他大概講了發言稿怎麼個寫法，經濟問題要以經貿部門為主。他對喬冠華講：『老喬啊，這次我去不光要講經濟問題，還要講一講主席「三個世界」的思想。』……小平同志就說：你們要講一講，把『三個世界』這個思想傳播一下，向全世界宣傳一下……核心的問題是要團結一切可以團結的力量，反對兩個超級大國的霸權主義和強權政治。」參見《周南口述：身在疾風驟雨中》，頁 212－213。

跟鄧小平同志簡單説了幾句話，主要意思是：香港同胞都期待着您老人家能在「九七回歸」之時，去香港看一看。他當時説：「好，好，我還要繼續努力！」這是我最後一次見到鄧小平同志。我再見到他，就是在 1997 年的追悼會上了。千古遺恨啊！就差半年，鄧小平同志就可以親眼看到香港回歸了。

九、新時代的香港管治

　　關於未來的香港工作，我覺得有些方面要抓緊、抓好。在政治方面，我覺得最主要的問題，就是過去我們講「一國」講得不夠，在今後一段時期裏，應該更注意突出「一國」，要更全面地認識「一國兩制」，特別是強調「一國」是「兩制」的前提和基礎。

　　在經濟方面，要抓住大好機遇。如果抓不住大灣區的發展機遇，香港經濟就有逐漸衰落的可能。回歸之初，香港的經濟總量是我們內地的 16%，現在只有不足 3%。深圳在許多方面已經超過香港了。香港不能故步自封，不能天天搞內耗，如果現在不抓住發展機遇，不搞經濟轉型，光靠金融、貿易、運輸，內地就要超過你了。

　　在文化方面，要大力宣傳愛國主義。現在的香港青年，特別是青年學生，在「港獨」的社會基礎裏佔據了很大比例。香港回歸已經二十一年了，一些人卻還在學英國歷史，並且把英國歷史當作自己的歷史。你不教他們中國歷史，他們就成外國人了。比如李登輝這些人，到現在依然要做「皇民」，連名字都是日本的。所以，我們應該讓香港學生了解中國五千年的文明史，中國的近

現代史，以及中國的改革開放。近年來，台灣青年畢業後紛紛到大陸工作，香港恐怕也會有這一天。我們要通過愛國主義教育，讓香港青年以做中國人為榮，而不是以做外國人為榮，不能只會講幾句簡單的洋涇浜英語，還要舉着米字旗上街。[24] 所以我很贊同一些學者的觀點，即香港要「去殖民化」。當然，這項工作急不得，要慢慢來，但總要一步一步去做。

---

[24] 洋涇浜原是上海的一條河浜，位於從前的公共租界和法租界之間。二十世紀二十年代以後，洋涇浜由於污穢不堪，被填為愛多亞路，即今天的延安東路。在清末和民國時期，「洋涇浜」一度被用作「租界」的代稱。十九世紀，上海設立租界後，大量商業機構出現在洋涇浜兩岸，洋涇浜也因此成為上海對外貿易的一條重要河流。由於中外商人語言交流不便，「洋涇浜英語」（Chinese Pidgin English）便應運而生。洋涇浜英語是十九世紀中外商人使用的混雜語言，只有口頭形式。它是英語與上海話結合的產物，並且在一定程度上受寧波話與粵語的影響，語法不符合英語習慣，語音受漢語影響。二十世紀二十年代，隨着受過正規英語教育的中國人日漸增多，「洋涇浜英語」亦逐漸式微，成為「中式英語」的代稱。

第三章

專 訪

姜恩柱

讀懂香港這本深奧的書

「**香**港是一本深奧的書。」

這是一句令港澳工作者和研究者都耳熟能詳的話。然而，很少有人知道這句話背後的故事。

1997 年 7 月 1 日，經歷了百年風雨，香港終於回歸祖國的懷抱。8 月 6 日，新任新華社香港分社社長姜恩柱從北京飛抵香港。香港是一個世界級自由港，而香港記者亦一向以「嗅覺敏銳」著稱。姜恩柱一下飛機，就被各大媒體的記者所「包圍」，他隨即就地舉行了一場記者招待會。

事實上，在回歸初期，有些港人對「一國兩制」方針政策還不甚了解，甚至將新華社香港分社社長一職理

解為曾經的「香港總督」。據姜恩柱回憶，他乘坐的飛機起飛後，他發現有幾位香港記者已經坐到了他身後，並要求對他進行採訪。平易近人的姜恩柱欣然同意。然而，一位年輕記者卻直截了當地問道：「你去擔任『香港總督』有何感想？」姜恩柱不知其是不了解情況，還是故意為難自己，只能耐心解釋道：基本法已經規定在香港實行「一國兩制」、「港人治港」、高度自治，行政長官由港人擔任。這雖然只是旅途中的一段插曲，但亦真實反映了回歸初期部分港人的疑慮。

在這樣的歷史背景下，姜恩柱作為香港回歸後的第一任新華社香港分社社長，赴任後舉行的第一場記者招待會，必然會引發香港社會乃至全世界的高度關注。面對在場各大媒體的記者，姜恩柱講了一段別出心裁的開場白：「過去我雖然參與香港事務，但是香港問題好比一本非常深奧的書，要讀懂它不容易，我的首要任務是了解情況，熟悉情況，盡快進入角色。」

這段話頗為精妙。通過將香港比喻為一本「非常深奧的書」，並將自己首先擺在一個「學習者」的位置，姜恩柱一方面指出了香港問題的複雜性，表明了中央對香港事務的高度關注，另一方面也表明了中央對香港特殊的歷史、制度與文化的尊重，有效化解了部分港人的疑慮，增強了香港社會對「一國兩制」方針政策的信心。

第二天，香港各大媒體爭相報道了這場別開生面的記者招待會。時至今日，「香港是一本深奧的書」這一論斷，依然在不同層面啟發着相關人士的思考與討論。

姜恩柱表示，「香港是一本深奧的書」這一比喻並非全然自謙之詞，而是他參與香港事務多年來發自內心的肺腑之言。

1964 年，姜恩柱從北京外國語學院英語系畢業，隨後進入外交部，先後在中國駐英國代辦處、大使館和外交部西歐司工作。1981 年，他被派往美國學習，先後任哈佛大學國際事務中心研究員和布魯金斯學會高級訪問學者。1983 年，他學成歸國，先後歷任西歐司副司長、西歐司司長和外交部部長助理。1991－1995 年，姜恩柱擔任外交部副部長，分管西歐和港澳事務。1995－1997 年，他擔任中國駐英國大使。

當姜恩柱從美國學成歸國之際，中英關於香港前途問題的談判已接近尾聲。然而，英國並不甘於撤出香港，不斷設置障礙，尤其是企圖通過推行彭定康提出的所謂「還政於民」的政改方案，破壞香港的順利回歸和平穩過渡。在這樣錯綜複雜的鬥爭形勢下，長期從事中歐外交工作 —— 尤其是中英外交工作 —— 的姜恩柱被派往對港工作第一線。1993 年 4 月，姜恩柱出任中英關於香港 1994/1995 年選舉安排問題的談判的中方代

表。在接下來的七個多月中，姜恩柱代表中方，與英方展開了激烈的談判，有力捍衛了國家主權。

1997－2002 年，姜恩柱歷任新華社香港分社社長、中央人民政府駐香港特別行政區聯絡辦主任，是香港回歸以後中央政府駐港代表機構的首任主要負責人。在此期間，姜恩柱妥善應對了香港回歸後的一系列複雜爭議，親眼見證了「一國兩制」事業的平穩起步和快速發展，亦深刻體會到香港問題本身的複雜性。跟着他外交官視角的講述，我們可以清楚地認識到，香港雖是一個彈丸之地，香港管治亦屬於中國的內政範疇，但香港問題背後卻有着錯綜複雜的國際背景，草蛇灰線，伏延千里，牽一髮而動全身。

在訪談過程中，姜恩柱平易近人的風度、嚴謹沉穩的態度和精準無誤的表述，給我們留下了深刻印象。從他身上，我們看到了新中國成立後培養教育起來的一代外交家的風采。他們把青春年華和畢生精力，都奉獻給了祖國需要的地方，在錯綜變幻的鬥爭中，維護國家利益，促進和平發展。

他們的人生，亦是「一本深奧的書」。

一、歷史與現實之間

　　香港問題在中國近代史上佔有特殊位置。鴉片戰爭之後，香港長期被英國侵佔，所以香港凝刻着中華民族在近代史上所受的深重屈辱和苦難。1949 年新中國成立，標誌着這個衰敗的歷史階段走向終結，開啟了中華民族偉大復興的新紀元。1997 年香港回歸，則是中華民族經過百年衰敗的歷史階段之後重新走向偉大復興征程的一個重要標誌和里程碑。對於我個人而言，我有機會參與香港回歸工作，是我一生之中最大的榮幸。

　　那麼，我是怎樣介入香港事務的呢？二十世紀七十年代末，我從中國駐英國大使館調回中國外交部西歐司工作，擔任西歐司的副處長，這時開始接觸香港問題。後來，外交部派我到美國哈佛大學、布魯金斯學會做了一段時間研究工作。回國之後，我繼續回外交部工作，先後擔任西歐司副司長、司長，由此從中英雙邊關係的角度涉足到香港問題。1990 年起，我開始擔任外交部的部長助理和副部長，分管歐洲和港澳事務，開始全面、直接參與香港事務。1997 年香港回歸之後，中央派我去香港工作，接替周南同志擔任中央駐香港工作機構的負

責人，先是任新華社香港分社社長，後來任香港中聯辦主任。這一時期，正是「一國兩制」在香港特區實踐的初始階段，我有幸直接參與了「一國兩制」方針政策在香港具體貫徹實施的有關工作。

中英建交之後，雙方往來更加密切，原因有兩點。首先，在政治上，雙方當時有共同利益，也就是抵制蘇聯的威脅，這方面合作點很多；其次，在經濟上，英國也想加強同我們的關係。所以，中英關係得以進一步發展。正是在這個時候，英國開始利用香港問題來試探我們。

1979 年 7 月，英國駐華大使柯利達[1] 約見中國外交部部長助理宋之光[2]，我陪宋之光參與會見。柯利達代表英國政府第一次正式向中國政府提出關於「新界」租約期限的問題。他說，新界租約將於 1997 年 6 月 30 日到期，現在只剩十幾年時間了，這涉及投資者利益問題，英方想允許新界土地契約可以跨越到 1997 年 6 月 30 日以後。宋之光認為這個問題關係重大，沒有直接答覆他。

---

[1]　柯利達（Percy Cradock,1923－2010），英國前駐華大使，是英國政府的「中國通」，亦是英方參與草擬《中英聯合聲明》的主要人物。

[2]　宋之光（1916－2005），外交部原部長助理兼西歐司司長。1978 年 2 月任外交部部長助理兼西歐司司長。1982 年至 1985 年 8 月，任駐日本大使。1985 年離任回國，任全國人大外事委員會顧問。

1979 年 9 月，我再次陪宋之光會見英國駐華大使柯利達，正式答覆他：希望英方不要這樣做，因為這不符合我們的政策。

1979 年 10 月底、11 月初，華國鋒總理訪問英國，我作為工作人員參加了這次訪問。在這次訪問中，「新界」土地契約期限問題是雙方會談的一個重點。會談在唐寧街 10 號舉行，英方再次提出，希望把土地契約的期限延長至 1997 年 6 月 30 日之後。這是英方第一次在這樣的高層會談中提出這個問題。對此，中方當然不能同意。當時參加會談的英國外交大臣卡林頓表示，既然中國政府不接受英方的建議，英方就不打算照此計劃繼續下去，請中方能夠考慮一下，用什麼其他辦法解決。華國鋒總理表態說，中國政府是經過認真研究才做出答覆的。在領土問題上，中國政府需要很慎重。他還重申，將來我們在解決這個問題時，中國政府總會同英方商量的，無論怎樣解決，我們都會照顧到投資者利益。

華國鋒總理 1979 年 10 月底 11 月初訪英後，國內有關部門組織專門班子，就如何解決香港問題進行了全面、深入、大量的研究。香港事務本來是中國外交部西歐司英國處的工作範圍，但因為英方提出了這個關係非常重大的問題，所以當時經過研究以後，就把香港事務從西歐司抽調、轉移出來，專門成立了一個外交部港澳

辦公室，柯在鑠他們參與了這件事情。③最後，鄧小平同志提出用「一個國家，兩種制度」的科學構想來解決香港問題。

不久之後，也就是二十世紀八十年代初，外交部就派我到美國去了。所以我沒有直接參與中英兩國政府關於香港前途問題的外交談判。中國代表團團長最先是外交部副部長姚廣同志。談了幾輪之後，由周南同志接任，繼續與英方談判。1984 年 12 月 19 日，中英雙方簽署了解決香港問題的《中英聯合聲明》，英國同意於 1997 年 7 月 1 日將香港歸還給中國。中國聲明，我們恢復對香港行使主權之後，將在香港實行「一國兩制」方針政策。

新中國成立之初，我們就宣佈，對於歷史上由以往政府所簽訂的不平等條約，我們一概不予承認。考慮到當時的國際形勢以及國內經濟建設的需要，我們對香港採取了「長期打算，充分利用」的八字方針；並表示，作為歷史遺留問題，香港問題將在適當的時候通過和平談判解決。二十世紀七十年代末八十年代初，我們就研究決定，要收回的不僅是「新界」，而是整個香港地區。

---

③ 柯在鑠（1924－2007），原外交部港澳事務辦公室主任，中英聯合聯絡小組中方首席代表（大使銜）。

在第一次鴉片戰爭中，清王朝戰敗，被迫與英國簽訂《南京條約》，割讓香港島；在第二次鴉片戰爭中，清王朝再次戰敗，被迫與英國簽訂《北京條約》，割讓九龍半島；十九世紀末，帝國主義列強掀起瓜分中國的狂潮，清政府被迫與英國簽訂《展拓香港界址專條》，租借深圳河以南、九龍界限街以北的「新界」九十九年。在戴卓爾夫人看來，永久割讓香港島和九龍半島的《南京條約》和《北京條約》這兩個不平等條約不能變。鄧小平同志則明確闡述了我們對香港問題的基本立場：「關於主權問題，中國在這個問題上沒有回旋的餘地。坦率地講，主權問題不是一個可以討論的問題，現在時機已經成熟了，應該明確肯定：一九九七年中國將收回香港。」需要指出的是，鄧小平同志的意思是不僅要收回「新界」，而且要收回香港島和九龍半島。起先，戴卓爾夫人堅決不同意，後來經過激烈的鬥爭，尤其是當時整個國際形勢以及中英力量對比已經發生了很大變化，戴卓爾夫人不得不同意把整個香港地區歸還給中國，但是她內心是抗拒的，是不同意的。

二、保證平穩過渡

　　我從美國回來之後，繼續在中國外交部西歐司工作。中英關係由西歐司主管。當時，中英雙方高層政治往來增加，中英關係上了一個新的大台階。在此期間發生的第一件大事，是英國女王伊麗莎白二世訪華。[④]

　　1986 年 10 月 12 日至 18 日，英國女王伊麗莎白二世應李先念主席的邀請，對中國進行了為期一週的國事訪問，這是歷史上英國君主第一次訪問中國，我也參加了相關工作。李先念主席會見伊麗莎白二世時，首先對她的來訪表示熱烈歡迎，指出女王這次訪問是歷史上英國元首第一次訪華，是中英關係史上的一個里程碑，對促進中英兩國關係和兩國人民之間的友誼將起到重要的作用。英國女王表示，非常高興到中國來訪問，英國人民極為欽佩中國在農業、工業、教育、公共衛生以及科

---

④　伊麗莎白二世訪華期間，亦受到鄧小平會見。《鄧小平年譜》記載：1986年 10 月 14 日，「會見英國女王伊麗莎白二世和女王的丈夫愛丁堡公爵菲利普親王。指出：隨着香港問題的成功解決，現在我們的任務是努力發展兩國的友好合作關係，增進兩國人民之間的友誼」。參見《鄧小平年譜：1975－1997》（下），頁 1145。

技方面取得的進展。英國女王伊麗莎白二世還邀請李先念主席訪問英國，李先念主席接受了邀請，表示以後適當的時候會去。

此次英國女王訪華，我們對其給予了特殊的高規格接待。李先念主席特地飛去上海參加英國女王在皇家遊艇上舉行的告別招待會，鄧小平同志也在釣魚台養源齋會見了英國女王。我記得當時鄧小平同志說，中英兩國歷史上有點糾葛，香港問題解決以後，兩國所有的糾葛都消失了，現在要做的事情就是發展兩國和兩國人民之間的友好交往，增進兩國人民之間的友誼。鄧小平同志在養源齋請她吃了飯，她很高興。

英國女王伊麗莎白二世此次訪華，隨行人員眾多，英國外交和聯邦事務大臣傑弗里·豪也是其中之一。他深度近視，戴着一副眼鏡。中方專門派了國務委員兼外交部長吳學謙全程陪同，我亦隨行陪同。⑤ 與此同時，姬鵬飛國務委員和吳學謙外長分別同傑弗里·豪舉行會談，重點討論了「過渡時期」香港的政治體制問題，我也參加了這些會談。

---

⑤　吳學謙（1921－2008），中國共產黨第十二屆、十三屆中央政治局委員，原國務委員，國務院原副總理，中國人民政治協商會議第八屆全國委員會副主席。

在會談中，英方向中方提交了有關「過渡時期」香港政制與基本法銜接的三份紀要，表示英方事先對直接選舉問題並無定見，在香港立法局議員直選問題上會採取慎重的態度。我們針對當時港英當局的舉動，主要強調了四點：第一，香港當前的政治體制即「行政主導」的政治體制，不應該做大的變動；第二，不應匆忙提出立法局的直接選舉問題；第三，香港特區的政治體制怎麼改革，需要由基本法來加以規定；第四，如果英方想使當前在香港推行的政制改革在 1997 年後繼續存在下去，就要事先同中方商量且要同基本法相銜接。英方表態說，既然如此，會認真考慮中方的意見。但後來的發展事態表明，英國實際上早已另有打算，這樣表態只是為了敷衍搪塞我們。

　　我先簡要說明一下香港的政治體制以及港英當局所謂的政制改革。在港英管治時期，香港一直實行「行政主導」的政治體制，一言以蔽之，就是總督在香港政治體制中居於核心地位，壟斷統治香港的所有權力。具體而言：首先，港督是最高行政首腦，有權主持立法局及行政局會議，並建議英國皇室委任或撤銷兩局議員、太平紳士、法官以及其他官員；其次，港督是立法局的當然主席，有權參照立法局意見及徵得該局同意後制定法律，或依據一定程序批准或拒絕立法局的議案；最後，

港督是駐港英軍的三軍總司令。需要指出的是，行政局和立法局只是港督的諮詢機構，無論是香港的最高行政權還是立法權都屬港督；由港督委任的兩局議員，需要對港督負責；在這些官員中，主要負責人絕大多數是英國人，華人幾乎不佔據領導崗位。這就是港英管治時期的「行政主導」政治體制。這種政治體制有利於英國在香港的管治，也是香港在二戰之後經濟騰飛的一個重要因素。因此，為了保持香港的長期繁榮穩定，我們主張這種「行政主導」的政治體制在香港回歸之後不要做大的變動。

英方雖然同意把香港交還我們，但這是由於力量對比變化而被迫做出的決定，他們心有不甘。於是，1984年11月21日，即《中英聯合聲明》簽訂的前一個月，港英當局搶先公佈《代議政制白皮書——代議政制在香港的繼續發展》，計劃分別於1985年第一次通過功能組別間接選舉產生部分立法局議員，1991年第一次通過分區直接選舉產生部分立法局議員。

那麼，港英當局這項舉措的核心是什麼呢？核心就是要通過逐步減少並取消立法局內的委任議員，以間接選舉和直接選舉的方式吸納民選議員，最終將作為諮詢機構的立法局改變成為一個真正享有立法權的立法機構，從而使得香港的政治體制由「行政主導」變為「立法主導」。正如《代議政制綠皮書——代議政制在香港

的進一步發展》所言，要「逐步建立一個能夠直接向港人負責而又穩固地立根於香港的代議政治體制」，最終實現「還政於港」，而不是「還政於中國」。在這種情況下，即便香港未來由中國管治，中國也難以掌控立法局議員。這是英國的主要目的。

我們當初就知道英國方面懷有這個打算。英國搞殖民統治，對所謂「還政於民」、「分而治之」這一套很有經驗。1940 年代蒙巴頓勳爵在印度[⑥]，1960 年代邱吉爾的女婿索姆斯在南羅得西亞[⑦]，都是這樣做的。同樣，英方在香港加緊推行政制改革，目的也是造成既成事實，以便對基本法的制定施加影響，使所謂「代議制改革」的成果延續到 1997 年之後，從而使其在 1997 年以後可以繼續對香港的管治施加影響。對此，我們一開始就知道英方有此打算，也當即對其表達了我們的反對態度。

---

⑥　十九世紀，英國佔領了印度全境，在印度建立起殖民統治。然而，由於二戰極大地消耗了英國的國力，再加上印度民族解放運動的強大壓力，導致英國無法維持對英屬印度的統治，開始以「還政於民」的名義，策劃從印度撤退。1947 年 6 月，英國駐印度最後一任總督路易斯‧蒙巴頓提出被稱為「蒙巴頓方案」的「印巴分治」方案。同年 8 月，英屬印度解體，被分為印度和巴基斯坦兩個國家，結束了英國在印度長達一百九十年的殖民統治。「印巴分治」以後，兩國至今仍處於對立狀態，成為國際政治的不穩定因素。

⑦　南羅德西亞，即今天的津巴布韋，在歷史上曾為英國殖民地。在獨立之前，南羅德西亞的白人與黑人曾長期處於對立狀態。邱吉爾的女婿索姆斯曾任英國駐南羅德西亞最後一任總督。1980 年，津巴布韋獨立建國，但白人與黑人之間對立狀態依然沒有消除，津巴布韋也因此而長期處於動盪之中。

在基本法起草工作的前期，中英雙方還是以合作為主。雖然基本法的起草完全屬中國的內政，但是為了香港的平穩過渡和政權的順利交接，中方還是通過各種渠道，在不同級別上，就 1997 年前後政治體制銜接問題，同英方進行了頻繁的接觸、溝通和磋商。與此同時，英方也不斷給我們提意見。1987 年，港督衛奕信[8] 提出：「政制改革宜審慎從事，珍惜安定，循序漸進，維持獨特制度，有利吸收投資。」對此，鄧小平同志表示贊許：「最近香港總督衛奕信講過，要循序漸進，我看這個看法比較實際。即使搞普選，也要有一個逐步的過渡，要一步一步來。」

當時雙方的設想是：港英管治時期的立法局議員，可以過渡到 1997 年 6 月 30 日以後，成為香港特別行政區第一屆立法會議員。這就是所謂的「直通車」方案。對於這個問題，中英雙方進行了反覆的磋商，並最終達成了默契和諒解。為此，基本法起草委員會對港英最後一屆立法局過渡為香港特區第一屆立法會做出了設計。英方多次向中方承諾，會信守相關默契和諒解，促使香港在「過渡時期」的政制體制與基本法相銜接。

---

[8] 衛奕信（David Clive Wilson, 1935－），英國外交官，熟知中國事務，於 1980 年代負責與中方起草《中英聯合聲明》，後來又在中英聯合聯絡小組中擔任首任英方首席代表，1987－1992 年間出任第二十七任香港總督。

三、「七封書信」

　　英方自始至終不甘心交還香港。所以在基本法的起草過程中，英方不斷給我們提意見，希望他們的想法能在基本法中有所反映。1989 年，國際局勢和國內局勢都發生了巨大變化。國際局勢方面，東歐劇變，蘇聯解體，世界社會主義運動遭受嚴重挫折；國內局勢方面，北京發生了政治風波。在國際「大氣候」和國內「小氣候」的綜合作用下，包括七國集團⑨、歐盟在內的西方國家，在政治上與我們斷絕往來（副部長及以上的往來一律終止），在經濟上對我們進行制裁（如停止貸款等）。此時，英國也對形勢做出誤判，認為中國政府維持不了多久了，甚至很難說能不能維持到 1997 年香港回歸，於是也加入對中國的制裁。基於這樣的錯誤判斷，英方在香港問題上先是抬高要價，後來又公然改變同中方合作的態度，採取對抗的

---

⑨　七國集團（簡稱 G7）是主要工業國家會晤和討論政策的論壇，成員國包括美國、英國、德國、法國、日本、意大利和加拿大。二十世紀七十年代初，第一次石油危機重創西方國家經濟後，在法國倡議下，1975 年 11 月，美、英、德、法、日、意六大工業國成立了六國集團。次年，加拿大加入，七國集團就此誕生。1997 年，俄羅斯加入，G7 轉變為 G8。

方針，從而使兩國關係出現嚴重倒退。

在這種形勢下，當時發生了兩件大事。第一件大事，是中英兩國外長通過互換七封書信的方式，就香港回歸前後的政制銜接問題達成了協議和諒解。

1989 年底，英方派柯利達秘密訪華，在香港「過渡時期」的政制改革上提高要價，企圖敲詐我們。英方以「民意」為藉口，向中方提出，要求大幅增加 1991 年香港立法局的直選議席，並希望由中方主導起草的基本法亦隨之進行調整。英方的此種主張，使得一些香港「草委」的立場也發生變化。此時，基本法草案已處於即將定稿的關鍵時刻，時間非常緊迫，情勢非常嚴峻。

在此情況下，1990 年 1 月 18 日到 2 月 20 日，時任中國外交部長的錢其琛和英國外交及聯邦事務大臣赫德通過互換七封書信的方式，就此事進行磋商。[⑩] 在此過程中，英方不斷提高要價，我們在堅守原則的同時也做了必要的妥協，最後通過這七封書信，確定了 1991 年香港

---

⑩ 錢其琛（1928－2017），中國共產黨第十四屆、十五屆中央政治局委員，原國務委員，國務院原副總理。曾任全國人民代表大會常務委員會香港特別行政區籌備委員會預備工作委員會主任，全國人民代表大會香港特別行政區籌備委員會主任委員，全國人民代表大會澳門特別行政區籌備委員會主任委員。錢其琛是中共第十二屆中央候補委員、委員（1985 年 9 月中國共產黨全國代表會議增選），第十三屆、十四屆、十五屆中央委員，第十四屆、十五屆中央政治局委員。

立法局間接選舉和直接選舉的議席數目，以及 1997 年香港特別行政區第一屆立法會間接選舉和直接選舉的議席數目。

1985 年 7 月至 1990 年 4 月，經過四年八個月的緊張工作，在廣泛徵求港人意見的基礎上，我們完成了基本法的起草工作。1990 年 4 月 4 日，基本法經第七屆全國人大第三次會議通過後正式頒佈。基本法將中國在香港實行的「一國兩制」、「港人治港」、高度自治的方針政策用法律的形式規定下來，為香港特別行政區設計了一套符合「一國兩制」方針政策的、「行政主導」的政治體制。這種政治體制兼顧了社會各階層的利益，有利於資本主義經濟的發展，對保持香港的長期繁榮穩定起到了重要作用。

與此同時，中方信守了在七封書信中的承諾。1990 年 4 月 4 日，第七屆全國人大第三次會議通過了《全國人民代表大會關於香港特別行政區第一屆政府和立法會產生辦法的決定》，其中第六條規定：「香港特別行政區第一屆立法會由 60 人組成，其中分區直接選舉產生議員 20 人，選舉委員會選舉產生議員 10 人，功能團體選舉產生議員 30 人。」該決定還就「直通車」安排做出了具體規定。

對於中方信守承諾的行為，英國外交部發表聲明予以肯定，認為基本法為香港將來作為中華人民共和國的

特別行政區奠定了堅實基礎，雖然其中某些條文不可避免地不能與英國政府的意見一致，但已經比較充分地反映了《中英聯合聲明》的精神。

可是，沒過多久，英國再次節外生枝，向中方提出增加 1995 年香港立法局直選議席的要求。中方指出，基本法已對第一屆立法會直選議席做出了規定，不可能再改。1992 年 7 月 6 日到 9 日，我受命緊急到英國訪問。在同英國主管對華事務的顧立德 ⑪ 的會談中，我向他提出，1995 年香港立法局選舉，關係到能否坐「直通車」跨越 1997 年的問題。中英雙方必須就此進行磋商並取得一致。顧立德回答說，現在英國議會有少數人批評英國政府 1984 年同中國達成的協議是對英國利益的出賣。目前保守黨政府在議會只有 21 席的微弱優勢，工黨和保守黨少數極右勢力可能會要求加快香港民主化的進程，增加直選席位。我說：英方任何想要改變 1995 年立法局直選議席數目的想法都是不能接受的。英國國內黨派之爭不應也不能影響中英兩國之間達成的國際協議和諒解，這就是中國政府的立場。後來，他仍然說：希望中方再考慮考慮。

---

⑪　顧立德（Alastair Goodlad, 1943－），英國保守黨政治人物，曾任英國外交及聯邦事務大臣（1992－1995），負責對華事務。

這次訪問很有意思，在倫敦會談會見活動結束後，英國外交部還專門安排我去巴斯（Bath）參觀。巴斯就在倫敦附近，因保存了古羅馬人佔領英國期間於公元一世紀建造的羅馬浴池遺跡而聞名，如今是一個旅遊城市。當地市長和我開玩笑說：「姜部長，我們這個選區正是彭定康落選的地方，我們巴斯不要彭定康，把他送到香港去了。」我也一笑了之。

當時英國剛舉行了大選，保守黨以微弱多數取勝，梅傑[12]繼續擔任首相。在這次選舉中，七名曾經在上屆保守黨政府擔任過副大臣或以上職務的保守黨議員落選，其中包括保守黨主席彭定康。保守黨的一把手是當時的首相梅傑。保守黨主席和工黨主席主要負責該黨的組織工作，這個職位相當於一個內閣大臣的級別。在英國，按照規定，在政府擔任副大臣以上職務的，必須先當選為下院議員，否則就不能擔任。彭定康作為保守黨主席，在這次大選中立下了汗馬功勞，本應「論功行賞」，安排他出任內閣大臣。但由於他落選議員，如何安排他就成了一個問題。據英國報紙透露，彭定康落選之後，梅傑首相曾勸說一個當選的議員辭職，讓出席位給彭定

---

[12] 約翰·梅傑（John Major, 1943－），英國政治人物，曾於 1990 年至 1997 年出任英國首相和英國保守黨黨魁。

康填補，但那個議員當場拒絕了。顧立德同梅傑首相商議，並由顧立德出面就派其出任港督一事徵求彭定康本人的意見，彭定康欣然接受。我結束對英國訪問的那一天，即 1992 年 7 月 9 日，彭定康飛抵香港走馬上任。

四、「彭定康政改」

　　我要講的第二件大事，是彭定康提出了一個「三違反」的政改方案。

　　有英國高層人士曾私下向我透露，派彭定康擔任港督，是戴卓爾夫人擔任首相時就有的一個想法。戴卓爾夫人認為，香港回歸之前，香港的政治形勢將非常複雜，傳統的外交官可能駕馭不了這種政治形勢，所以要派一個政治人物擔任港督。當時戴卓爾夫人的政治顧問、外事顧問柯利達不同意她的這個想法。他認為，香港回歸之前，不宜派一個政治人物去擔任港督，派政治人物不了解中國的情況、香港的情況，一旦胡來，會影響香港的平穩過渡。他幾次三番給戴卓爾夫人提建議，但戴卓爾夫人不聽。後來，由於與戴卓爾夫人有政見分歧，柯利達辭職了。戴卓爾夫人下台之後，梅傑首相接受了她的這個想法，要派一個政治人物去擔任港督，於是就派了彭定康。

　　彭定康到香港之後，研究了大概兩個多月，就拋出一個政改方案。這個政改方案規定：港督不再兼任立法局主席，立法局主席改由議員互選產生；改變原來的一

部分立法局議員既要擔任官守議員同時擔任行政局議員的制度，使兩者完全分開；功能團體選舉全部取消，改為個人投票；功能團體的選民範圍擴大至全香港的工作人口；在立法局 60 名議員中，完全取消委任制議員，除按規定 20 名議員由分區直接選舉產生外，其餘 40 名由功能組別和選舉委員會間接選舉產生的議員，現都改為由直接選舉產生。由此可見，這個政改方案依然是英國總的指導思想之老調常談 —— 急遽改變立法局性質，將香港的政治體制由「行政主導」變為「立法主導」。

需要指出的是，在拋出這個政改方案之前，彭定康並沒有和我們商量，只是由英國外交大臣赫德在紐約和中國外交部長錢其琛會晤時做了簡要通報，並在北京向中方提交了文本。因為這個政改方案會使港英立法局和整個香港政治體制性質大變，無法與已經公佈的基本法相銜接，所以中方堅決反對，並明確表示，港英當局關於 1995 年立法局選舉的安排，必須先經雙方磋商並取得一致，必須與基本法銜接。

1992 年 10 月 21 日到 22 日，彭定康訪問北京，推

銷他的政改方案。他到北京之後，先同港澳辦主任魯平 ⑬
會談，接着同我會談，最後由國務委員兼外長錢其琛會
見。22 日上午，我在釣魚台國賓館同他會談時指出：
「你這個政改方案是個『三違反』方案。第一個『違反』
是不符合《中英聯合聲明》關於涉及跨越 1997 年的事項
需由雙方協商的原則；第二個『違反』是不符合英方已
經承諾的與基本法銜接的原則；第三個『違反』是不符
合兩國已經達成的協議和諒解，特別是兩國外長通過七
封書信達成的協議和諒解。這是我們絕對不能接受的。」
我還警告他：「你如果一意孤行，將對兩國關係、對香港
平穩過渡，產生嚴重後果，你要掂量掂量。」他辯解說：
「我之所以這樣做，是為了尊重香港的民意。」我當即反
駁道：「香港真正的民意是什麼，你在《施政報告》裏也
已承認 —— 香港大多數居民都希望同基本法相銜接，你
要尊重香港民意，就應該尊重這個民意。」他無話可說。
然後，他說：「總之，你們不同意我的方案我也沒辦法，

---

⑬　魯平（1927－2015），國務院港澳事務辦公室原主任、黨組書記。1978
年 5 月，參與國務院港澳辦公室籌備工作，曾任綜合組組長、秘書長、黨組成
員、副主任。1990 年 11 月任國務院港澳辦主任、黨組書記。曾任香港基本法
起草委員會委員兼副秘書長、澳門基本法起草委員會委員兼秘書長，全國人大
香港特別行政區籌委會預備工作委員會副主任兼秘書長、全國人大香港特別行
政區籌備委員會副主任兼秘書長。魯平是中共第十四大、十五大代表，第
十四屆中央委員會委員。政協第九屆全國委員會委員。

我只能這樣做。」這簡直是耍無賴。

會談後我設午宴招待他，席間又發生了激烈的爭論。他說：「我不能接受中方關於我的方案是『三違反』的說法，我對中方這種說法『感到厭煩』，因為這樣說是很不禮貌的。」我也毫不客氣地回敬道：「近幾年來，我們對英方在執行《中英聯合聲明》過程中一再節外生枝的做法也確實『感到厭煩』。」這頓午餐最後不歡而散。

當天下午，我陪同錢其琛外長會見彭定康。錢其琛外長平時會見外賓時都面帶笑容，但是這次的態度很嚴肅。他說：「魯平主任和姜恩柱副外長所談的不是他們的個人意見，都是中國政府的正式立場。」彭定康說：「對，他們兩位很有禮貌。」與此同時，他也婉轉表達了反對我的意見。錢其琛副總理跟他說：「我們中方希望同你們合作，但是我們也不怕對抗，如果港英政府堅持按照你這個方案做，那中方只能『另起爐灶』，取消『直通車』。這是中方的底線。」這裏所說的「另起爐灶」，是指中方拒絕接受英方搞的立法局選舉，香港回歸祖國時把它推倒重來，按照基本法的規定組建香港特區第一屆立法會。

港督以往訪京，通常會受到中國總理的會見，衛奕信的那幾次訪問都是這樣。然而，彭定康的這次訪京，沒有受到李鵬總理的會見。香港報紙、英國報紙都注意

到這一點，馬上報道說：「彭定康這次到北京碰了一鼻子灰，受到了冷遇，外交上遭到了失敗。」不過，這個人臉皮很厚，他回去以後，仍然堅持為他的「三違反」政改方案辯護。

另外，這裏還有一個細節。彭定康在他的回憶錄裏承認，他提出政改方案之前，並不了解中英兩國外長已於 1990 年初就 1997 年前後香港政制銜接問題互換七封書信，直到北京之行前夕，才有一位官員跟他說了此事。他責怪英國外交部和身邊官員事先沒有向他介紹相關情況。他說，這一疏忽使他失了分，但又詭辯稱，這七封信件並不表示中英雙方就有關問題達成了協議和諒解。

既然彭定康一意孤行，我們就必須澄清事實，讓世人了解真相。1992 年 10 月 28 日早上，我正好在中國外交部大樓，差不多 11 點鐘，錢其琛副總理從中南海打電話給我，說：「經研究，今天下午要把七封信件公開。」中午 11 點接到電話，下午 4 點就要公佈，時間很緊。但是，我們必須抓緊時間，盡快把這七封信件公開，向彭定康表明他所講的是謊話，讓香港人和國際社會知道中英雙方早已達成的這些協議和諒解。

彭定康的政改方案出台之後，1992 年 11 月 11 日到 19 日，時任中國國務院常務副總理朱鎔基應邀訪問英

國，我陪同前往，一起去的還有當時在經貿部工作的吳儀。朱鎔基副總理到英國之後，在同英國首相梅傑和外交大臣赫德會談時，都明確地跟他們講：「我們中國政府堅決反對彭定康的政改方案。」他直接責問對方：「《中英聯合聲明》還要不要信守？中英兩國已達成的諒解還算不算數？」對此，赫德不正面回答，而是提出：「英國政府現在是支持港督的，港督表示願意坐下來同中方討論，中英雙方可以在港督這個方案的基礎上繼續討論。」這就是說，英方想以彭定康的「三違反」政改方案為基礎進行討論。我們當然不能同意。

朱鎔基副總理在皇家國際事務研究所發表演講時，英國政界、工商界一些知名人士也來聽了，但是外界此時還不知道這些情況。演講中，朱鎔基副總理公開表明了中國政府反對彭定康政改方案的堅定立場，指出這場爭論和對抗是由英方挑起的。他尖銳地提出：「現在面臨的問題是《中英聯合聲明》還要不要信守，兩國達成的諒解還算數不算數？這是一個重大的原則問題。在原則問題上，中國政府和人民是從不含糊的。」那天出席演講會的知名人士聽後為之一震，面面相覷，交頭接耳，開始認識到問題的嚴重性。當天，香港恒生指數就下跌206點；第二天，又下挫240點，跌破6000點大關。

在此之前，香港一些知名人士就公開反對彭定康的

政改方案。如前行政局首席議員鍾士元，前布政司、港英房屋委員會主席鍾逸傑[14]，工商界人士李嘉誠，法律界人士李福善等，都公開批評彭定康的政改方案違反基本法，損害香港的平穩過渡。

這次訪問之後，英國內部發出了很多不同的聲音。1992 年 12 月 9 日，英國上議院就香港問題舉行辯論。政府大臣表示全力支持彭定康的政改方案。但工黨上議院發言人布萊克斯通女男爵（Baroness Blackstone）對彭定康處理問題的方式是否符合英國的長遠利益表示質疑。英中貿易協會主席夏普勳爵（Lord Sharp）、英國前檢察長肖克羅斯勳爵（Lord Shawcross）等幾位上議院議員，也公開批評彭定康犯了錯誤，確有「三違反」之處，應加以修正。前港督麥理浩和前香港行政局首席議員鄧蓮如等對中英雙方各打五十大板，一面批評英國政府，一面批評中國政府，建議通過協調解決分歧。英國工商界很多知名人士也出來講話，認為彭定康這樣做不對。另外，在英國三位前首相中，戴卓爾夫人全力支持彭定康，希思在保守黨年會上公開批評彭定康的政改方案，卡拉漢則表示「如果不從強有力的實力地位出發，

---

[14] 鍾逸傑（David Akers-Jones, 1927－2019），英國人，曾任香港布政司（1985－1987）。

就不要隨便恫嚇」。我在英國當大使期間，卡拉漢跟我當面講了這句話，希思也跟我明確表達了自己的立場。

面對中國政府的強烈反對，英國國內反對同中國對抗並主張同中國繼續合作的聲音不斷擴大，英國政府領導層也不能完全置之不理。1993 年 2 月上旬，英國聯邦及外交事務大臣赫德致函中國外交部長錢其琛，提出英方願意在沒有任何先決條件的基礎上同中方談判。

中方收到這封信以後，經研究決定，同意同英方舉行談判，以促使英方回到同中方合作的軌道，並能改弦易轍，以利於香港的平穩過渡。由此，我被任命為中國方面參加談判的代表。英國方面的談判代表是駐華大使麥若彬（Robin John Taylor McLaren）。因為麥若彬身體不好，到談判後期，由英國外交部副次官韓魁發（Christopher Owen Hum）接任英方代表。中方參與談判的人員有：中國外交部港澳辦主任趙稷華，國務院港澳辦二司司長王鳳超，新華社香港分社研究室主任陳偉等。另外，還有包括吳洪波等人在內的一些工作人員。這是一個很大的班子。

在談判之前，我們就同英方講明，談判的基礎應該是「三符合」，即符合《中英聯合聲明》、符合與基本法銜接的原則、符合中英雙方已達成的協議和諒解，而不是彭定康的政改方案。在談判基礎問題上，中英雙方經過反覆商談，英方最終接受了中方的意見，即以「三

符合」為基礎進行談判。1993 年 4 月 22 日—11 月 27 日，中英雙方在北京釣魚台國賓館 10 號樓進行了長達七個月的會談，一個禮拜或者兩個禮拜談一輪，一輪談兩天到三天，共計十七輪。整個談判過程非常具體，相當複雜，涉及到很多技術性問題。

中英關於 1994 / 1995 年選舉安排的外交談判，主要涉及四個問題。

第一，會談基礎問題。本來這個問題在談判之前已經解決了，英國方面也同意以「三符合」為基礎進行談判。但是，我們深知僅有這個大原則還不夠，必須加以具體落實。所以，我們首先要求英方對過去中英雙方已達成的協議、諒解和共識加以具體確認。英國一再玩弄文字遊戲，一涉及到具體問題就又回到彭定康的政改方案上去了。結果又花了很長時間，才明確了會談以「三符合」為基礎。

第二，立法局選舉安排問題。這個問題是談判的重點。根據基本法規定，議員由三部分選舉產生：分區直選、功能組別、選舉委員會。英方堅持把我們原來規定的功能組別的間接選舉，變成變相的直接選舉。在這個問題上，中英雙方一直難以達成一致意見。

第三，立法局議員坐「直通車」的標準問題。這是談判的另一個重點。港英當局最後一屆三級架構（區議

會、市政局、立法局）的議員，不可能直接過渡到 1997 年 6 月 30 日以後。「直通車」不是無條件的，而是有前提的，其前提已由第七屆全國人大三次會議通過的《全國人民代表大會關於香港特別行政區第一屆政府和立法會產生辦法的決定》第六條作出具體規定：「原香港最後一屆立法局的組成如符合本決定和香港特別行政區基本法的有關規定，其議員擁護中華人民共和國香港特別行政區基本法、願意效忠中華人民共和國香港特別行政區並符合香港特別行政區基本法規定條件者，經香港特別行政區籌備委員會確認，即可成為香港特別行政區第一屆立法會議員。」這裏面有三個條件：第一，符合全國人大的決定和基本法的有關規定；第二，議員必須擁護基本法，願意效忠中華人民共和國香港特別行政區，並符合基本法規定條件；第三，香港特區籌委會要進行確認。這三項條件完全合情合理，體現了國家主權原則。

對於第三個問題，英方最為關注的是對議員的確認標準。他們提出，所謂的「擁護」和「效忠」含義不明確，請中方具體解釋其準確含義。中方強調，我們只能按照基本法和全國人大決定辦事，不能侵犯全國人大授予香港特區籌委會確認議員是否符合條件的權力，然而我們可以提出一些解釋性的看法和意見。「擁護」和「效忠」不僅體現在口頭上，而且體現在行動上。如果有議

員存在反對基本法的行為，參與或領導旨在推翻中央政府、改變內地社會主義制度的活動，此人就不能算是擁護和遵守基本法，顯然也違背了「一國兩制」方針。另外，鄧小平同志對「愛國者治港」中的「愛國者」也早有明確定義：「愛國者的標準是，尊重自己民族，誠心誠意擁護祖國恢復行使對香港的主權，不損害香港的繁榮和穩定。」毫無疑問，中方這一解釋性看法是合乎情理的。

然而，英方卻認為，這個規定不夠客觀、明確，並提出了一個所謂客觀、明確的確認標準：只要議員根據基本法第 104 條履行一個口頭宣誓手續，不管該議員在行動上是否擁護和遵守基本法、是否願意效忠中華人民共和國香港特別行政區，即可直接過渡成為香港特區第一屆立法會議員。中方對這種無理的建議自然不可能接受。英方對此感到非常失望。據後來得到的消息，英方把這個標準報給彭定康看以後，非常擔心地說：「按照中方的解釋，香港現在有些立法局議員根本不符合條件，沒辦法坐『直通車』。但我們對這些反共、反華議員又非常器重。」

2016 年 10 月 12 日，在香港特區第六屆立法會議員就職宣誓儀式上，少數幾個候任立法會議員在宣誓環節公然宣傳「港獨」、侮辱國家和民族。為此，2016 年

11月7日，十二屆全國人大常委會第二十四次會議通過了《全國人民代表大會常務委員會關於〈中華人民共和國香港特別行政區基本法〉第一百〇四條的解釋》。應該說，這次「人大釋法」，同當年我們會談時秉持的精神完全一致，宣誓不僅要體現在口頭上，而且要表現在行動上。「擁護」和「效忠」不僅是宣誓詞的內容，更是擔任這個公職的法定條件和具體要求。如果議員在宣誓環節是不嚴肅地宣誓，那就不能算數；如果口頭宣誓成為議員之後，但是以後又出現違反自己宣誓詞的行為，就需要承擔法律責任，不能再當議員。所以，根據這個標準，有些不符合條件的議員就下「車」了。基本法也要有「牙齒」！

第四，區域組織選舉問題。經過幾輪討論，中英雙方的意見趨於一致。於是，中英雙方着手起草區域組織諒解備忘錄文本草案。可是，就在談判好不容易取得一點進展的時候，英方卻又節外生枝，硬要在該諒解備忘錄中寫進立法局選舉也採取「單議席單票制」的辦法，即一個選區設一個席位，得票最多者當選。本來，立法局的選舉辦法完全可以而且也應該留待以後中英雙方討論立法局選舉時再商量解決。港英當局最後一屆立法局選舉將於1995年9月進行，完全有時間商談，但英方卻硬要把自己的意見強加於中方。他們的理由是：港英立法局已經通過了

1995 年立法局選舉採取「單議席單票制」的動議。港英立法局是港督的諮詢機構，英方的這種行為，是要把港英立法局的意見凌駕於中英兩國政府間的外交談判之上，這涉及一個重大的政治原則問題。對英方這一無理要求，中方理所當然不能同意，並據理加以批駁。

中方拒絕這一無理要求之後的第二天，英方代表韓魁發當場宣讀一項事先準備好的所謂「經過認真斟酌」的聲明，宣稱英方不能繼續同中方討論第一階段即區域組織選舉安排的諒解。我當即正式提醒英方代表，要考慮到這個行動的嚴重後果。早在 1993 年 4 月 7 日，我就曾奉命向英國駐華大使麥若彬聲明，在中英會談達成協議之前，如果英方將所謂的政改方案提交港英當局立法局討論，那將再次表明英方對談判毫無誠意，意味着談判的終止、破裂。聽了我的發言後，英方代表就先離開了談判桌。

五、「另起爐灶」

　　當時的港英當局並不相信中方會重建香港特區的政制架構，所以肆無忌憚。彭定康在把他的政改方案提交立法局討論時，還狂妄地宣稱：「我不相信 1997 年香港政權移交時中方會推翻英方的這些選舉安排，立法局議員會全部下『車』。」柯利達聽了彭定康的講話以後，公開說：「新中國成立以來，中國政府對外說話從來是算數的，說到做到，彭定康這番話表明他根本不了解中國，他將要犯嚴重的錯誤。」對於英方缺乏誠意的狀況，我在談判之初就已經察覺，於是我向上面報告：「要做兩手準備，誠心誠意地爭取談成，同時也要做可能談不成的另一種考慮。」為了提醒英方不要錯誤估計形勢、不要錯誤認為中方不會「另起爐灶」，我們向英方發出了兩個信號。

　　第一個信號，是成立「預委會」。在中英關於 1994 / 1995 年選舉安排的外交談判過程中，即 1993 年 7 月 2 日，八屆全國人大二次會議通過《全國人民代表大會常務委員會關於設立全國人民代表大會常務委員會香港特別行政區籌備委員會預備工作委員會的決定》。「預委會」

的職責是，「在香港特別行政區籌備委員會成立前，為1997年我國對香港恢復行使主權，實現平穩過渡，進行各項有關準備工作」，包括為「籌委會」的成立做準備，研究香港回歸以後基本法中規定的這些內容如何落實，尤其是第一屆特區政府組成、架構等一系列問題。

「預委會」由五十七名成員組成，錢其琛副總理擔任主任，安子介、霍英東、魯平、周南、我、鄭義、李福善等七人擔任副主任，委員由內地和香港兩部分相關人士組成。「預委會」下設政務、經濟、法律、文化、社會及保安五個專題小組，我和霍英東負責聯繫政務專題小組，梁振英擔任組長，魯平擔任秘書長，我們經常參加政務專題小組的討論。1993年7月16日到17日，「預委會」在北京港澳中心舉行了第一次全體會議，錢其琛副總理發表了講話。在會上，我向「預委會」報告了中英關於1994／1995年選舉安排的外交談判進展以及雙方爭論焦點。聽了我的報告以後，好幾位香港委員跑過來告訴我：「姜部長，我們明白了，我們對英國人沒信心了。」從1993年7月到1996年1月，「預委會」工作了兩年半的時間，研究並起草了大量方案、意見和建議，對香港的平穩過渡起到了重要作用。

第二個信號，是於1993年9月提前發表即將出版的《鄧小平文選》第三卷中有關香港問題的談話，即鄧

小平同志在 1982 年 9 月 24 日會見英國首相戴卓爾夫人時的談話 ——〈我們對香港問題的基本立場〉。在發表這篇談話之前,《鄧小平文選》編輯組的鄭必堅同志給我打電話說:「鄧小平同志提出要在〈我們對香港問題的基本立場〉中加一個關於香港問題的注釋,介紹中英關於香港前途問題談判的基本過程以及我們的基本立場,要求 2000 字左右。」我隨即組織中國外交部港澳辦趙稷華、吳洪波等同志,起草了一個約 2000 字的注釋並送審。

在這篇談話中,鄧小平同志特別強調「主權問題不是一個可以討論的問題」,「擔心的是今後十五年過渡時期如何過渡好,擔心在這個時期中會出現很大的混亂。而這些混亂是人為的。這當中不光有外國人,也有中國人,而主要的是英國人」。他還嚴正聲明:「如果在十五年的過渡時期內香港發生嚴重的波動,怎麼辦?那時,中國政府將被迫不得不對收回的時間和方式另作考慮。」這是一句分量很重的話,也是中國政府的嚴正聲明。這篇文章全面系統地闡述了中國政府對香港問題的基本立場,對當時正在進行的中英關於 1994 / 1995 年選舉安排的外交談判,有着十分重要的現實指導意義,是對英方發出的嚴正警告。

中方發出這兩個信號之後,英國一些了解中國的學者和知名人士就警告英國政府,中國政府對外從來都

是説話算數的。如果誤判這一點，將會犯嚴重的錯誤。1993 年 12 月，英國下議院外交事務委員會舉行了關於香港問題的聽證會，並請來柯利達、唐納德和伊文斯這三位前駐華大使出席作證。這三位前駐華大使都不同意英國政府領導層對中國和世界形勢做出的錯誤判斷以及基於這種錯誤判斷所制定的對華政策。

柯利達明確指出：到目前為止，中方沒有一點違反《中英聯合聲明》的記錄。英中談判中斷，兩國重新進入對抗的階段，責任主要是英方，這是英國政府和港府 1992 年 10 月以來所推行的對抗政策造成的，這是一個危險和魯莽的政策。柯利達和唐納德都認為，中國不會像蘇聯那樣瓦解，蘇聯經濟一團糟，而中國經濟上取得巨大的成功，絕大多數中國人對現狀是滿意的；中國不會陷入政治癱瘓，更不會回到二十世紀二十年代軍閥割據、國家四分五裂的狀態；中國不但將成為一個大國，而且將成為經濟上、政治上和一定程度的軍事上的超級大國；到二十一世紀初，中國的經濟實力將超過任何一個歐洲國家，並接近甚至超過日本，世界經濟中心將向太平洋轉移。因此，他們都認為，英國應考慮上述因素並做出理智的安排，英國不應與中國對抗，而應面對來自歐洲、日本和美國而非中國的競爭，這樣才符合英國利益。我在英國當大使的時候，這三位前駐華大使也多

次跟我私下會見聊天，重申他們的這些意見。

然而，英國政府和港英當局對此卻置若罔聞，依然不知改悔。1993 年 12 月 15 日，彭定康正式把「三違反」政改方案提交立法局討論，這意味着中英關於香港 1994/1995 年選舉安排的外交談判正式破裂，英方親手關上了談判大門，中英在香港問題上已經由合作轉入了對抗、衝突的階段。中方決定終止跟英方的往來，只在中英聯合聯絡小組層面的一些具體問題上繼續交涉。

在此情況下，為了以正視聽，我立即組織中國外交部港澳辦的同志撰寫了〈中英關於香港 1994／1995 年選舉安排會談中幾個主要問題的真相〉一文，以外交部發言人名義於 1994 年 2 月 28 日發表。該文嚴正重申：「根據《中英聯合聲明》規定，英國對香港的行政管理到 1997 年 6 月 30 日止，中國政府於 1997 年 7 月 1 日對香港恢復行使主權。作為英國管治香港政制架構的組成部分，即港英最後一屆區議會、兩個市政局和立法局，也將隨英國管治期的結束而終結。從 1997 年 7 月 1 日起，香港特別行政區政制架構將根據中國全國人大的決定和基本法的有關規定予以組建。」

時隔半年之後，英國發現情況不對：第一，中國政府不僅沒有垮台，而且中國共產黨的執政地位更加穩固；中國經濟非但沒有停滯，而且發展得更好了；中國

的國際地位沒有下降，反而提升了。第二，西方國家紛紛改善同中國的關係，取消了對中國的「制裁」。1993年12月28日，法國政府特使同中方簽訂聯合公報，決定停止對中國的「制裁」並改善同中國的關係。而且，在歐盟還未同中國恢復往來之前，密特朗總統便邀請江澤民主席正式對法國進行國事訪問。德國先後邀請李鵬總理、江澤民主席對德訪問。歐盟正式宣佈解除1989年以後對中方除軍售以外的「制裁」。法國、德國同中國改善關係之後，經濟互利，英國就失去了優勢。因此，英國也開始希望跟我們改善關係。

　　1994年7月中旬，英國派外交國務大臣顧立德到北京來訪問，由我同顧立德舉行會談。顧立德對雙方關於香港1994／1995年選舉安排的外交談判未能達成協議感到「遺憾」，並提出雙方現在要盡可能處理好由於未達成協議帶來的後果，應在香港政制問題以外的其他領域盡可能進行合作。同時，他還提出了一系列改善兩國關係的具體建議，其中包括開展雙邊高層交往，相互增設總領館，英方取消對中國駐英外交官的旅行限制，加強雙方在國際問題上的磋商，以及發展雙邊經貿關係等。我表示已經注意到英方改善兩國關係的願望，但對英方的具體建議未做回應，而是強調中方對英方要聽其言、觀其行。中英關係能否真正得到改善，關鍵要看英方的

態度和行動。目前香港政制問題還是一個重大障礙，這個問題解決之前，談其他改善關係的措施都是毫無意義的。

1995 年 4 月，英國領導人在下院表示，希望與中國發展着眼於二十一世紀的長遠而現實的關係。同年 5 月，英國又派工貿大臣赫塞爾廷訪華，有大批英國企業家隨行。赫塞爾廷讓我帶一個口信，即英國政府重視改善和發展對華關係，英國讚賞中國的經濟發展，對中國的政局穩定毫不懷疑，欽佩中國領導人在領導經濟轉軌和治理經濟活動中所表現出的膽略和藝術，英國政府認為發展對華友好合作關係是唯一正確的選擇。這實際上是英國對過去關於中國的錯誤判斷的否定。

在此背景之下，中方認真研究了口信，認為雖然 1997 年香港政制上的「直通車」已經沒有了，我們的「另起爐灶」已經啟動了，但中國恢復對香港行使主權還涉及到很多其他問題，包括終審法院、軍事用地等等。所以我方從實現 1997 年香港政權順利交接的大局出發，亦開始逐步鬆動同英國的關係。

1995 年 10 月，時任中國國務院副總理兼外交部長的錢其琛應邀到英國訪問，我陪同前往。錢其琛副總理會見了英國首相梅傑，並同外交大臣里夫金德（Malcolm

Leslie Rifkind）⑮ 舉行會談。會談期間，英方強調，現在距離 1997 年香港政權移交的時間已經不多了，英方將完全致力於實現《中英聯合聲明》中的承諾。與赫德相比，里夫金德的政治態度有點不同，他在同錢其琛副總理會談的時候表示，英國決心要同中國合作。錢其琛副總理提出，希望在未來二十一個月內，中英雙方要防止發生不應有的干擾；有些干擾讓人擔心，不知是英國政府還是某個政治家個人的見解。

里夫金德馬上意識到錢其琛副總理的意思。不久前，彭定康發表講話，聲稱要給香港 350 萬港人「居英權」。這是非常大的問題。里夫金德馬上答覆：港督的話並不反映英國政府的政策，為確保香港平穩過渡和政權順利交接，我們將要求英國政府官員包括港督執行政府的政策，同時我們也將保持警覺。從英方的表態可以看出，彭定康有些自行其是，他在給 350 萬港人「居英權」問題上的講話並未得到英國政府授權。由此，中英兩國關係開始出現轉機，但爭執和矛盾仍然不斷。

1996 年 1 月 26 日，「籌委會」正式成立，亟須確定

---

⑮　瑪律科姆・里夫金德（Malcolm Rifkind, 1946－），英國保守黨政治人物，國會議員，曾在戴卓爾夫人和梅傑任首相時擔任內閣部長，包括蘇格蘭事務大臣（1986－1990）、國防部長（1992－1995）和外交及聯邦事務大臣（1995－1997）。

香港特區第一屆政府組成及政制架構等相關事宜。雖然香港政制的「直通車」沒有了，但 1997 年 6 月 30 日以後的香港特區不能出現法律真空，所以「籌委會」決定 1996 年 3 月下旬成立「臨時立法會」，其職權行使直至 1998 年 9 月香港特區第一屆立法會正式成立為止。「臨時立法會」由范徐麗泰擔任主席，其目的在於保證香港特區不會出現法律真空，而非在回歸之前的香港形成兩個權力機構。儘管如此，英方仍然指責中方此一行動沒有必要，並拒絕同「臨時立法會」合作，反覆要求中方答應讓港英立法局全部現任議員直接過渡到 1997 年 6 月 30 日以後的香港特區第一屆立法會。

1996 年 11 月初，李嵐清常務副總理訪問英國，英國首相梅傑會見李嵐清常務副總理時，就中英關係和香港問題進行了深入的討論。梅傑提出，希望中方不要成立「臨時立法會」。李嵐清常務副總理表明了中方在香港問題上的原則和立場後，要我就「臨時立法會」的具體問題進行說明。

考慮到對方的首相身份和會見的場合，我想應盡可能避免發生直接爭論。於是我首先說明，成立「臨時立法會」是在中英關於香港 1994/1995 年選舉安排的外交談判未達成協議的情況下，為了保證香港的平穩過渡而不得不採取的措施。我又進一步說明：「臨時立法會」的

任何決定到 1997 年 7 月 1 日起才生效，不會影響現在香港立法局的運作，它的任期到正式成立香港特別行政區第一屆立法會時結束。我說明情況後，梅傑首相竟提出將現任港英立法局過渡到 1997 年 6 月 30 日之後的無理要求。他說，沒有理由不讓根據民選產生的現任立法局運作到它的任期四年結束為止。

看來爭論已經不可避免，我不能不據理做出回應。我反駁道，無論從憲制、法律還是政治上講，香港現任立法局只能隨英國對香港管治的結束而終止；現任立法局，作為港英政府架構的一部分，任期只能到 1997 年 6 月 30 日終止。中方曾設想過「直通車」的安排，即中英雙方達成協議，現任立法局符合有關條件可以跨越 1997 年 6 月 30 日直接成為香港特區第一屆立法會。可是，由於非中方的原因，雙方未能達成協議，現任香港立法局是根據英方單方面安排產生的，它的任期當然只能到 1997 年 6 月 30 日為止。對我的這番話，梅傑首相沒有做出反駁，他也無法反駁。於是他打圓場說，不要以分歧來結束今天的會見，隨即就把話題轉到別的問題上去了。

1996 年 12 月中旬，英國外交大臣里夫金德緊急約見我，對中方擬於 1996 年 12 月 21 日成立「臨時立法會」一事提出交涉，另外繼續要求港英立法局直接過渡

為香港特區政府第一屆立法會。我聽後表示將報告中國政府，同時對其逐條駁斥。第一，目前的局面是由英方單方面的行動造成的，也就是英方自己的選擇。第二，香港現任立法局作為港英政權架構的一部分，理應隨着英國於 1997 年 6 月 30 日對香港管治的結束而終止。第三，政制上的「直通車」安排，由於非中方的原因遭到破壞，在此情況下，為避免香港特區出現法律真空，保證香港平穩過渡，中方不得不成立「臨時立法會」。第四，中國全國人大授權「籌委會」負責籌組香港特區有關事宜，這其中自然包括在「直通車」不存在的情況下建立「臨時立法會」事宜。香港事務凡涉及 1997 年 7 月 1 日以後的事情，包括成立「臨時立法會」在內，均屬中國內政，任何外國無權干涉。第五，香港的平穩過渡符合香港居民的利益，也符合中英雙方的利益。1996 年 12 月 21 日，錢其琛副總理在「臨時立法會」成立時的公開講話中，重申了成立「臨時立法會」的必要性，強調英國對香港的管治只能到 1997 年 6 月 30 日為止。

說到這裏，我不得不再說一點。戴卓爾夫人也很不識相。我同她比較熟，我們早在二十世紀七十年代就已經結識，那時她擔任保守黨主席，我負責安排她訪華的具體事宜。我擔任中國外交部副部長期間，她每次訪問北京，我都會見她。1995 年 12 月 14 日，我作為第七任駐英大使

抵達倫敦。考慮到戴卓爾夫人在香港問題上的立場，我便沒有立刻去拜會她，而是選擇中英雙方在香港問題上的爭論暫時緩和一些時才去拜會她，以免傷了和氣。後來，她對我說：「姜部長，你來英國好幾個月了，為什麼才來見我？」我笑着對她說：「我們是老朋友，不想過多引起爭論，以免不愉快。」但她還是單刀直入地說起香港問題。她說：「你們成立『臨時立法會』是不合理的，中方應該允許香港立法局議員直接過渡到 1997 年 6 月 30 日之後。」我不得不簡要地表明我們的立場。

以上這些，就是「過渡時期」中英雙方圍繞着香港政制問題所展開的爭論和鬥爭。鬥爭的實質就是英國想通過改變香港原本的「行政主導」體制，增加中國政府管治香港的難度，甚至希望香港出現中國政府難以駕馭的局面，最終趁機讓香港成為一個獨立或半獨立的政治實體。英國自始至終就是這個目標，貫穿於整個「過渡時期」，同時延續到了 1997 年香港回歸祖國之後。英國通過向其在香港的代理人施加影響，企圖把香港搞亂。當然，美國亦有參與其中。這也是香港回歸祖國之後仍出現一系列政治事件的主要原因。

六、新華社香港分社的更名

　　我再講講香港回歸之後的五年。1997 年香港回歸之後，中央派我去香港接替周南同志，擔任新華社香港分社社長，後來又擔任中聯辦主任，一共工作了五年多時間。這段時間正是「一國兩制」方針政策在香港貫徹實施的初始階段，我們的主要任務是根據基本法的規定，探索「一國兩制」、「港人治港」、高度自治方針政策的貫徹落實。不論是從我在香港工作五年多的實踐來看，還是從香港回歸祖國二十一年的歷程來看，「一國兩制」方針都是偉大的，它從構想變成現實，香港也由此發生翻天覆地的變化。另一方面，我們也應該看到，「一國兩制」在香港的貫徹實施不是一帆風順的，經歷了很多摩擦和鬥爭。在這一歷史過程中，發生了一系列事情。我在這裏主要講三件事情。

　　第一件事情，是新華社香港分社改名為香港中聯辦。在香港回歸之前，中央駐香港的工作機構就是新華社香港分社。在一般人看來，新華社香港分社就是北京的新華通訊社在香港的分支機構。我剛去新華社香港分社工作的時候，有些過去的熟人和同學都以為我改行去

香港當記者了，我只好向他們做些解釋。實際上，新華社香港分社同我們的國家通訊社新華社不存在任何隸屬關係，它是中央政府的派出機構。它成為中央政府在香港的工作機構是在特殊歷史條件下決定的。

1947年，喬冠華向當時的港英當局提出要求在香港成立新華社香港分社，當時的新華社香港分社的確是一個新聞機構，1947年5月1日正式對外發稿。新中國成立後，中英在1954年建立了代辦級的外交關係。1956年，時任中國外交部副部長的章漢夫，向英國駐華代表歐念儒提出，鑒於過去國民黨政府在香港設有特派員辦事處，中國政府希望也在香港設立特派員辦事處。這個建議提出之後，英國拖了兩年才答覆，拒絕了中國政府的建議。

1973年，中英外交關係從代辦級關係升格為大使級關係之後，時任中國外交部長的姬鵬飛在英國外交及聯邦事務大臣霍姆訪問北京時，正式向其提出，現在中英已經升格為大使級外交關係了，希望在香港設立特派員辦事處。不僅如此，周恩來總理在會見霍姆時候，也向他提出上述建議，同時為了打消英方的顧慮，指出我們不會在香港搞雙重政權。霍姆當時沒有直接答覆。1973年6月，在姬鵬飛外長訪問英國時，英國正式答覆姬鵬飛外長，英方經過研究認為，改變中國在香港的代表機

構模式的時機還不成熟。並且說，「信心是一根幼嫩的樹苗，需要精心地培護，否則容易受到損害」。後來，從英國報紙透露的內容來看，英方一方面擔心在香港出現雙重政權，另一方面擔心再次出現像 1979 年那樣的反英抗暴鬥爭。1979 年 3 月 29 日，港督麥理浩前往北京投石問路，香港問題的解決被提上議事日程。此後，中英之間的往來日益頻繁，港督及其政治顧問同新華社香港分社的聯繫也更加頻繁。

具體而言，從二十世紀六十年代起，港英政府就設立了一個港督政治顧問，港督政治顧問負責同中方聯繫。1978 年，港督麥理浩第一次參加新華社香港分社舉行的國慶招待會，自此形成慣例。新華社香港分社的機構及其人員的安全由港英當局提供保護。所以，英國政府實際上默認了新華社香港分社作為中國政府在香港派出的代表機構的事實，只不過名稱還是新華社香港分社。

我到香港工作之後，發現了一個問題。在港英統治時期，新華社香港分社名義上不是官方代表機構，內地同新華社香港分社之間的機密文件、信使、無線電通訊等往來，都使用中國外交郵袋的形式。香港回歸祖國之後，中國對香港恢復行使主權，繼續使用中國外交郵袋顯然不合適了。新華社香港分社使用密碼通信、同北京往來、人員履行公務等都需要正式享有法律豁免，辦公

樓及人員安全等都必須得到特區政府的保護。

其實，在香港回歸以前，我們就已經注意到這個問題。1997 年 6 月，魯平主任找香港特區政府的負責人，正式提出希望香港特區政府在香港回歸之後解決新華社香港分社的法律豁免問題。香港特區政府負責人表示完全理解，並答應盡快採取措施加以落實。1997 年 9 月和 1998 年 3 月，中央政府正式行文通知香港特區政府，指出新華社香港分社是中央授權的在香港工作機構，要求香港特區政府給予一定的法律豁免，並提供工作便利；對於在通行證上注明給予禮遇的人員，應給予免驗的待遇。但是，香港特區政府對這些要求遲遲不能落實。對此，法律專家提出，英國管治香港期間，英國皇室和英國政府及其駐港機構在香港享有法律豁免。在我們看來，香港回歸祖國之後，中國政府及其駐港機構，理所當然享受法律豁免。

但是也有人提出，新華社香港分社是否符合「國家機構」的定義，還要進行研究。國家機構必須沒有行使商業職能的問題。中央政府對新華社香港分社規定了五條職責，明確沒有提及商業職能。當時，真正從事新聞業務的部門是「新華社香港分社總編輯室」，這個機構具有商業職能。但位於灣仔霎西街的新華社香港分社總編輯室，同新華社香港分社之間，並沒有隸屬關係。

為了這件事，港澳辦、新華社香港分社同特區政府談了很長時間，一再商量。此時，香港的反對派公開提出，香港基本法只規定了中國外交部駐港特派員公署和中國人民解放軍駐港部隊，沒有規定新華社香港分社，所以新華社香港分社是非法的。他們甚至聲稱，「現在是新華社香港分社功成身退的時候了」。1998 年 4 月，美國眾議院國際關係委員會以及英國下院外交事務委員會都正式發表意見，對新華社香港分社的地位表示質疑。這個事情鬧得沸沸揚揚。

　　在這種情況下，我們不能不考慮從根本上加以應對。最後，我們研究決定，向中央建議，「新華社香港分社」改名為「中央人民政府駐香港特別行政區聯絡辦公室」。中央經過研究之後，正式同意採納我們的建議。

　　1999 年 12 月 24 日，朱鎔基總理主持召開國務院第 24 次常務會議，決定自 2000 年 1 月 18 日起，「新華社香港分社」正式更名為「中央人民政府駐香港特別行政區聯絡辦公室」，人員重新任命。在新名稱正式公佈之前，我在香港於當天下午五點（六點公佈）召集了香港各大報刊的總編和電視台的負責人，向他們介紹相關情況。他們問，為什麼香港基本法沒有規定新華社香港分社？我解釋道，我們向參與過基本法起草工作的邵天任、蕭蔚雲、吳建璠和許崇德等四位法律專家查詢過有

關背景，他們都回憶說，當時「草委會」討論過這個問題，多數「草委」認為，新華社香港分社在香港早已經存在幾十年了，沒有必要寫進去。我把這個緣由跟大家講清楚之後，他們才明白此事原委。

總而言之，新華社香港分社的改名是由法律豁免問題引起的，但法律豁免問題一直到 2002 年 9 月我離開香港之後才得以解決，一拖就是七八年。從這件事情，我們就可以看出香港問題的複雜性。

七、「人大釋法」

　　第二件事情，是「居港權」引發的爭議。改革開放以來，由於內地與香港聯繫日益密切，香港人在內地結婚或非婚生子的現象增多，這類子女大概有 167 萬人。港英管治時期，港英當局就向我們提出，如果這些人全部到香港來，對香港壓力太大，希望中方對內地人士去香港定居的人數加以控制。因此，中方對發放供內地人去香港的單程證數量做了適當控制，實行配額制度，每天允許 150 人去香港。

　　香港回歸之後，香港人紛紛要求香港特區政府准許其內地所生子女立即在香港定居。「吳嘉玲案」就是在這樣的背景下產生的。對此，當時的香港社會反應強烈，最後官司打到高等法院，高等法院維持原訴庭的判決。判決的主要內容有三點。第一，港人非婚生子女有居留權；第二，1997 年 7 月 1 日以前來香港的香港人在內地所生子女，包括非婚生子女，可即時享有居港權，無須先返內地申請居留權證明書；第三，1997 年 7 月 1 日以後來香港的香港人在內地所生子女，即使有居港權，也需先返內地辦理申請居留權證明書和單程證，才能來港

定居。高等法院的這一裁決同「籌委會」提出的意見和「臨時立法會」制定的《香港入境條例修訂草案》的基本精神是一致的。

但是，1999年1月29日，香港終審法院做出終審判決，推翻了高等法院的部分裁決，從而也就否定了「籌委會」的意見，否決了由「臨時立法會」制定並已報全國人大常委會備案的《香港入境條例修訂草案》。不僅如此，香港終審法院還宣稱其享有「違憲審查權」，可以審查全國人大及其常委會的行為是否符合香港基本法。憲法規定，全國人大是最高國家權力機關，其常設機關是全國人大常委會。香港終審法院作為全國人大授權的地方司法機關，竟然直接對全國人大及其常委會的地位提出挑戰，把自己凌駕於最高國家權力機關之上，這是極其荒謬的。如果中央對此不做出反應，就等於默認今後香港其他法院可以此判例為指引和依據來審理案件，後果不堪設想，所以北京必須表態。

我當時意識到了這個問題的嚴重性。北京研究之後，決定先由蕭蔚雲、吳建璠、許崇德和邵天任四位法律專家發表講話，反駁香港終審法院有權宣佈全國人大及其常委會行為無效的內容。經香港特區政府調查發現，香港人在內地所生子女有167萬，如果讓這些人全部都到香港去，勢必大量增加香港在教育、住房等方面

的社會壓力，從而在香港社會引發一系列問題。1999 年 2 月 26 日，終審法院澄清說，沒有質疑「全國人大具有解釋基本法的權力，如全國人大常委會對基本法做出解釋時，特區法院必須以此為依據」。1999 年 6 月 26 日，全國人大常委會對基本法相關條款做出解釋，糾正了香港終審法院的錯誤，維護了全國人大常委會對基本法行使解釋權的權威。

八、一場「糊塗官司」

第三件事情，是劉慧卿對我的起訴。這件事情反映了反對派在香港的興風作浪。劉慧卿曾是香港特區立法會的反對派議員，當時是政治社團「前線」的負責人。她曾在簽訂《中英聯合聲明》的記者招待會上，當眾質問戴卓爾夫人：「你把五百萬香港人交給一個獨裁的共產主義政權，道義上是否說得通？」戴卓爾夫人回答：「香港人欣然接受這份協議，你是唯一例外。」很明顯，她是反對香港回歸祖國的。

在香港回歸之前，她曾經給新華社香港分社周南社長寫信，詢問新華社香港分社是否保存了有關她的個人資料，並要求查閱。當時英方和彭定康當局正在香港打「人權牌」，企圖使《人權法案》凌駕於香港原有法律之上，從而架空香港基本法。劉慧卿所倚仗的《個人資料（私隱）條例》，就是根據《人權法案》制定的。對於劉慧卿的無端質問，我們當然堅決反對並不予承認。周南同志自然也不予置理。我去香港工作以後，她再次寫信質問此事，然而我並不知情。1998 年 10 月 25 日，新華社香港分社信訪部門正式函告劉慧卿，我社不搜集港人資料，

也沒有她的個人資料。

我們以為此事就此了結，哪知她不肯善罷甘休。她以新華社香港分社的答覆已超過四十天期限為由，向律政司投訴，但律政司不予受理。她遂於 1998 年 4 月 30 日向東區法院起訴，而法官居然於次日批准了她的申請。

1999 年 5 月 1 日，我突然收到一張法院傳票：「姜恩柱先生，請你於 1999 年 6 月 2 日上午 9 時 30 分到達法庭，作為被告接受質詢。」按照常理，被告有權聘請律師代為出庭，我本人可以不出庭，但是法院傳票上卻寫着：「縱使你有意認罪，仍需親自到庭。」這本來不是一件難事。因為我作為中央政府在港代表機構的主要負責人，享有司法豁免。但當時由於種種原因，新華社香港分社的司法豁免尚未得到落實。於是，我們諮詢了有關方面的意見，經過反覆研究後，決定從技術角度應對這場官司。之後，我們聘請了香港資深大律師胡漢清代為打這場官司，香港一些反對派也提出免費為劉慧卿打這場官司。

這場官司打了一年多。我方律師指出：第一，劉慧卿是 1996 年向當時的新華社香港分社社長發函的，而當時姜恩柱先生還在倫敦擔任中國駐英大使，根本不在香港，劉慧卿顯然是張冠李戴，告錯了對象；第二，1998 年 10 月劉慧卿詢問的是新華社香港分社信訪處，不是姜

恩柱先生本人，社長本人與新華社香港分社是完全獨立的不同的法律主體。最後，高等法院判我勝訴，劉慧卿敗訴，敗訴一方需承擔勝訴一方的大部分律師費。為了這場官司，我們花了一百多萬元，我方多次催款，並一再給予寬限，做到了仁至義盡。但是，劉慧卿就是拖延不理。在此期間，劉慧卿還在香港街頭大登廣告，上街募捐，大言不慚地聲稱她是「代表」香港市民打官司的，現在官司打輸了，請大家慷慨解囊，幫助她出錢。劉慧卿本人向香港媒體透露，她從香港的「公民及政治權利基金」得到七十萬元港幣的撥款。香港一些人士也給她出了一些錢。這場官司就此結束。

從劉慧卿鬧事的整個過程，我們可以進一步看出，香港的情況是很複雜的，表現之一就是香港人對祖國的認同感參差不齊。香港大多數同胞是愛國愛港的，擁護香港回歸祖國；也有一部分人對香港回歸祖國感到不適應，需要一個適應的過程；還有少部分人從一開始就根本反對「一國兩制」方針，反對香港回歸祖國，對中國共產黨懷有很深的偏見。美國轟炸我南斯拉夫大使館，內地很多大學生上街遊行對美國的暴行表示抗議，香港民主黨主席李柱銘卻公開指責我們內地大學生無理，是暴徒。這部分人在香港社會有一定勢力，在立法會佔據了一定席位，凡是特區政府提出的有利於香港長期繁榮

穩定的舉措，他們都一律反對。

在政治上，這部分反對派要求盡快實行「雙普選」，以此把他們擁戴的人推上領導地位。每年 7 月 1 日，大多數香港人慶祝香港回歸，他們卻示威遊行抗議，甚至對 2014 年 8 月 31 日由十二屆全國人大常委會第十次會議審議通過的《關於香港特別行政區行政長官普選問題和 2016 年立法會產生辦法的決定》提出抗議。他們提出兩點反對意見：第一，行政長官的提名不應該由提名委員會作為一個機構來集體提名，而應該由香港市民個人提名；第二，行政長官選舉不應該有政治標準，同中央對抗的人也可以成為行政長官候選人。對此，香港的愛國人士和中聯辦、港澳辦負責人都公開講話予以駁斥：反對派的這兩點意見是違反全國人大相關決定的，世界上沒有任何一個國家和地區的領導人是賣國的、同中央對抗的；另外，美國總統和英國首相也都是間接選舉產生的，在香港由提名委員會集體提名行政長官候選人完全是合情合理的。但是，反對派依然固執己見。後來就

發生了「佔中」事件,「安營紮寨」七十九天。⑯另外,2016 年春節還發生了「旺角暴動」。這些人挑唆「香港獨立」,嚴重干擾了香港憲制秩序,破壞了香港的經濟環境,損害了香港人的根本利益。

由於極端反對派的阻撓,基本法第 23 條的本地立法至今都未能實現。在港英管治香港時期,相關法律規定禁止藐視女王,禁止顛覆英國政府,禁止香港的政治組織同境外發生聯繫,這裏所指的「境外」主要是指內地。不過,香港回歸之前,港英當局對有些法律規定進行了調整。同理,基本法第 23 條也從「維護國家主權、安全和發展利益」的角度出發,作出了相關規定:「香港特別行政區應自行立法禁止任何叛國、分裂國家、煽動叛亂、顛覆中央人民政府及竊取國家機密的行為,禁止

---

⑯　2018 年 2 月 6 日,香港終審法院對黃之鋒、周永康及羅冠聰等「佔中」分子衝擊特區政府總部案作出終審判決:維持原審判刑,黃之鋒及羅冠聰分別被判 80 及 120 小時社會服務令,周永康判緩刑 1 年。2017 年 3 月 27 日,「佔中」運動發起人戴耀廷、陳健民、朱耀明,立法會議員陳淑莊、邵家臻,前香港中文大學學生會會長張秀賢,時任學聯常委鍾耀華,社民連副主席黃浩銘和民主黨前立法會議員李永達九人被落案起訴「串謀公眾妨擾」等罪名。2019 年 4 月 24 日,香港西九龍裁判法院裁定上述九名被告罪名成立。戴耀廷、陳健民和朱耀明分別獲刑十六個月,戴耀廷與陳健民即時監禁,朱耀明獲緩刑兩年。邵家臻被判監禁八個月,黃浩銘被判監禁八個月,鍾耀華被判監禁八個月緩刑兩年,張秀賢被判二百小時社會服務令,李永達被判監禁八個月緩刑兩年,被告陳淑莊提出因患病需要接受手術,申請延後判刑,法庭接受該申請,將押後至 6 月再作判刑。

外國的政治性組織或團體在香港特別行政區進行政治活動，禁止香港特別行政區的政治性組織或團體與外國的政治性組織或團體建立聯繫。」但是，香港回歸祖國至今已二十一年，在反對派的強硬阻撓下，基本法第 23 條的本地立法工作依然未能順利進行。反對派聲稱，「23 條立法」會損害香港的言論自由。實際上，香港的言論自由是非常充分的。他們這樣做的原因有二：第一，為自己違反基本法的行為找藉口；第二，為外國勢力滲透香港、干預香港事務大開方便之門。我多次呼籲，基本法第 23 條必須立法，而且立法要有「牙齒」，否則不利於香港的長期繁榮和穩定，不利於維護國家主權和領土完整。

不僅如此，英國和美國甚至直接插手香港特區立法會選舉和區議會選舉，找一些反對派個別談話。英國和美國在香港的總領館規模很大，人數同駐北京的大使館差不多，總領事同駐華大使一個級別。在一些反對派眼裏，英國和美國的月亮都比中國圓一些。

現在，反對派鬧事的後果已經顯現出來了。雖然香港經濟總體而言發展不錯，但是同內地臨近地區的差距逐漸加大。1997 年，香港經濟總量佔全國經濟總量的 16.7%；2017 年，只佔 2.6% 多一點了。過去，香港比廣東省經濟總量大多了；現在，廣東省超出香港三倍。

過去，上海的經濟發展遠不如香港；現在，上海早已超過香港。2018 年，深圳的經濟總量差不多也跟香港持平了。有些香港商人說，他們被邊緣化了。但事實上，中央一直全力支持、幫助香港發展，這一切都是香港反對派內耗所致。2017 年 7 月 1 日，國家主席習近平訪問香港，在慶祝香港回歸二十周年大會暨香港特別行政區第五屆政府就職典禮上發表重要講話，其中指出：「香港雖有不錯的家底，但在全球經濟格局深度調整、國際競爭日趨激烈的背景下，也面臨很大的挑戰，經不起折騰，經不起內耗。只有團結起來、和衷共濟，才能把香港這個共同家園建設好。」令人高興的是，愈來愈多的香港人認識到這一點，2018 年 7 月 1 日的示威遊行，人數大大減少。這是大勢所趨。

九、「我仍然對香港的前途充滿信心」

　　我前面講過，香港情況非常複雜，香港特區維護國家主權和領土完整的任務任重道遠。即使如此，我仍然對香港的前途充滿信心，主要有四條原因。

　　第一，我們的祖國愈來愈強大，這是保持香港長期繁榮穩定最堅強的後盾。第二，廣大愛國愛港同胞的力量在不斷壯大。第三，現在理解「一國兩制」方針政策和基本法的香港人愈來愈多，要求落實中央對香港全面管治權的呼聲愈來愈高。尤其是年輕人在學習中國近代史、了解中國國情的過程中，對國家的認同感不斷增加。同時，香港經濟對內地的依賴愈來愈大。第四，中央的堅強領導。中央在香港問題上，要嚴格按照「一國兩制」方針政策和基本法所規定的路線前進，對偏離、脫離「一國兩制」方針政策和基本法的行為要及時採取包括「人大釋法」在內的一系列措施。在適當時候，要啟動基本法第 23 條的本地立法。如此一來，香港反對派的前途會愈來愈渺茫。在這種情況下，即使英國、美國在香港搞亂、滲透，也是自不量力，任何力量都阻止不

了香港沿着「一國兩制」方針政策和基本法的正確軌道前進。所以，我對香港的前景還是充滿信心的。

英國在香港的統治實際上是一種殖民統治。香港回歸祖國以後，我們在香港建立起「一國兩制」、「港人治港」、高度自治的新秩序。「一國兩制」方針政策有兩條基本原則和宗旨：第一，維護國家主權、安全和發展利益；第二，保持香港的長期繁榮穩定。從這兩條宗旨來看，「一國兩制」方針政策在香港的貫徹實施取得了舉世公認的成功。我認為，其中成功的原因主要有五條。

第一，香港結束了港英管治時期的舊秩序，建立了「一國兩制」、「港人治港」、高度自治的新秩序，這是歷史性的跨越。

第二，香港作為國際金融、航運、貿易中心的地位，在回歸之後得到了進一步的鞏固和提升。香港股市規模擴大，現在的股市總市值比香港回歸之前增加了八倍以上。現在香港同內地實行了「滬港通」、「深港通」。前一段時間，在境外的人民幣大概有兩萬億，其中將近一萬億在香港，香港成為境外最大的離岸人民幣中心。香港在推進人民幣國際化的進程中，發揮了獨特的作用，在促進內地經濟發展的同時，也起到「防火牆」和「隔離帶」的作用。

第三，香港同內地和世界各地的交往大大地增加，

通過交往，香港人對國家的認識比過去深刻了很多。原來香港人有一種盲目的驕傲感、自豪感，認為內地落後。但是，很多香港人到內地來了以後，感歎他們沒想到國家這麼大、發展這麼快，以前那種盲目的驕傲感現在逐步淡化，並且轉變為羨慕內地，由此對國家的認同感大為增加，國家意識、民族意識大為加強。

第四，我國改革開放的不斷深入和擴大，為香港帶來巨大的機遇。香港回歸祖國之後，初期經歷了至少六年的困難時期——外部如 1997 年亞洲金融風暴、2008年美國次貸危機引起的全球金融海嘯的衝擊，內部接連受到反對派衝擊，社會動盪。儘管如此，中央堅決支持香港發展，從香港回歸祖國到現在，香港的經濟總量從 1.36 萬億港幣增加到 2017 年的 2.66 萬億港幣，增長了將近一倍。在世界經合組織的發達經濟體當中，香港一直處於發展的領先地位。香港回歸祖國之初，由於很多香港高級公務員對跨境合作持抵制態度，所以《政府工作報告》以及中央經濟工作會議不談香港問題，國家在制定國民經濟計劃時也不把香港列入。但最近幾年，香港主動要求納入國家經濟發展規劃之中，通過發揮自身在融資方面的優勢，在推動「一帶一路」倡議和建設粵港澳大灣區等一系列國家戰略中發揮愈來愈大的作用。

第五，由於國家綜合國力提升，香港在國際上享有

很高聲譽。現時已有 163 個國家和地區給予香港特別行政區護照持有人免簽證或落地簽證安排。所以，香港回歸祖國以來的這些巨大變化，充分說明「一國兩制」方針政策具有強大生命力，「一國兩制」方針政策在香港的貫徹實施取得了舉世公認的成功。

第四章

專 訪
陳佐洱

「一國兩制」的內容將
愈來愈豐富

在中英關於香港問題的談判中，有一個中國人，被英國大臣稱為「最難對付但又達成協議最多的對手」。

他就是陳佐洱。

陳佐洱出身書香門第。他的父親陳汝惠是中國著名作家和教育家，新中國成立後任教於廈門大學。他的伯父陳伯吹是中國著名兒童文學家，被譽為「中國安徒生」。這樣的成長環境，使得陳佐洱自幼博覽群書，積累了深厚的學養，為他日後成為一名「學者型官員」打下了良好基礎。

1987年9月，台灣《自立晚報》兩名記者打破台灣當局禁令，公開訪問中國大陸。時任中國新聞社福建

分社社長兼總社港台部主任的陳佐洱被上級指派負責接待工作。兩位記者走出飛機艙門後，說的第一句話是：「讓你們久等了。」在外等候許久的陳佐洱則回應道：「歡迎歡迎，等了你們 38 年了。」這句稍顯「大膽」的雙關語，得到了當時的國家領導人的肯定。同年冬天，陳佐洱被調入國務院港澳辦工作。

陳佐洱進入港澳辦工作之際，中英兩國已經正式簽署《中英聯合聲明》，香港正處於回歸祖國前的過渡期，而香港基本法的起草工作也在有序展開。但英國並不甘心安然離開香港，因此中英兩國在香港問題上的鬥爭並沒有因為《中英聯合聲明》的簽署而宣告停息。從 1987 年到 1994 年，陳佐洱作為中英關於香港新機場建設中國政府工作小組組長、中英關於香港金融秘密管道中方組長，為兩國政府達成《關於香港新機場建設及有關問題的諒解備忘錄》、安排中國銀行香港分行發行港幣等專項事務做出了重要貢獻。

1994 年 3 月 11 日，陳佐洱前往香港，出任中英聯合聯絡小組中方代表，接力香港回歸「最後一棒」。在接下來的 1208 天裏，陳佐洱馬不停蹄地就實現香港平穩過渡和政權交接的一系列具體事宜，如軍事用地使用安排、通報中國駐軍法與先遣人員進駐安排、先頭部隊提前進駐、財政預算案編製、設立終審法院、居留權和特

區護照、港九排污計劃等，與英方展開磋商。

香港傳媒曾評論陳佐洱的談判風格「強硬但講道理」，而英國外交官亦認同這樣的評論。例如，在財政預算案編製談判中，面對港英當局大幅提高赤字預算的主張，陳佐洱表示，在彭定康主導下，港英的社會福利開支變成了「一輛在崎嶇道路上飛奔的高速賽車」，這種只顧眼前不顧將來的做法，有可能導致「車毀人亡」；面對彭定康自詡「香港人是最好的司機」的論調，他針鋒相對地指出，「港督是英國女王派來的集大權於一身的英國人」，是一個「獨裁者」，沒有資格躋身「港人」。

1997 年 7 月 1 日，香港順利回歸。陳佐洱終於完成了中央交給的任務，跑好了香港回歸祖國的最後一程。1998 年 3 月至 2003 年 5 月，陳佐洱擔任國務院港澳辦副主任、黨組成員；2003 年 5 月至 2008 年 3 月，陳佐洱擔任國務院港澳辦常務副主任、黨組副書記，第十屆全國人大代表。2008 年 3 月至 2013 年 3 月，陳佐洱擔任第十一屆全國政協常委、港澳台僑委員會副主任。2013 年底，全國港澳研究會正式成立，陳佐洱擔任首任會長。

陳佐洱擁有三十年的港澳工作經歷，親眼見證了香港回歸與「一國兩制」實踐的歷史進程。在訪談過程中，他對「一國兩制」在新時代的理論與實踐表現出了充分

信心。他多次表示，習近平主席主持中央工作之後，中央的港澳工作開始轉向「積極作為」，而「一國兩制」偉大構想的全面準確落實也將由此獲得更有力的保證。

東方之珠，未來可期。

一、制定基本法是人心所向

我今天先總體而宏觀地談一下香港問題，也是對我從事港澳工作三十年的一個總結。至於你們特別感興趣的一些細節和問題，可以再提問，我們來互動。我覺得，歷史研究有兩個大原則：第一，真實。第二，有所取捨。從古到今，信史從來不是有文必錄，而是有所保留——太史公的《史記》亦如此。我自己寫過一本紀實文學《交接香港：親歷中英談判最後 1208 天》，還出了繁體版和英文版。[①] 這本書出版以後，反響很好。反正我記錄歷史，就是秉照兩個指導思想：第一，記錄事實；第二，不是所有事實都記錄，實際上也不可能所有事實都記錄。今天我也想這麼談。

第一個大問題，與香港基本法的起草工作有關。在基本法的起草過程中，鄧小平同志高度重視，充分關

---

① 陳佐洱：《交接香港：親歷中英談判最後 1208 天》（長沙：湖南文藝出版社，2012）。繁體字版參見陳佐洱：《我親歷的香港回歸談判》（香港：香港鳳凰書品文化出版有限公司，2012）。英文版參見 Chen Zuo'er, The Last 1208 Days and Nights: Negotiations on the Handover of Hong Kong (Beijing: Foreign Languages Press, 2013).

心，多次作出重要指示。相關的具體情況，周南同志可以講很多。如果魯平同志還健在的話，也可以講很多。李後同志寫的一本書《回歸的歷程》也討論了與基本法起草相關的問題。[2] 我很了解李後同志寫作這本書時的具體情況。當時，他剛剛從港澳辦副主任的位置上退下來，姬鵬飛同志支持他寫回憶錄，還讓港澳辦的同志幫助他整理資料，我也參與了一些工作。在他的寫作過程中，我曾經幾次到他家裏去，為他提供幫助。

在我的印象中，香港基本法的起草工作，非常重視和充分尊重了基本法起草委員會委員中內地法學專家的意見。當時，基本法起草委員會秘書處的同志，包括魯平主任、李後副主任，每隔一兩個星期，就要召集這些法學專家，如北京大學的蕭蔚雲教授 [3]、中國人民大學的許崇德教

---

[2] 李後（1923－2009），國務院港澳事務辦公室原黨組書記、副主任。1978 年到國務院港澳事務辦公室工作，歷任副秘書長、秘書長、副主任、黨組書記。1985 年中華人民共和國香港特別行政區基本法起草委員會成立後，任起草委員會秘書長、委員。他參與了中央解決香港、澳門問題的重大方針政策的研究和制定，參與了中英關於香港問題和中葡關於澳門問題的有關談判，為《中英聯合聲明》、《中葡聯合聲明》的簽署和香港基本法的起草做了大量卓有成效的工作。李後是中共十三大代表，第七屆、第八屆全國人大代表。著有《回歸的歷程》（香港：三聯書店，1997）。

[3] 蕭蔚雲（1924－2005），北京大學法學院教授，博士生導師，曾任香港特別行政區基本法起草委員會委員、香港特別行政區籌備委員會預備工作委員會委員、香港特別行政區籌備委員會委員、澳門特別行政區籌備委員會委員、全國人大常委會澳門特別行政區基本法委員會委員，澳門科技大學法學院院長、中國法學會香港法律研究會副會長。

授④、中國社會科學院的王叔文研究員⑤和吳建璠研究員⑥以及中國外交部的法律顧問邵天任⑦等，在「國招」或「遠望樓」賓館開會，商議具體條款的起草問題，統一思想、凝聚共識。這些專家在基本法的起草過程中，也確實發揮了重要作用。

基本法的起草是一個集思廣益、深思熟慮的過程，很多條款都經過了反覆修改，特別是關於國家安全立法的第 23 條。在這一條裏，我們先後增加了不少內容，包括明確規定「禁止任何叛國、分裂國家、煽動叛亂、顛

---

④　許崇德（1929－2014），中國人民大學法律系教授、博士生導師，曾任香港特別行政區基本法起草委員會委員、澳門特別行政區基本法起草委員會委員，香港特別行政區籌備委員會委員、澳門特別行政區籌備委員會委員。許崇德參與了 1954 年憲法起草工作，1982 年憲法修改工作，以及 1988、1993、1999、2003 年四次憲法的修改及其他眾多重要法律的制定修改工作。

⑤　王叔文（1927－2006），中國社會科學院法學研究所終身研究員、中國社會科學院法學研究所原所長，曾任中國法學會副會長，中國法學會憲法學研究會名譽會長，第七屆全國人民代表大會代表、法律委員會委員，第八屆全國人民代表大會代表、常委會委員、法律委員會副主任委員，香港、澳門基本法起草委員會委員，香港特別行政區籌備委員會委員。

⑥　吳建璠（1926－2004），中國社會科學院法學研究所終身研究員、中國社會科學院法學研究所原副所長，曾任香港特別行政區、澳門特別行政區基本法起草委員會委員，香港特別行政區籌委會委員、預委會委員，中國法學會理事、香港法律研究會副會長，第八屆全國政協委員、全國人大常委會香港特別行政區基本法委員會委員、中國社會科學院台港澳法律研究中心主任。

⑦　邵天任（1914－2012），曾任外交部條約法律司司長、外交部法律顧問（大使銜），第六屆和第七屆全國人大外事委員會顧問、香港特別行政區基本法起草委員會委員、澳門特別行政區基本法起草委員會委員、國際常設仲裁法院仲裁員、香港特別行政區籌備委員會委員和澳門特別行政區籌備委員會委員。

覆中央人民政府及竊取國家機密的行為」，以及「禁止外國的政治性組織或團體在香港特別行政區進行政治活動，禁止香港特別行政區的政治性組織或團體與外國的政治性組織或團體建立聯繫」。當然，在第 23 條裏，我們也做了一些妥協，明確規定「23 條立法」屬於「香港特別行政區應自行立法」的範疇。在這方面，一些香港「草委」很「較真」。但既然「自行立法」是一個憲制義務，香港特區就必須切實履行。然而，香港回歸二十多年了，這項工作還沒有完成。

在基本法的起草過程中，一些香港「草委」力主寫入一個「普選」條款。當然，這背後也有英國人的因素。英國通過渠道向我們施壓。我們對他們說，香港基本法的起草是中國的內政，應當由我們自主決定，當然我們也可以聽聽英方意見。基本法關於「普選」的規定，是比《中英聯合聲明》的相關規定要開放得多。你英國搞了多少年民主，才落實了普選？兩百年！美國也搞了兩百年民主，才發展到今天的程度。

最後，我還想重點談一下香港基本法起草委員會第九次全體會議，也就是最後一次全體會議。這次會議的一個重要議程，就是完成基本法草案的全部條款的審議工作。基本法草案的所有條款，都必須以無記名投票的方式，經三分之二以上多數表決通過。這次會議召開於

1990 年 2 月。當時，國內和國際形勢都很嚴峻，要按照預定時間順利完成基本法的審議工作，是非常困難的。

　　為了基本法草案的審議工作能夠順利完成，秘書處做了很多工作，爭取每一位委員都要到會。結果，能來的草委都來了，全部條款也都以三分之二多數表決通過了。這說明什麼？說明人心所向，說明基本法起草得好。現在有人說，基本法存在各種各樣的缺點毛病。我並不贊同這種論調。我們要歷史地看問題，有些條款在當時只能制定成這樣。制定基本法，是香港人心所向，亦是全國人心所向。中央的決策是非常正確的。

二、鄧小平關於香港問題的最後一次公開講話

　　1990 年 2 月 16 日,「草委會」第九次全體會議表決通過了基本法草案。2 月 17 日,鄧小平同志在人民大會堂會見全體「草委」和工作人員,發表了重要講話,還與我們一起大合影。這是鄧小平同志關於香港問題的最後一次公開會見和講話。

　　當天上午,我作為草委會秘書處負責人、秘書長的助手,被港澳辦的領導安排在電梯口迎接鄧小平同志。鄧小平同志非常和善,我一邊陪他走,一邊向他彙報說:「在昨天的會議上,香港基本法的每一條款都以無記名投票的方式,經三分之二以上多數表決通過了。」他聽了很高興,連聲說:「好,好。」進了福建廳以後,江澤民同志又給他作了詳細彙報。彙報完畢後,鄧小平同志就出了福建廳,到東大廳會見全體「草委」和工作人員。我記得江澤民同志、楊尚昆同志、李鵬同志、姬鵬飛同志,包括我們港澳辦的領導,當時都在場。事前,大家也沒有為鄧小平同志準備講話稿,就是見個面,完了再照個像。

但是，鄧小平同志突然要發表即席講話。我們對此都沒有準備。見此情形，魯平主任就對我說：「你趕緊記啊！你趕緊記啊！」因為我是記者出身，口袋裏總有一個筆記本，我就趕緊拿出來做記錄。鄧小平同志說：「你們經過將近五年的辛勤勞動，寫出了一部具有歷史意義和國際意義的法律。說它具有歷史意義，不只對過去、現在，而且包括將來；說國際意義，不只對第三世界，而且對全人類都具有長遠意義。這是一個具有創造性的傑作。我對你們的勞動表示感謝！對文件的形成表示祝賀！」這篇講話，後來被收入《鄧小平文選》第三卷，題為「香港基本法具有歷史意義和國際意義」。⑧

　　鄧小平同志講完，我就從筆記本上撕下記錄稿送給魯平主任。魯平主任審閱之後，我馬上召集所有在場的中外記者，特別是香港記者，高聲朗誦。因為鄧小平同志說話有點四川口音，怕他們聽不清楚，就重複了兩遍。我記得，當時是站在被接見人的那個台階上面，讓記者都圍着聽。

　　會見結束後，我又把鄧小平同志講話的記錄稿，包括文字和標點符號，都整理校訂了幾遍，然後由魯平

---

⑧　鄧小平：〈香港基本法具有歷史意義和國際意義〉，《鄧小平文選》（第三卷），頁 352。

同志、李後同志審閱定稿，再由我交給新華社。當天中午，新華社就全文播發了鄧小平同志的這篇講話。這就是鄧小平同志關於香港問題的最後一次公開講話，是一篇非常重要的歷史文獻。

這是我第一次親耳聆聽鄧小平同志的重要講話，但在此之前，我曾經多次見過鄧小平同志。1978 年，我在福建團省委工作的時候，參加全國團代會，第一次見到了鄧小平同志。

三、新機場談判的折衝樽俎

1989 年後，整個國際形勢發生了巨大變化，包括「蘇東波」。英國人覺得有機會搞點名堂了，就派末代港督彭定康來香港搞所謂的「光榮撤退」。這些情況，我在《交接香港：親歷中英談判最後 1208 天》一書中有過詳細闡述。英國的香港「光榮撤退」計劃主打「三張牌」：「居英權計劃」、「人權法案」、「新機場建設」。在這裏面，我參與最多的，是關於香港新機場建設的談判。

中英兩國關於香港新機場建設的談判意義重大，尤其是那份《中英諒解備忘錄》相當重要。中英兩國在關於香港前途問題的較量中，先後達成過兩個協議，都是由兩國政府首腦共同簽署的：第一個協議是《中英聯合聲明》，大家比較關注；第二個協議就是《中英諒解備忘錄》。

《中英諒解備忘錄》是一份非常重要的外交文件，為中英兩國在香港後過渡期如何實現「平穩過渡」和「順利交接」指明了方向。為什麼？原因很簡單。它明確了一個基本原則：跨越 1997 年的事情，必須由兩國協商一致，才能夠辦成。這是一個很重要的原則。我們反覆向

英國人講：假設一個公司現在要交接班了，現任董事長和後任董事長的關係如何處理，能不講明白嗎？現任董事長做的跨越任期或嚴重影響任期後的決定，能不徵求後任董事長的同意嗎？沒有後任董事長的同意，現任董事長能落實自己的決定嗎？新機場問題就是這樣。

中英兩國關於香港新機場建設的談判從 1990 年下半年開始，一直持續到 1991 年。在「新機場建設」問題上，英國人本來企圖像推出「居英權計劃」和「人權法案」一樣自行其是，但如意算盤很快就落空了。因為國際投資者很清楚，香港新機場不可能在 1997 年之前建成，新機場的大量工程款項和舉債，都需要由 1997 年後才成立的香港特區政府來償付。在香港特區政府還沒有成立的情況下，只有中國中央政府能夠代表未來香港的利益。沒有中國中央政府的支持和認可，工程完成後誰來「埋單」，借貸到期後誰來還款，都將沒有保障。在這種情況下，沒有投資者敢冒風險參與其中，都在觀望。所以，新機場強行開工不久就停了下來。英國人急了，等了三個月，最後派外相赫德來北京訪問。錢其琛副總理與他進行了正式會晤，雙方決定開始談判。赫德臨走時把他的助手伯恩斯留在北京，作為英方工作小組的組長，與中方進行談判。我被任命為中方工作小組的組長。這是我第一次擔綱談判首席，不敢有絲毫懈怠。

雙方是在釣魚台國賓館展開談判的。

最初，英國人的態度很不友好。他們聲稱，這不是對等的雙邊談判，目的只是「知會中方」（inform you），最多給中方做一些解釋工作。當時，陳方安生等港英政府官員亦持這個態度。我們當然不幹了。我對他們說，談判不是為了「知會」或者「解釋」，而是為了共同「討論」（discussion），畢竟如果中方不同意，香港新機場就不可能建成。

我記得，有一次，我跟伯恩斯談崩了。當時，魯平同志指示，原則一定要堅持；新機場還是要建，因為香港需要這個新機場。我很贊同魯平同志的看法。為了不給魯平同志施加壓力，我直接給朱鎔基總理寫信。在信中，我講了新機場建設的必要性，建議「對英方曉之以理，誘之以利」。朱鎔基總理在信上批了四個字「甚有見解」，然後就發了下來。這也算是一個插曲吧。我記得，當時中央形成了三點大的談判原則：香港的新機場要建，要符合成本效益，要藉此確立中英兩國在香港後過渡期內的合作模式。

後來，1991 年 6 月 27 日，柯利達作為英國首相的秘密特使，飛來中國談判。我記得，當時他在英國宣佈要到土耳其訪問，結果一到土耳其，就轉機來北京了。因為雙方的保密工作做得非常好，所以記者們都不

知道。香港記者本來很關注中英兩國關於香港新機場建設的談判，一般都會在釣魚台國賓館門口堵着。這次倒好，冷冷清清，沒有一個記者到場。在北京，柯利達跟魯平同志談了兩天，到 6 月 29 日下午兩點，差不多就達成共識了。

《中英諒解備忘錄》的草稿，是魯平主任和柯利達特使談判結束以後，我遵照指示，用一個晚上時間起草的。由於中方堅持，《中英諒解備忘錄》的全稱定為《中英兩國政府關於香港新機場建設及有關問題的諒解備忘錄》。這裏的「及有關問題」五個字，是大有深意的。就是說，從今往後，過渡期裏但凡跨越 1997 年的事項，中英兩國都要參照新機場建設的模式商量着辦，不能一家說了算。《中英諒解備忘錄》強化了這一重大原則，對英國人構成了制約。

當時，我們都住在釣魚台國賓館。1991 年 6 月 30 日早上 5 點，我把寫就的備忘錄中文稿呈交魯平同志審閱。魯平同志審閱後，即於 7 時呈報中央領導。9 時許，李鵬同志審閱後呈報江澤民主席審批，江主席於 10 時批覆同意。

然而，儘管有一個《中英諒解備忘錄》在那裏擺着，在香港後過渡期的很多問題上，英國人依然自作主張。

比如秘密解散政治部問題⑨，人事安排「本地化」問題⑩，我們都沒辦法管。在香港回歸前的兩三年裏，彭定康給港英政府搞「大換班」。忠誠於英國的人，大部分都被提拔了上來，有的連升三四級。他還安排了一些我們並不了解的潛伏人員。另外，一些跟中央關係比較友好、為香港未來考慮較多的官員，都被他設法設計清除掉。

1989 年後，西方國家一直對中國實行所謂「制裁」。當時，西方國家領導人有個「默契」——不與中國總理打交道。當時，西方國家與中國的外交往來多數是中低級別的。

這個情況直到 1991 年才被打破，而突破口就是這份《中英兩國政府關於香港新機場建設及有關問題的諒解備忘錄》。6 月 29 日，中英兩國關於香港新機場建設的談判終於達成了共識，柯利達隨即建議立刻簽署正式協

---

⑨　政治部（Special Branch）於 1934 年成立，架構上隸屬於皇家香港警務處刑事部，實際上直接由英國軍情五處第二處指揮，主要承擔反間諜及收集情報等多類特殊任務。政治部保存了兩類人的秘密檔案：第一，政府高級公務員，包括督察級以上的紀律部隊及警務人員；第二，有政治背景的社團如工會、學校、商會等的負責人。英國在撤離香港前夕，於 1995 年解散了政治部。所有政治部人員及家屬都被遣散，同時無條件獲得居英權。政治部的所有秘密檔案全部運回英國，其中不乏仍在香港政府各部門工作的高級公務人員的秘密檔案。

⑩　回歸之前，港英政府以保證平穩過渡的名義，推行人事安排「本土化」政策，在香港政府安排了很多親英派公務員，其中不少人都過渡到了後來的特區政府中。

議。魯平同志表示：且慢，這份協議和《中英聯合聲明》一樣，關係重大，我們倆只能草簽，正式協議應該由兩國政府首腦在北京簽署。柯利達一聽就火了，說他本人是英國首相的外交顧問，可以代表英國首相簽字。魯平同志堅持不讓步，說必須兩國政府首腦親自簽署，而且在北京簽。柯利達最後都拍桌子了，說中國搞了個圈套騙了他，然後就拂袖而去了。

當時，我都有點着急了——好不容易談成了，結果在簽署問題上又卡住了。我就問魯平同志，柯利達還會不會回來？魯平同志說：不要緊，我想他會回來的。果然，等了一個多小時，英國大使館就打電話給中國外交部，說柯利達要回釣魚台國賓館復會。我們說好，那接着談。談了一會，又出了一個小插曲。柯利達說，英國首相梅傑將來北京，和李鵬總理正式簽署協議，但中國要打破常規，在首都機場而不是天安門廣場，為首相舉行歡迎儀式。我們當然明白，英國人無非是想迴避曾被渲染一時的天安門廣場。魯平同志針鋒相對地說：「不，歡迎儀式必須按中國政府的慣例在天安門廣場舉行，否則就沒有歡迎貴國首相的紅地毯了。」柯利達權衡再三，最後還是硬着頭皮都答應了中國的接待安排。在這個過程中，柯利達不停地給倫敦打電話請示，因為他也做不了主。

魯平主任和柯利達特使草簽《中英諒解備忘錄》之後，我們就開了一瓶香檳酒。在席間，柯利達舉着高腳杯，跟魯平同志微笑着講：「您是國家利益的堅定捍衛者。」魯平同志也微笑着回應道：「您也是國家利益的堅定捍衛者。」

　　後來，英國首相梅傑訪華時，也是扭扭捏捏的。他不說自己為了簽署《中英諒解備忘錄》而專程訪問中國，而是說他訪問俄羅斯後順路訪問中國。其實都一樣。英國首相訪問中國，就是一個外交上的突破。兩國政府首腦在北京都見面了，握手了，會談了，共同簽署協議了，不就是一個外交突破嗎？1989 年的「北京政治風波」之後，英國首相是第一個與李鵬總理見面的西方國家領導人。再往後，西方各國領導人陸陸續續都來了。西方國家對中國的所謂「封鎖」就這樣不攻自破。在這樣的大環境下，中英聯合聯絡小組的工作也逐步恢復了正常。

四、公務員問題

　　我覺得，香港回歸之初的最大問題是公務員問題。香港回歸前，英國人搞了一個「居英權計劃」。英國人為香港各界五萬名精英人士，再加上他們的家屬，一共是 22.5 萬人，秘密授予了英國本土公民護照。我讀了英國人寫的香港史，他裏面也承認英國人撤退以前做了這個事情。什麼人可以獲得「居英權」？主要有兩個條件：第一，對英國忠誠；第二，將來對英國有用。就這兩個條件，忠誠、有用。

　　香港回歸之時，我們幾乎把港英政府的原班人馬「照單全收」，這是我們為了實現「平穩過渡」而付出的一個代價。但是，我們許多必要的後續工作沒有跟上。

　　我在港澳辦工作期間，執行中央的決策指示，心中時時感到中央對香港特區、香港同胞是非常關懷、愛護、照顧的。例如，我們和特區政府談鐵路問題，我對董建華先生講：你們要磁懸浮可以，高鐵可以，輪軌也可以；無論你們選哪一個，中央有關部門都會積極配合。我還專門去上海陪他坐了一趟磁懸浮。從廣州到深圳已經有三條平行的鐵軌了，又建了第四條。全國沒有

哪一個地區的兩個城市之間，有四條平行的鐵軌。畢竟孩子那麼長時間沒回家了，現在剛回家，要多受一點照顧按理是應該的。宇航員上天回來，奧運會金牌運動員回來，慶功會都沒有開，就專程來香港，跟市民聯歡。難道全國其他省市自治區不盼望和需要嗎？但是要多照顧香港。

習近平主席於 2017 年 7 月 1 日視察香港的時候，特意會見了林鄭月娥和香港特區行政、立法、司法機構負責人。習近平主席對新一屆特區政府官員的指示主要有三點，這三點講得非常深刻。

第一，大家是香港特別行政區政權機構的主要成員，不論是行政機構主要官員，還是立法、司法機構負責人，都要有國家觀念，在開展政務活動和處理有關問題的過程中，要善於站在國家的高度來觀察和思考問題，自覺維護國家主權、安全、發展利益，履行自己對國家的責任。

第二，「一國兩制」是前無古人的創舉，無論是全面準確貫徹落實「一國兩制」方針，還是務實解決經濟民生方面長期積累的矛盾和困難，無論是加強對青少年國家歷史文化教育，還是依法打擊和遏制「港獨」活動、維護香港社會大局穩定，都需要大家迎難而上，積極作為。

第三，特別行政區政府管治團隊是一個整體，關鍵是要全面落實和進一步完善以行政長官為核心的行政主導體制，處理好行政、立法關係，真正做到議而有決、決而有行，確保政府依法施政的順暢、高效；要自覺維護管治團隊的團結，堅決維護行政長官的權威，在工作上相互支持、相互配合、相互補台，共同維護政府整體的威信和聲譽。⑪

　　總書記的這三點指示，值得我們牢牢銘記在心。

---

⑪　新華社香港 2017 年 7 月 1 日電：「習近平會見林鄭月娥和香港特別行政區新任行政、立法、司法機構負責人」。

五、「那面米字旗本應該放進歷史博物館，而不應該再招搖過市」

　　接下來，我們的討論要逐步從歷史走到現實中來了。我感覺，2012年以來，香港的形勢發生了很大變化。我深刻體會到了這一點。2012年7月1日下午，香港反對派的遊行隊伍裏首次出現了港英時代的英國米字旗，並喊出了要分裂祖國的「港獨」口號。第二天晚上，一個香港的政協委員找我，我在全國政協禮堂請他吃飯。他拿了一打報紙，上面都是7月2日刊登的關於遊行的報道，都提到了米字旗。問題很嚴重，因為這是第一次有人公開提出「港獨」。

　　不久，「港獨」份子又遊行到中央政府駐港聯絡辦公室門前，揮舞米字旗，唱英國國歌，呼喊「南京條約萬歲」，打出了「中國不會給我們真正的自治，唯一出路是獨立建國」的反動標語。對此，美國《華盛頓郵報》大篇幅地圖文報道。魯平同志很氣憤，就給《華盛頓郵報》寫郵件，對「港獨」予以駁斥，並要求全文刊登。這家美國報紙竟不刊登魯平同志的信。

魯平同志跟我商量過這件事，我很贊成魯平同志的意見。當時，正好我這本新書《我親歷的香港回歸談判》繁體字版在香港出版，在港麗酒店和二十幾個青年團體座談，何亮亮主持。我和何亮亮商量好，不迴避「港獨」問題。所以，當有記者問起這個問題，我就說：「看到一些年輕人舉着米字旗在街上遊行，我感到很痛心，那面米字旗本應該放進歷史博物館，而不應該再招搖過市。」我還把魯平的評論譯成中文，託香港媒體朋友予以發表，最後僅有《南華早報》發表了，用的仍是英文。這件事在香港反響很大。香港一些媒體鋪天蓋地攻擊我，也攻擊魯平同志。

　　到了 2013 年初，一個叫招顯聰的香港人衝擊駐港部隊軍營，形勢陡然嚴峻。朱育誠同志主持在國務院發展研究中心港澳研究所召開了一個座談會，我也去參加並做了發言，和與會者一起集中批評譴責「港獨」和衝擊軍營事件。

　　我記得，2015 年 7 月 1 日上午，全國人大常委會通過了《國家安全法》，香港方面馬上聞風而動。當時的香港律政司司長袁國強發表了三點聲明：第一，全國人大通過的《國家安全法》不在香港實施；第二，香港有維護國家安全的憲制責任，但必須通過「23 條立法」來實施；第三，本屆特區政府沒有計劃「23 條立法」。這個

態度是值得反思的。後來，連有些「港獨」份子都被選進立法會了，形勢愈發嚴峻。最後，全國人大常委會決定對基本法相關條款進行解釋，這才扭轉了局勢。⑫

---

⑫ 2016 年 10 月，香港特別行政區第六屆立法會議員就職宣誓儀式上，少數候任議員故意違反宣誓要求，公開辱華和宣揚「港獨」，被立法會秘書長陳維安拒絕監誓，引發宣誓風波。隨後，香港立法會主席梁君彥根據法律意見及上屆先例，裁定黃定光、姚松炎、梁頌恒、游蕙禎和劉小麗宣誓無效，但容許再次宣誓。香港特區政府隨即向香港高等法院入稟司法覆核，要求剝奪梁頌恒、游蕙禎的立法會議員資格。2016 年 11 月，第十二屆全國人大常委會審議並全票通過了《全國人大常委會關於香港特別行政區基本法第一百零四條的解釋》，指出香港特別行政區的公職人員必須依法真誠地作出擁護基本法和效忠中華人民共和國香港特別行政區的宣誓，並謹守誓言。

六、沒有中國共產黨就沒有 「一國兩制」

香港回歸以後，我於 1998 年 3 月回到北京，先是擔任港澳辦副主任，後來又擔任常務副主任、黨組副書記，直到 2008 年退休。退休以後，我在全國政協港澳台僑委員會做副主任。2013 年，我接受中央的徵召，出任新成立的全國港澳研究會會長，又做了三年。所以說，從香港回歸至今，我基本上沒有離開港澳工作。

對於從事了三十年的港澳工作，我的感情非常深，心情很複雜，有喜悅，也有沉重。我認為，「一國兩制」是中國共產黨對馬克思主義國家學說的一大創新，是馬克思主義中國化的一大成果。在共產主義運動史上，哪一個國家的共產黨在執政以後，除了領導本國的社會主義革命和建設以外，還能夠允許一部分地區繼續實行資本主義制度，並保持長期繁榮穩定？除了中國共產黨之外，沒有一個國家的共產黨能做到這一點。

「一國兩制」是中國共產黨提出的一個偉大構想，亦是中國共產黨領導的一個偉大實踐。我一直對香港朋友講，從整部中國近代史來看，沒有中國共產黨就沒有新

中國；從香港百年滄桑看，沒有中國共產黨就沒有「一國兩制」和香港的回歸。是中國共產黨提出了「一國兩制」，讓香港回歸了祖國。除非你不贊成香港回歸，願意還被英國人統治，否則你就應該擁護中國共產黨的領導，起碼是接受和尊重中國共產黨的領導。

從鴉片戰爭開始，到 1997 年為止，這一百多年裏，中國幾代仁人志士，無論是政治家還是民眾，都想把香港收回來，但很多努力的結果都是徒勞，因為弱國無外交。1945 年 8 月日本投降後，盟軍總司令麥克阿瑟發佈的一號受降令規定，凡是在中國境內，台灣、印度支那北緯 16° 以北的所有的日本軍隊，均應該向中國戰區的最高統帥蔣介石投降。但是，英國不執行，並派出已經被打得支離破碎的太平洋艦隊開赴香港。蔣介石起初也不示弱，派陸軍緊急開赴九龍。兩軍幾乎同時到達。中國照會英國不要擅自行動，同時尋求美國外交支持。英國也求助於美國總統。美國權衡之下，決定支持英國，由英國來主持駐港日軍的投降。蔣介石當時正在準備打內戰，不敢得罪美國和英國，因此香港又處於英國的統治下。蔣介石非常鬱悶地在日記裏記載了那段歷史：中國代表站在旁邊，讓英國海軍的少將夏愨在香港主持日本人投降儀式。

最初，很多人不相信「一國兩制」能夠成功。香港

回歸前夕，我和美國駐香港副總領事史萊克先生有過一次交談。當時史萊克大談美國制度如何優越，然後質疑「一國兩制」在香港行不通。這和《財富》雜誌的論調是一樣的，即認為 1997 年以後香港就「死」了。我當時就反問他，美國能夠拿出一兩個州來實行資本主義制度以外的制度嗎 —— 封建主義也好，社會主義也好。結果他聳聳肩，說這個做不到。我就告訴他，中國共產黨說到做到，請拭目以待。後來，澳門回歸的時候，他也去參加了相關活動。當時，香港回歸已經兩年了，他親眼看到中國在香港實行「一國兩制」所取得的巨大成就，終於承認了「一國兩制」是可能的。

中國共產黨是一個很偉大的黨，「一國兩制」是根據中國的歷史 —— 包括香港的歷史、澳門的歷史、台灣的歷史 —— 和現實而做出的決定，是根據中國的國情而做出的決定。這跟《共產黨宣言》裏的「兩個必然」沒有矛盾，因為在中國特色社會主義的建設過程中，中國將長期處於社會主義初級階段，在這個歷史階段，「一國兩制」是青春常在的，是符合中國國情的。⑬

---

⑬　馬克思和恩格斯在《共產黨宣言》中表示：「資產階級的滅亡和無產階級的勝利是同樣不可避免的。」這一論斷被簡稱為「兩個必然」，意為資產階級必然滅亡，無產階級必然勝利。

「一國兩制」事業是一個史無前例的創舉，無論是認識還是實踐，都有一個逐步深化的過程，在此過程中可能存在一些需要修正的地方，因為之前從來沒有人做過這樣的事情。但這些偏差都是支流，而不是主流。基本法就是「一國兩制」的規範化、法律化。基本法的每一個字、每一個條款，都是如此。在過去二十年中，「一國兩制」和基本法取得了舉世公認的成功。對此，我們可以講很多很多。

　　現在回過頭來看香港的形勢和發展，我覺得一定要按照馬克思主義的辯證唯物主義和歷史唯物主義的思想來把握。2016 年 7 月，在慶祝中國共產黨成立九十五周年的大會上的講話中，習近平主席對「一國兩制」做出整體評價：「『一國兩制』在實踐中已經取得舉世公認的成功，具有強大生命力。無論遇到什麼樣的困難和挑戰，我們對『一國兩制』的信心和決心都絕不會動搖。」2017 年 7 月，習近平主席在香港發表的系列講話，亦非常偉大，非常英明，我發自內心地擁護。

　　如何理解和認識「一國兩制」呢？幾年前，我曾經對《南華早報》的記者說過，從某種意義上說，「一國兩制」的核心要義就是三個「不能平起平坐」：第一，「一國」和「兩制」不能平起平坐。「一國」是實行「兩制」的前提和基礎，忽略了「一國」，「兩制」就無從談

起。不尊重「一國」、不擁護「一國」，哪裏談得上「兩制」？第二，社會主義制度和資本主義制度這「兩制」不能平起平坐。中國憲法規定，我們國家的主體實行社會主義制度，同時保持一小部分地區的資本主義制度長期不變，它依附於國家的社會主義主體，是中國特色社會主義的一個組成部分。所以「兩制」也不能平起平坐，不只是「井水不犯河水、河水不犯井水」的問題。第三，「維護國家主權、安全和發展利益」與「保持香港長期繁榮穩定」不能平起平坐。畢竟，前者是國家頭等大事，後者則是局部大事。

黨的十八大報告明確提出，「中央政府對香港、澳門實行的各項方針政策，根本宗旨是維護國家主權、安全、發展利益，保持香港、澳門長期繁榮穩定」。我看了之後，真是心裏一動啊！我覺得，這真是講到我心裏去了。我們過去的確沒有看得那麼遠、那麼深。過去，我也經常講：中央所做的一切，都是為了香港好，為了保持香港長期繁榮穩定，但沒有想到這前面還得加一句話──「維護國家主權、安全、發展利益」。這麼多年來，「港獨」意識、思潮的出現，充分體現了這句話的重要性。「維護國家主權、安全和發展利益」與「保持香港長期繁榮穩定」都是大事，但是一個是國家大事，一個是地方大事，不能平起平坐。什麼叫「一國兩制」？這就

叫「一國兩制」。我們做港澳工作的同志，要特別注意這一點。究竟「一國」重要，還是「兩制」重要？我們要經常思考這個問題，把「維護國家主權、安全和發展利益」放在第一位。

以上是我考慮的第一個問題，即「一國」與「兩制」之間究竟是什麼關係？我考慮的第二個問題，是「一國兩制」要不要接受中國共產黨的領導？我認為，這是理所當然的事情。實際上，如果我們現在不提或少提中國共產黨的領導，或者有意迴避這個問題，人家反而會覺得我們很虛偽。誰不知道駐港部隊是中國共產黨領導的，外交部駐港公署是中國共產黨領導的，中聯辦也是中國共產黨領導的？為什麼要迴避中國共產黨的領導？我曾經跟一個反對派頭面人物對話。我說我就是共產黨員，他說他知道。我問你怕共產黨嗎？他說他不怕。連香港反對派都不怕中國共產黨，我們在中國的香港特區開展工作就不必像地下工作一樣。

歸根到底，這還是個思想認識問題。過去，我們在香港做工作，從指導思想到工作方法，都還是地下工作那一套，這給我們工作帶來了很大不便。現在誰不知道中國共產黨在中國的執政領導地位？在中國共產黨的領導下，我們整個國家被建設得這麼好。誰能不承認這一點？有人說中國共產黨裏面有一些貪官污吏，但我們有

紀律監察，大力肅貪反腐，力度空前，而且成效顯著。
我覺得，我們對於黨的領導必須有一個全面的認識。索
性講透了，也就沒有什麼可爭議的了。不能自己束縛自
己的手腳，自己束縛了愛國愛港力量的發展壯大。

七、中國共產黨在香港具有法定 地位

　　我們要特別注意,「佔中」運動發生以後,在 2016 年 7 月 1 日的慶祝中國共產黨成立 95 周年大會上,習近平主席就明確提出,「我們將全面貫徹『一國兩制』、『港人治港』、『澳人治澳』、高度自治的方針,嚴格按照憲法和基本法辦事」。[14] 在同年 12 月 30 日的全國政協新年茶話會上,習近平主席又再次指出,「我們要按照憲法和基本法辦事,支持香港澳門發展經濟改善民生,確保『一國兩制』實踐不動搖、不走樣、不變形」。[15] 2017 年的「七一香港講話」,習近平主席再次就此作出重要指示。[16]

　　然而,在十八大以前,我們在香港很少提憲法,似乎有基本法就能包打天下。為什麼不提憲法?因為想迴

---

[14]　習近平:〈在慶祝中國共產黨成立 95 周年大會上的講話〉(2016 年 7 月 1 日),《人民日報》2016 年 7 月 2 日。

[15]　習近平:〈在全國政協新年茶話會上的講話〉(2018 年 12 月 30 日),《人民日報》2016 年 12 月 31 日。

[16]　習近平:〈在慶祝香港回歸祖國 20 周年大會暨香港特別行政區第五屆政府就職典禮上的講話〉(2017 年 7 月 1 日),《人民日報》2017 年 7 月 2 日。

避在香港提中國共產黨的領導。事實上，黨的領導和基本法沒有矛盾，基本法就是在黨的領導下制定的。中國共產黨是一個偉大的黨，要光明正大、堂堂正正，不能在自己管治的地方都不敢提黨的領導。在憲法上，國家是整體的、統一的。憲法和基本法共同構成了香港特區新的憲制基礎。其實要完整理解「一國兩制」，就必須從母法憲法的高度來認識子法基本法，確立共產黨對香港的執政領導地位就是其中非常重要的一條。

港英時代沒有政黨法，不講政黨，只講政團。為什麼？因為港英政府是總督制，總督可以實行獨裁統治，不需要什麼政黨。然而，實際情況如何呢？我們經常講，香港是一個國際金融中心、國際貿易中心、國際航運中心、國際旅遊中心、國際資訊中心，這都沒錯。但我們往往有意或無意地忽略了一點：香港歷來還是一個國際間諜中心。

香港從開埠起，就是一個國際間諜中心。從辛亥革命，到二次國內革命戰爭、抗日戰爭、解放戰爭，以至建國後，各國各地的間諜集聚在此地，收集交換買賣情報，策反暗殺顛覆，搞新聞出版網站，莫不如魚得水。維基解密揭露的許多資料都可以充分佐證。孫中山搞反清革命時就以香港為活動基地，有一部電影講的就是清政府到香港暗殺孫中山的故事。後來，到了國民革

命時期，我們中國共產黨也利用了香港這個活動基地。最近，鳳凰衛視拍了一部記錄片，就是講中國共產黨怎麼利用香港搞革命，南昌起義、廣州起義失敗以後，很多人都跑到香港躲避追捕。到了抗日戰爭和解放戰爭時期，很多民主人士也都在香港活動。抗日戰爭時期，廖公曾經領導東江縱隊護送民主人士途徑香港去重慶。解放戰爭時期，大批民主人士從香港坐船到天津，然後再到北京，參加第一屆全國人民政治協商會議。1950年代，國民黨間諜在香港製造了「克什米爾公主號空難事件」，周恩來總理因為行程變更而倖免，但我們的一批高級幹部卻不幸遇難。

鳳凰衛視主持人何亮亮寫了一本書，名字叫《1950：香港諜戰》，由人民文學出版社出版。何亮亮送給我一本，我看了，覺得很好。這本書講的是朝鮮戰爭爆發時，七個國家和地區的間諜為爭奪一份日滿當局繪製的朝鮮地圖在香港展開了一場觸目驚心的血腥較量，寫得很扣人心弦。正如鄧小平同志當年警示的，香港不能成為西方敵對勢力顛覆中國的一個重要基地。香港雖然不常在遏制中國的棋眼上，但一旦有事，就會影響全局，絕不能掉以輕心。香港就是這樣一個國際間諜中心。

中國共產黨在香港究竟有沒有法定地位？這個問題一度讓港英政府很頭痛。1950年代，國民黨當局在香港

搞了一次暴動，那些殘兵敗將到了香港以後，簡直像土匪一樣燒殺搶掠，後來港英當局就把他們全部趕到了調景嶺，所以調景嶺就變成了國民黨在香港的勢力中心。國民黨到香港之後，跟黑社會勾結起來，自己組織了一個「14K」。K就是國民黨的英文單詞 Kuomintang 的第一個字。14K 亦受到了港英當局的鎮壓。最後，港英當局就說，無論是共產黨，還是國民黨，都不要在香港搞政黨。再加上港英當局實行總督制，所以它一直沒有政黨法。現在香港的所謂政黨，無論是反對派的民主黨、公民黨，還是「建制派」的民建聯，法律上都屬於「有限公司」或「社團」。當年我們的新華社香港分社，在法律上亦屬於「有限公司」。也就是說，即使原新華社香港分社是中央政府派駐香港的代表機構，亦是按照《香港公司條例》註冊成立的。

不久前，習近平主席在中央外事工作會議上發表重要講話。我認真學習領會後發現，核心思想就是中國外交要積極作為。那麼，香港回歸已經二十一年了，我們在貫徹落實「一國兩制」方針政策時，是不是也應該積極作為，引領「一國兩制」實踐不斷深入呢？

習近平主席主持中央工作以後，港澳工作發生了非常大的變化，這與習近平主席在中央外事工作會議上的講話的精神是一致的，就是積極作為。美國跟中國較

量，是有一個總體佈局的，東海問題、釣魚島問題、台海問題，南海問題、港澳問題，都是相互聯繫的博弈戰場。在這些戰場上，我們勝算最大的應該就是港澳，因為中央對港澳擁有「全面管治權」嘛！

黨的十八大以後，中央在港澳工作方面有兩個大動作：第一個大動作，是國務院新聞辦於 2014 年 6 月發佈的《「一國兩制」在香港特別行政區的實踐》白皮書。[17] 很多人花了很多心血，才寫出了這本白皮書。白皮書發佈一個月後，香港反對派就搞了一個所謂的「電子公投」，可見形勢多麼嚴峻！第二個大動作，是全國人大於 2014 年 8 月通過的「八三一決定」。黨的十九大以前，中央在港澳工作方面的主動出擊，主要是這兩次。黨的十九大以後，中央在港澳工作方面變得更加積極主動。我覺得，這裏面有很多經驗，值得我們好好總結。

---

[17] 「一國兩制」白皮書，全稱為《「一國兩制」在香港特別行政區的實踐》白皮書，由國務院新聞辦公室於 2014 年 6 月 10 日發佈，是中央政府首次發佈的關於香港的白皮書。此白皮書回顧了我國政府按照鄧小平「一國兩制」思想，順利實現香港回歸的歷史進程，總結了十七年來「一國兩制」在香港的成功實踐，系統介紹了中央政府全力支持香港繁榮發展、香港特區各項事業取得全面進步情況。

八、在習近平主席領導下，做好新時代的港澳工作

十八大以後，習近平主席站在新的歷史起點上，領導全黨全國實現「兩個一百年」奮鬥目標和中華民族偉大復興的中國夢，這一偉大進程必然涵蓋「一國兩制」的成功實踐。作為一名老港澳工作者，回顧自己從事港澳工作的經歷，我有時感到很慚愧，覺得自己的工作與習近平主席的指示之間，還有很大距離，很多工作做得不夠，還需要不斷提高思想認識。

學習和宣傳習近平主席的重要講話，是我離開全國港澳研究會以後集中做的一件事。我出去講課，講的主要是「一國兩制」和香港問題。我自己對於習近平新時代中國特色社會主義思想、對於習近平主席關於香港問題的系列重要講話的認識，也經歷了一個不斷加強學習和逐步深入領會的過程。

習近平主席的「七一香港講話」，令我非常欽佩。習近平主席對「一國兩制」、「港人治港」、「澳人治澳」、高度自治的方針，進行了完整精闢的闡述，既高屋建瓴、博大精深，又緊貼實際、深入淺出。而且，習近平

主席在香港的言談舉止，溫馨親和，平易近人，真是有撥雲見日、風清氣爽的感覺，充分彰顯了一個大國領袖的風範。

黨的十九大報告，又讓我再一次深受教育和鼓舞。十九大報告以馬克思主義的寬闊視野，深刻洞察了世界發展的大勢和中國進步的的大局，舉旗幟，明方略，繪藍圖，為港澳保持長期繁榮穩定、為「一國兩制」在港澳行穩致遠，領了航，指了路。我衷心擁護習近平新時代中國特色社會主義思想和習近平主席關於「一國兩制」的理念方略和一系列重大決策舉措，我們必須聯繫實際好好學習領會。

我對「一國兩制」實踐充滿信心，對「一國兩制」研究也充滿信心。「一國兩制」研究是人文社會科學領域的一門新興學科，以後也一定會成為很完善的學科。我在港澳辦工作的時候，會見過一些外國的部長和大使，歐洲的、澳洲的、非洲的都有，他們都想了解「一國兩制」到底是怎麼一回事。他們國家可能也存在一些歷史遺留問題，這些問題能不能通過「一國兩制」來解決？所以，我覺得，「一國兩制」的內容將愈來愈豐富。香港回歸二十一年，有許多成功經驗可以總結和推廣。

在習近平主席的領導下，新時代的「一國兩制」實踐必將更加積極作為，引領「一國兩制」偉大構想全面

準確落實。這也是新時代賦予中國共產黨的責任。我們的前輩構想了「一國兩制」，實踐了「一國兩制」，把它從科學構想變成為生動現實。現在，我們要不斷推進這項事業，使「一國兩制」的內容更加豐富，理論更加完整，更加堅強有力地推進港澳工作實踐。

第五章

專 訪

王鳳超

歷史視野下的
香港政制發展問題

香港政制發展問題一直是香港社會的核心政治議題之一。基本法規定，香港特區的行政長官和立法會的產生辦法將「根據香港特別行政區的實際情況和循序漸進的原則而規定」，並最終實現某種形式的「普選產生」。然而，在普選進度、提名方式、選舉模式和任命形式等一系列具體問題上，香港社會長期難以達成共識，由此導致香港特區的政制發展不斷受阻，中央與特區關係亦因此而遭遇挑戰。

為了解開籠罩在香港政制發展問題上的諸多「謎團」，我們找到了香港中聯辦原副主任王鳳超。在二十餘年的港澳工作生涯中，王鳳超的工作重心始終沒有離開香港的政制發展問題，包括中英雙方的有關談判。也正

因此，他寫作的《香港政制發展歷程（1843－2015）》一書甫一出版，便成為研究香港政制發展問題的重要參考書目。

在進入國務院港澳辦工作之前，王鳳超是一名新聞工作者和新聞史學者。1981 年，王鳳超畢業於中國社會科學院研究生院新聞系，隨後進入社科院工作，歷任中國社科院新聞研究所副主任和副所長，並出版了研究中國新聞史的重要作品——《中國報刊史話》。在研究過程中，王鳳超意識到，香港作為一個中西交匯的戰略前沿地帶，是中國現代報刊的發源地，在中國新聞史上佔有相當重要的地位。以此為契機，他開始關注香港問題。

1989 年，王鳳超進入國務院港澳辦，由此正式開始了長達二十年的港澳工作生涯。在港澳辦任職期間，王鳳超歷任一司副司長，二司副司長、司長，副主任、黨組成員，並參與了香港特區的籌備工作，歷任全國人大常委會香港特別行政區籌備委員會預備工作委員會委員、全國人大常委會香港特別行政區籌備委員會委員。1998－2008 年，王鳳超擔任新華社香港分社副社長／中央政府駐港聯絡辦副主任，親眼見證了香港回歸的第一個十年。2006－2010 年，王鳳超擔任全國人大常委會香港特別行政區基本法委員會委員。

在訪談過程中，王鳳超一以貫之地站在歷史視野討

論香港政制發展問題，給我們留下了深刻印象。在他看來，香港的很多問題，包括政制發展問題，都有其特定的歷史根源。用他書中的一句話說，「如果從發展角度看，這個議題有其過去時、現在時和將來時」。如果無法把握「過去」，我們就無從談起「現在」，更無法思考「未來」。這一獨特的視角，或許與王鳳超豐富的新聞工作經驗有關。在訪談過程中，他對各種史料信手拈來，用詞亦力求精準無誤，游刃有餘地穿梭於歷史和現實之間，充分展現了一名學者型官員的睿智和務實。中國為何一直擁有對香港的主權？香港為何從來都不是英國的「殖民地」？基本法的政治體制為何是「行政主導」？一些香港人為何無法理解「人大釋法」？站在歷史的角度，王鳳超對這些重要問題給出了翔實而透徹的解釋。

「鑒於往事，有資於治道。」讓我們跟隨王鳳超的講述，去歷史中把握「一國兩制」的初心。

一、關於香港問題的幾個重要
   提法

　　在討論具體問題之前，我先談一下我的原則。我今天談的基本上是我做過的事情，也就是歷史問題。我要對歷史負責，做的事情要經得起時間的檢驗。這是我的原則。

　　我在港澳辦工作的這九年，除了經濟以外，其他領域都涉獵過。我來港澳辦之前的工作，並非跟香港完全不搭界。當時，我已經詳細研究了香港的新聞媒體，因為我來港澳辦之前主要從事新聞工作，所以研究香港新聞史也算是我的一個業務。香港新聞史是中國新聞史的一部分。中國近代報刊的發源地就是香港，中國歷史上資產階級創辦的報刊，無論是革命派孫中山創辦的《中國日報》，還是改良派王韜創辦的《循環日報》，都誕生在香港。因此，要講中國新聞史，必須講香港。在這種情況下，我就這樣平調過來了。

　　港澳辦這個單位，一開始的規模比較小，結構比較簡單，一共不到一百人。關於香港工作，就一司和二司這兩個司，然後還有個三司澳門司，最後是秘書行政

司。眾所周知，香港貫徹「三公」原則：公開、公正、公平。首先是公開。香港人習慣在這種環境下生活。有一次座談時，一位香港人就給我提意見。他說：「你們能不能不要叫一司、二司，好像情報部門似的，給香港人製造了很多神秘感，不知道你們是幹什麼的。我們香港的司都有明確的名字，一聽到名字，大致就能知道其業務範圍。」我給他講了我們的困難。我說：「我們這個一司，倒可以起個名字，比如叫經濟司，因為它管經濟事務。但是二司，就起不出名字來，因為二司除了經濟事務以外，其他事務都管。」後來，為了適應香港人的需要，我們又成立了一個社會文化司。這樣一來，經濟、政治、社會文化都齊了。所以，當時的港澳辦一司叫經濟司，二司叫政務司，三司叫社會文化司，然後還有一個澳門司。我剛進港澳辦的時候，是在一司。

　　我比較早就開始研究關於香港問題的幾個正確提法。在香港問題上，有一些常用的提法，需要特別注意。香港回歸時，國務院新聞辦經常主持開會研究如何報道香港回歸，並從中央新聞機構抽調六百個新聞記者到香港採訪報道整個回歸的過程。這些記者都是精兵強將。當時，國務院新聞辦說：「你們港澳辦是專管這個事情的，應該把新聞單位的領導和骨幹都叫來，然後做個報告，講講報道中需要注意的一些問題。」我記得很清

楚，報告會在人民大會堂召開，當時由曾建徽主持，我發表了一個演講。

首先是「主權」問題。我說：「1997年6月30號午夜，中英雙方舉行的是『政權』交接儀式，你們報道的時候，千萬不要說是『主權』交接。」原因在於，我們從來不承認三個不平等條約。香港人並不了解其中的來龍去脈，因此我跟他們講得比較詳細。明朝時，英國海軍上校約翰・威德爾（John Weddell）率四艘武裝商船赴中國貿易。行前，英王查理一世授權威德爾：「凡屬新發現的土地，若據有該地能為朕帶來好處與榮譽，即代朕加以佔領。」後來，威德爾的船隊採用武力威脅手段，迫使廣州當局同意其商隊駛入廣州進行了貨物貿易。威德爾返英後在報告書中提出建議，為了發展對華貿易，英國應奪取海南島作為英國的屬地。清朝時，英國想佔領的地方就很多了 —— 舟山、寧波、上海的某個地方、廣州附近的某個地方、廈門等，唯獨沒有香港島。為什麼要佔領廈門呢？因為福建是茶葉生產的重點區域，廈門收集、運送茶葉比較方便。總之，這些地方都是大港口。

清朝在第一次鴉片戰爭中戰敗以後，英國有兩種人索要香港島：其一是鴉片商，他們發現香港島走私鴉片非常方便，而且是避風良港；其二是英國海軍，他們認為香港島這個天然良港具有比較大的潛在軍事價值。這

兩種人在英國議會中佔了上風，最後決定要香港島。此時，還有一些英國人提出：「香港島和九龍半島之間才是一個避風良港（後來叫維多利亞港），僅佔香港島而不佔九龍半島，沒有意義。」璞鼎查認為，目標太大，不宜同時拿下，建議先拿下香港島。當時的英國海軍部和殖民地部同意了璞鼎查的意見，決定先拿下香港島，以後再尋求機會拿下九龍半島，進而控制中間海域。

當時，英國人老謀深算，提出九龍半島不能設防的無理要求，實際是為以後佔領九龍半島做打算。在第二次鴉片戰爭中，清朝再次戰敗，英法聯軍佔領尖沙咀一帶後，與清政府簽訂《北京條約》，九龍半島南部被迫割讓給英國，英國由此控制整個維多利亞港。十九世紀末，帝國主義列強掀起瓜分中國的狂潮，英國趁機強迫清政府簽訂《展拓香港界址專條》，租借「新界」九十九年。說是九十九年，其實在英國心中是無限期。通過這三個不平等條約，英國強佔香港地區，導致中國不能在自己的領土上行使主權。但是，根據近代國際法的一般法理，非法行為不能產生合法權利，因此中國從未喪失香港地區的主權。1982 年 9 月 24 日，鄧小平會見戴卓爾夫人時，明確闡述了我們對香港問題的基本立場：「關於主權問題，中國在這個問題上沒有回旋的餘地。坦率地講，主權問題不是一個可以討論的問題，現在時機

已經成熟了，應該明確肯定：一九九七年中國將收回香港。」後來，我給香港新聞界講這個問題：「我查閱了《鄧小平文選》第三卷中集中談香港問題的九篇文章，裏面提的都是『收回香港』，從來都沒有提過『收回香港的主權』。」

實際上，關於「主權」問題的提法，有一個從模糊、不確切逐步到清晰、確切的演變史。在中英關於香港前途問題的談判初期，鄧小平同志在內部講話中出現過「收回香港主權」的提法，但後來收入《鄧小平文選》時都改過來了。此外，中方代表也使用過「主權回歸」、「主權移交」這類提法。當時包括《人民日報》在內的很多媒體，也使用了這種提法。在中英談判的同時，1983 年3 月，我國有關部門在廖承志同志主持下，最後完成了對香港十二條方針政策的制定並上報中共中央。據曾參與此工作的國務院港澳辦原副主任李後同志生前回憶，此次上報中央的修改稿，同 1982 年上報中央的稿子相比，在關於香港主權的提法上作了重要修改：「根據外交部法律專家的意見，將『收回主權』的提法改為『恢復行使主權』。因為根據我國的一貫立場，香港主權從來屬於中國，只是鴉片戰爭後香港被英國佔領，我們未能行使主權，到一九九七年，是我們要恢復行使主權的問題。」由此，關於「主權」問題的提法，就正式改正過

來了。

文中提到的「外交部法律專家」，即為時任中國外交部法律顧問的邵天任先生。邵老提出的這條修改意見非常重要。如用「收回主權」的提法，那就多少含有三個不平等條約有效及英國對香港擁有主權的意味，沒有從根本上與英國的立場劃清界限。邵老建議中方在官方文件和宣傳中用「收回香港」、「恢復行使主權」來取代「收回主權」的提法。後來，中方在《中華人民共和國和大不列顛及北愛爾蘭聯合王國政府關於香港問題的聯合聲明》中就採用了修改後的提法：「中華人民共和國政府聲明：收回香港地區（包括香港島、九龍和『新界』，以下稱香港）是全中國人民的共同願望，中華人民共和國政府決定於一九九七年七月一日對香港恢復行使主權。」簡言之，中國對香港主權問題的確切表述就是：收回香港地區，恢復行使主權。

據此，1997 年 6 月 30 日午夜，中英雙方在香港舉行的是「政權交接」儀式，而非「主權交接」儀式。一般也不再提「主權移交」、「主權回歸」等。在「主權」的提法上，既然早在上世紀八十年代就有了確切的表述，現在就不應再沿用未修改前的表述了。

然而，儘管如此，現實操作層面仍然出現不少技術性錯誤。比如，在人民大會堂召開的報告會結束後的某

個星期天，我躺在床上看電視，中央電視台記者正在報道香港會議展覽中心的修建進度和規模，就說：「1997年6月30號午夜，香港主權交接儀式就在這裏舉行。」我立即給中央電視台新聞中心打電話，說明具體情況，並要求他們立即更正。再比如，有一年，中宣部責成港澳辦對其主持編寫的《中華人民共和國史》「祖國統一」篇提出意見，我發現其中相當多引文出現了「收回香港主權」的表述。我的建議是：要麼加注解，說明原文引自當時文章、《人民日報》社論和相關新聞報道；要麼不加注解，將原文中「收回香港主權」更正為「收回香港」。這個問題必須予以注意。

其次是「殖民地」問題。「香港是英國的殖民地」，這種提法在香港地區非常普遍，在內地也不時見到。類似的提法還有英國對香港實行「殖民地管治」、香港是英國的「直轄式殖民地」等。在我國恢復聯合國的合法席位之前，聯合國非殖民化委員會也將香港、澳門列於殖民地名單之中。

關於「殖民地」問題，我們首先可以從主權歸屬角度來談。通常情況下，殖民地是因外國管治而喪失了主權的國家和地區，但中國從未喪失對港、澳地區的主權，因此殖民地概念並不適用於香港、澳門。為此，中國恢復聯合國合法席位的第二年，在1972年3月8日，

我國常駐聯合國代表黃華奉命致函聯合國非殖民化特別委員會主席，重申我國政府對港、澳地區的這一立場。同年 6 月 15 日，聯合國非殖民化特別委員會通過決議，向聯合國建議從殖民地名單中刪去香港和澳門。11 月 8 日，第 27 屆聯大以 99 票對 5 票的壓倒多數通過相應的決議，確認了中國對香港、澳門的立場和要求，批准了在中國建議基礎上形成的非殖民地化特別委員會的報告，從殖民地名單上刪去了香港和澳門的名字。

鑒於上述事實，在涉及英國對香港一百五十多年的管治表述時，應符合聯合國有關決議的精神。例如，英國佔領香港時期應稱「殖民統治」時期或「殖民管治」時期，不宜用「殖民地統治」時期的提法。這是聯合國的決議。另外，香港自古以來就是中國的領土，所以不能把香港回歸說成是宗主國的更換，不能說中國是香港的新宗主國，更不能說香港現在是中國的殖民地。這類提法在香港都或多或少地存在。

其次，我們還可以從英國對香港的管治角度談這個問題。我講幾個史實。第一個史實是，早期檔案記載，1843 年 6 月 3 日，英國海軍部和殖民地部大臣斯坦利擔心璞鼎查不明白英國佔據香港島的目的，遂向他發出訓令，明確告之據有香港島「不是着眼於殖民，而是為了外交、軍事和商業的目的」。這清楚地點明，香港與英國

在世界上的殖民地的不同之處。這也是英國人在香港統治一百四十多年不僅不搞任何政制改革，而且把所有政制改革的建議和呼聲全部壓制下來的原因所在。歷任港督都是圍繞這三點來開展活動的。

第二個史實是，第22任港督葛量洪在《葛量洪回憶錄》中寫道：「香港的問題與其他殖民地不同，因為香港永遠不能宣佈獨立；它只可能永遠是英國的殖民地，或被中國收回成為廣東省的一部分。」應該指出，葛量洪關於香港前途的估計和「香港永遠不能獨立」的結論確為明智之見。所以這些材料應該給香港那些主張「港獨」的年輕人看看，當年英國人是怎麼說的。

第三個事例是，1966年9月2日，英國殖民地事務大臣弗雷德里克・李（Fredric Loe）在訪問香港舉行的記者招待會和電台廣播中說：「不能預測香港政制上有任何重大改變的可能，香港的政制發展有明顯的限制，因為香港不能像其他屬地的演變一樣，希望達成自治或獨立的地位。成立民選立法機構的主張是錯誤的，因為這些政制發展只有最終的目的是要達成自治或獨立才會真正有意義。」這個材料說明，在英國官方某些人士看來，香港不完全是英國的殖民地，香港的前途不可能獨立或自治，所以搞政制改革不僅沒有實際意義，而且還有風險，因為香港95%甚至98%以上是華人，政制改革的成

果很可能落在了華人手裏。

以上是關於「主權」和「殖民地」的提法問題。在香港回歸之前，我就講過這兩個問題，但仍然有很多正式文件、書籍、新聞報道存在不規範的表述。後來，我在 2012 年第 9 期的廣東省政協的《同舟共濟》雜誌上專門寫了一篇文章〈關於香港問題的幾個重要提法〉來進一步釐清相關提法，具體包括：主權、殖民地、境外、政制等。

最後是「境外」問題。2008 年 5 月 4 日，奧運聖火傳遞在國外，傳遞了十九個城市之後回到中國，傳遞的第一個地方是香港，第二個地方是澳門，此後到海南省三亞市傳遞。對此，當晚在中央電視台「焦點訪談」節目中，主持人這麼報道：「這是奧運聖火首次在中國境內傳遞。從此開始，聖火將在中國境內三十一個省市自治區傳遞。」這個新聞報道，把港澳排除在中國「境內」，成了「境外」。

我認為，這是一個很大的政治問題，於是就直接找到中央電視台駐香港記者，表達了我對這個問題的不同看法，並告知以時任香港特區行政長官曾蔭權的致辭和香港新聞傳媒的社論加以佐證。關於香港特區地處何處的認知，香港特區上至特區政府，下至普通傳媒，認識是相當一致的。時為行政長官的曾蔭權先生在香港聖火傳遞的開

幕儀式上致辭說：聖火遊歷五大洲後，重回中國國土，香港作為祖國第一站，感到「無上光榮」。香港《文匯報》的社論說得更加清楚：「北京奧運聖火經歷五大洲十九個城市的境外傳遞後，昨天在香港展開中華大地上的首站傳遞。」《信報》社評指出：「香港是中國境內第一站，市民傾情歡呼。」《明報》社評寫道：「香港不負作為中國國土上首個傳遞火炬城市的角色，值得市民自豪。」美國美東華人社團聯合總會執行主席黃克鏘先生在 2008 年 5 月 6 日《人民日報》（海外版）發表文章，對聖火傳遞路線及相關稱呼作了精確的描述：「以『和諧之旅』為主題，以『點燃激情、傳遞夢想』為口號的 2008 年北京奧運聖火已經完成國外 19 個城市的傳遞，於奧運會倒計時 100 天抵達香港，並完成港澳地區的傳遞後，從 5 月 4 日開始在祖國大陸 31 個省區市的傳遞。」

十分鐘後，中央電視台回話說：「我們不但收到你的電話，也收到了很多聽眾的電話，對此我們召開了緊急會議。但是，這個責任不在我們，別人怎麼告訴我們的，我們就怎麼報道。」我嚴厲地說：「不管是誰、怎麼說、怎麼決定，基本法不能違反，香港是中華人民共和國直轄的一個特別行政區，怎麼跑『境外』去了呢？如果香港在中華人民共和國『境外』，我們為什麼要收回？又怎麼能收回？無論是回歸之前還是回歸之後，都是『境

內』，而不是『境外』。」但是，這個問題到現在還沒有解決。

　　內地習慣將香港以「境外」稱之，可能與我國改革開放初期，對來自香港的投資、兩地經貿往來、GDP 的單獨統計、出入境管理等，在實際做法上以「境外」或參考對「境外」的政策對待有很大關係；還有一些特殊情況，只好作如此處理。這些在一定範圍內，是可以理解的，也是必要的。但如果對香港以「境外」相稱，並約定俗成，擴展到人文領域，是極為不妥的。

　　早在英國佔領香港的清朝時期，中國革命的先行者孫中山在香港鬧革命，就於 1895 年 2 月 21 日在香港成立了興中會總部。《香港興中會章程》第一條就寫明：「本會名曰興中會，總會設在中國，分會散設各地。」興中會總部明明設在英國管治下的香港，但在以孫中山為代表的革命派眼裏，香港從來就是中國的領土，就在「中國境內」，因此「章程」中關於興中會總部成立地點採用了「總會設在中國」的提法。對此，我們不應遺忘。因為在孫中山看來，香港不是英國的殖民地，而是中國的領土。所以，稱港、澳、台地區為「境外」，真的合適嗎？

　　我認為，在官方文件和宣傳上，應少用或不用「境外」的提法，避免出現香港是中國國境以外的區域的誤

解，或探討更合適的提法。如來自港、澳、台地區的人士出席在內地（大陸）舉辦的活動，一般不要概稱為「境外人士」，應稱「來自港、澳、台地區的人士」。當然，這個問題還值得研究，應盡快找到一個恰當的提法。與香港回歸相關的歷史問題，我大概就講這麼多。

二、英國撤退前作出三個部署

英國從香港撤退之前，作了三個部署。第一個部署，撤銷一些要害部門。比如，英國在撤退前夕即 1995 年，解散了政治部，對其人員做了其他安排。一部分人拿到了英國居留權，就離開了；一部分人沒有拿到英國居留權，就留下了。當時的香港報紙報道，那些沒走成的政治部人員心懷怨氣。這就暴露了他們的內部矛盾。

第二個部署，轉移香港公務員的大批人事檔案。因為檔案裏有很多對公務員的政治品質的評價，英國掌握了這些檔案，就可能抓住把柄進行要挾。

第三個部署，匆忙推行政制改革。英國人非常明白，「行政主導」非常有利於香港的管治，他們不想把這些制度遺產留給中國，而是想把很多有利於管治的「武功」廢掉，使「行政主導」的政治體制無法在未來的香港特別行政區樹立起來。

第一，將 140 多年的委任制逐步改成選舉制，委任制議員要向委任者負責，選舉制議員要向選民負責。第二，立法會主席不再由港督擔任，而改成由議員互選產生，這就削弱了「行政主導」。現在的香港特區立法會經

常出現針對政府政策的「拉布」行為，大大降低了行政效率。第三，撤銷一些要害部門，給未來香港特區的管治增添了很多麻煩。

為什麼香港特區必須採取「行政主導」的政治體制？我覺得主要有兩個原因。第一，香港回歸祖國以後，保留了原有的資本主義制度不變，其中就有「行政主導」，所以香港特區依然實行「行政主導」的政治體制。

第二，從歷史慣性上講，香港人比較相信行政力量，比較相信政府團隊。為什麼如此？因為資源、決策和執行都取決於政府，所以他們認為政府的能力是穩定的。我多次看民調，發現香港社會有四成的人認同政黨，有六成的人不認同政黨，這反映了相當多香港人包括年輕人都不認同政黨政治。目前，香港政黨還停留在歐美發達國家政黨的初期水平和狀態，主要表現在：歐美發達國家政黨在初期沒有「戶口」和「出生紙」，香港政黨也沒有「戶口」和「出生紙」，而是以公司的名義註冊的，因為香港現行法律裏沒有政黨法。正是因為政府具有穩定性，而香港政黨沒有這種穩定性，所以我認為，反對派提出的特首普選的「政黨提名」方案根本不具備可操作性。

試問在香港，究竟什麼才是政黨？香港法律對此沒有明確規定。我舉一個最簡單的例子。工聯會算不算

政黨？顯然不是，它是工會組織。那麼，按照「政黨提名」方案，工聯會可不可以提名行政長官候選人？說不可以，亦沒有依據。另外，我認為，反對派提出的將來普選特首的「公民提名」方案亦不可行。如果六萬到八萬香港市民即可提名一位行政長官候選人，那麼黑社會亦可以提個名，而選民是無法分辨候選人身份的。「政黨提名」和「公民提名」這兩種普選提名方案的不可操作性表明，在香港，無論是政黨還是所謂「公民社會」，都不具備政府的穩定力。所以，未來香港特區需要堅持「行政主導」的政治體制。

三、頂住壓力，按原計劃完成
　　基本法起草工作

　　我沒有參與基本法的具體起草工作，只是趕上了一個尾聲，所以我就談幾件印象最深刻的事。我先講第一件印象較深的事。基本法起草到最後階段時，內部就有不同意見了，即基本法要不要按時完成起草工作。二十世紀八十年代末，用內地的話講，當時出現了國際上的「大氣候」（世界社會主義運動出現嚴重挫折）和國內的「小氣候」（「1989 年春夏之交的政治風波」）。

　　在此背景之下，有些香港「草委」突然提高「要價」，對基本法的很多條款提出了很高要求，國際上也對我們施加壓力。此外，「草委會」也出現了一些人事變動：有些「草委」由於從事和身份不符的活動，被暫停資格，即李柱銘和司徒華；有些「草委」表示不再參加基本法的起草工作；還有些「草委」在基本法起草過程中去世了。有鑑於此，有人就提出，基本法的起草工作是不是延一延？但是，當時的主流意見是，要頂住各種壓力，按照原定計劃完成起草工作。

　　1987 年 4 月 1 日，時任國務院港澳辦副主任、基本

法起草委員會秘書長李後在北京舉行的中外記者會上，公開了基本法的制定時間表。李後説：「現在基本法正在制定，要到 1988 年初拿出初稿，1989 年形成草案，1990 年的第一季度提交全國人大通過。」否則夜長夢多。經過「草委」們的共同努力，1990 年 4 月 4 日，七屆全國人大三次會議通過並頒佈了基本法。基本法從通過之日起，就成為我們對付英方借着國際「大氣候」和國內「小氣候」改變對華、對港政策的有力法律武器。香港回歸前夕，「籌委會」排除干擾、籌建香港特區等許多工作，都是以基本法的規定為準繩的。如果基本法的起草工作推遲的話，真不知道會產生什麼後果。所以，基本法的起草工作堅持按原計劃進行並如期完成，實在是英明之舉。

四、基本法的政制條款的歷史背景

我要講的第二件關於基本法的印象深刻的事是，基本法有關政治體制的四條制度性設計，來自 1990 年初中英兩國外長交換的七份書面意見所達成的諒解和共識。在中英關於香港前途的外交談判之前，英方在香港匆忙啟動了「代議制改革」，香港的現實政制逐步發生前所未有的變化。另外，根據既定時間表，基本法草案應於 1990 年第一季度通過，特別是其中難度較大的政制發展部分也必須在此時定案，以便基本法能在每年一度春節後召開的全國人大全體會議上審議。因此，這就產生了 1997 年前香港政制的變化要與基本法設計的香港特區政制發展相銜接的問題。為使政制「直通車」順利開通，本來完全屬中國內政的基本法起草工作，就需要與正在實施「代議制改革」的港英當局進行必要的溝通，以達成協議和諒解，從而利於政權的順利交接和香港的平穩過渡。這需要中英雙方談判解決。

1990 年 1 月 18 日至 2 月 20 日，中國外交部長錢其琛和英國外交及聯邦事務大臣道格拉斯·赫德（Douglas

Hurd，港譯韓達德）以交換書面意見的方式，就 1997 年前後香港政制發展的銜接問題展開了一種特殊形式的磋商。赫德的信到達位於北京的英國大使館，由英國駐華大使交給時任中國外交部港澳辦主任、後來的國務院港澳辦副主任陳滋英，然後各自走行政程序研究，再以書面意見的方式答覆對方。當時，基本法的起草已經進入尾聲，各專題小組的「草委」們在廣州召開的小組會議上對相關條文做最後的修改，其中政治專題小組的分歧尤其多、爭執尤其激烈。包括魯平、陳佐洱在內的國務院港澳辦的大部分同志都去廣州開會了，留守國務院港澳辦的中層幹部就剩下我一個。中英兩國外長於 1 月17 日開會，1 月 18 日開始交換書面意見，再加上北京和倫敦的時差，導致書信的內容不能及時送達「前方」，這也就是政治專題小組會議遲遲開不了的原因。今天可以揭開這個謎了。在這種焦急的情勢下，陳滋英副主任就把最初幾封信的內容打電話告訴了我，我第一時間將信的內容寫成極簡單的電報，發給在廣州開會的魯平主任。這是我第一次間接接觸最初幾封書信的內容，印象比較深刻。

那麼，基本法關於政治體制的四個制度性設計是怎麼來的呢？它們來自於中英雙方交換的七封書面意見所達成的協議和諒解。

第一，港英立法局首次直選議席的數目和特區立法會民主進程的發展問題。簡而言之，1991 年分區直選後，每一屆立法局／立法會直選議席的數目是多少？後來，中英兩國外長通過七封書面意見進行磋商並最終達成協議。赫德在第七封書面意見中回覆中方：「我現在準備就以下文字同中國政府確認一項諒解。如果基本法最後文本中規定香港特別行政區立法機構中的直選席位在 1997 年為 20 個，在 1999 年 24 席，在 2003 年 30 席，英國政府準備將於 1991 年實行直選時把直選議席限制在 18 席。」中方信守了這一書面協議，將香港特區第一、第二、第三屆立法會直選議席的數額和構成，分別寫入《全國人民代表大會關於香港特別行政區第一屆政府和立法會產生辦法的決定》第六項和基本法附件二《香港特別行政區立法會的產生辦法和表決程序》第一項第一款中。其中，第一屆立法會「分區直接選舉的議員 20人」、第二屆立法會「分區直接選舉的議員 24 人」、第三屆立法會「分區直接選舉的議員 30 人」。1997 年第一屆立法會分區直選議席為 20 席，言外之意就是港英當局必須也要信守書面協議，保證 1995 年最後一屆立法局分區直選議席不多不少為 20 席，保證 1991 年立法局分區直選議席限制在 18 席。

　　第二，1995 年選舉委員會的組成問題。港英當局的

立法局沒有選舉委員會，為什麼香港特區要有呢？原因在於：在起草基本法的過程中，很多「草委」提出，香港一些有名望、有地位的人由於顧及顏面，不想參加直接選舉，但是，他們又想當立法機構的議員，為香港做點事情。我們考慮到將來的立法會也需要吸納方方面面的知名人士進來，於是聽取了這個意見，所以決定通過選舉委員會間接選舉產生一定數目的議員。到第三屆立法會選舉時，選舉委員會選舉完成其歷史使命，將其名額攤給分區直選，最終形成功能團體選舉和分區直選各30席的格局，從而促使香港政制發展。對此，英方表示同意，並表示選舉委員會可以於1995年成立。因此，基本法規定的前三屆立法會議員的三種產生方式分別為：分區直選、功能團體選舉、選舉委員會選舉。

第三，立法會議員的國籍限制問題。任何國家的議會都是由擁有該國國籍的本國公民組成，但是，英方提出了未來香港特區立法會的國籍限制問題，我們認為可以基於以下兩方面原因加以考慮：第一，香港是一個國際化大都市，很多外國人以香港為家，在香港工作、為香港人服務、最後選擇終老在香港，比如英國人鍾逸傑，很多外國人為這個「東方明珠」的形成貢獻了力量，應該給他們一個參政議政的機會，使他們有歸屬感，這是一個現實問題。第二，香港永久性居民的構成裏面有

外國人，即使這個群體沒有中國籍、不是中國公民，只要在香港住滿七年，以香港為家，合法納稅，就可以成為香港永久性居民，這是法律規定，也是現實情況。所以香港特區立法會如果不容納一定比例的外籍人士，恐怕不符合香港的實際情況。那麼，外籍人士多少合適？這個問題被提出來了，但在書信裏沒有最後的結論。英方希望寬鬆一點，我們最後採納了英方的意見，滿足了他們的願望，由原來的 15% 擴大到現在規定的 20%。

第四，立法會分組計票問題。世界上多數發達國家均採用「兩院制」的頂層設計，這是議會本身的一種自我約束機制。美國有人將參、眾兩院的關係比喻為咖啡和杯子的關係，把眾議院的熱咖啡倒到參議院的杯子裏，冷卻一下，才好喝。英國有人把下議院比作汽車的發動機，把上議院比作剎車閘，有了這兩樣東西，汽車才能平穩高速行駛。香港不是一個獨立的政治實體，並且地域狹小，不宜在立法機構中照搬西方的「兩院制」。於是，在基本法的起草過程中，香港人提出「一會兩局」的設想，這就是現在運行的「一會兩組」投票機制的最初藍本。

這一觀點的最得力提倡者是香港政法界名人羅德丞先生，他於 1989 年 9 月 13 日在香港工聯會的一次講演中詳細闡述了這一想法。他認為，當時社會上提出的多

種一院制方案均達不到香港人要求的立法機關應具均衡代表性的要求。港英時期的立法局，是通過港督委任制來調整立法局議員的構成，使其達到均衡代表性。而香港特區立法會完全取消了委任制議席，「屆時立法機關內只剩下功能界別及普選（分區直選）產生這兩種議席。所以，在這樣的情形之下，我們實無法保證在加入普選這個不可預測的成分後，立法機關仍能維持其均衡的代表性。事實上，如按一院制的方式發展下去，屆時立法機關出現不均衡是必然的」。羅德丞先生認為，立法會中的功能局和地區局這兩類議員的產生方法不同，觀察事物的角度也不同，解決問題的方法也會不同。因此，他提出，「這兩類議員就某一個問題的意見的統計，也應分別統計，而整體決定則由這兩類人經過協調後作出」。這就是當時香港立法機構「一會兩局、分組計票」設計者的初衷。

可以看出，基本法關於立法機構「一會兩組，分組計票」的規定，既參考了西方發達國家兩院制議會設計的做法，也充分吸納了香港人的意見，是立足本地、博採眾長的產物。基本法附件二《香港特別行政區立法會的產生辦法和表決程序》第二條規定：「立法會議員個人提出的議案、法案和對政府法案的修正案均須分別經功能團體選舉產生的議員和分區直接選舉、選舉委員會選

舉產生的議員兩部分出席會議議員各半數通過。」實踐
證明，分組投票對香港的平穩健康發展起到了相當重要
的作用。

　　總之，基本法有關政治體制的四個制度性設計，來
自 1990 年初中英兩國外長交換的七份書面意見所達成的
諒解和共識。雖然我沒有參加基本法的起草工作，只是
由我傳遞這些書信意見，然後他們再研究怎麼把這些意
見吸納到基本法的起草工作裏面，但是這七封書面意見
後來多次與我的工作產生交集，所以印象很深。

　　此外，「雙普選」也是一個爭議很大的問題。我沒
有參加具體起草的工作，但我認為，我們最終採取「雙
普選」的方式推進香港的政制發展，是因為對「一國兩
制」、「港人治港」、高度自治有制度自信，覺得香港人
能夠管理好香港。

　　但是，基本法關於「雙普選」的規定，在落實時需
要什麼具體條件？在這個問題上，香港人還是產生了分
歧，有些人要求加快民主步伐。我認為，這是港英當局
在撤退前以過快速度推行政制改革的後遺症。從二十世
紀八十年代初開始，英國在香港自下而上地推行政制改
革，香港的政治領域發生了前所未有的變革，刺激了政
黨的產生，進而產生了政黨政治。香港回歸後的十年穩
定期過後，他們就要求在 2007 年和 2008 年實行「雙普

選」。那時，我正在香港，「七一遊行」、「元旦遊行」打的橫幅都要求「雙普選」。

這實際上是不對的。2007 年和 2008 年應該是行政長官和立法會的產生辦法可以修改的起始年代，並不是馬上啟動「雙普選」的年代。接着，有些人又要求在 2012 年實行普選，這也是不對的。根據基本法的規定，香港特區「最終」要實現「雙普選」。按照中文的理解，「最終」就是「最後」。「最後」是什麼時候？應該是二十一世紀四十年代。所以我曾調侃，王家衛有一部電影為什麼叫《2046》？「2046」就是「最終」的時候。他還有一部電影《花樣年華》，裏面的房間號碼也是「2046」。很多人看不懂這個數字。王家衛就是從「最終」一詞受到的啟發。當然，我們也沒有完全按照「最終」來安排香港的政制發展。我們經過研究，本來決定 2017 年實行行政長官普選，但沒想到這個方案在 2015 年沒有被通過。總而言之，我認為，還是因為中央對「一國兩制」、「港人治港」、高度自治有制度自信，所以才把最終的普選權利授予香港人。

五、英方背信棄義，中方「另起爐灶」

　　我再談一下我第二次接觸這七封書面意見的經過。1992 年 4 月 24 日，彭定康獲委任為末代香港總督，10 月 7 日就在立法局發表的第一份施政報告《香港的未來：五年大計展新猷》中提出一個「三違反」的政改方案，其中一個「違反」是「違反已經達成的協議和諒解」，這就又涉及到了中英兩國外長磋商政制銜接的七封書面意見。另外，彭定康作為新上任的總督，總要來北京一趟。我當時是港澳辦政務司司長，徐澤是副司長。為此，政務司又一次仔細研讀了中英雙方達成的協議，即上述七封書面意見。彭定康是 1992 年 10 月 20 日到達北京的，21 日跟港澳辦會談了一整天，上午是一般性談判，下午集中談香港政制發展問題。

　　這次會談我始終在場。當時，魯平主任直奔主題，對彭定康的政改方案的要點逐條據理作出駁斥。魯平主任問道：「有關政制發展的安排，有七封書面意見，你知道嗎？」彭定康回答：「有嗎？」當時舉座皆驚。隨後，他的助手說「有」，然後從皮包裏拿出這七封外交函件遞

給了他。他快速翻了翻，說道：「這是保密文件，不能公佈！」魯平主任很生氣地說道：「如果你堅持不改，我們就要公佈！你們也有檔案。」這是我第二次直接接觸這七封書面意見，我耳聞目睹了這個場景。

接下來，我談一下我第三次接觸這七封書面意見的情況。1992年10月23日下午，彭定康回到香港以後，又過了一個禮拜，即1992年10月28日上午，他通知我們：「我們要公佈這七封書面信息。」我們雖然也說要公佈，但是我們沒做準備。後來，我們決定，這七封書面意見由港澳辦公佈。我清楚記得，28日中午，外交部將這七份信件的原始檔案送到我的手中，這是我首次看到這些外交信件的原件。原來都是間接接觸，因為要保密。只有這次拿到了原件。如要公佈，尚需整理、編排、核校，再由新華社發出中、英文稿。我和港澳辦二司的幾位同事忙了一下午，才陸續發稿。接着我又和徐澤同志連夜草擬了「港澳辦發言人就公佈關於香港政制問題的外交文件的說明」稿，次日上午7時，魯平主任提前來到辦公室批出，於當日上午一早公佈。所以一直到當天晚上十點多鐘才公佈完。

七份書面信息公佈後，在香港和倫敦政商界人士中引起了廣泛反響，特別是香港主流民意推動中英雙方繼續坐下來，就港英最後一屆三級架構的選舉，即1994至

1995 年選舉安排進行磋商，達成政制上實現「直通車」的安排，圓滿實現政權的順利交接。

第四次也是最後一次與這七封書面意見接觸，是在中英關於 1994 / 1995 年選舉安排的外交談判過程中。這七封書面意見公佈以後，我們順應香港各界希望中英雙方繼續磋商以在政制上實現「直通車」的主流民意，於 1993 年 4 月 22 日開始在北京根據《中英聯合聲明》與基本法銜接的原則以及中英已達成的有關協議和諒解，就香港 1994 / 1995 年選舉安排問題進行會談。經商定，中英雙方各派一個代表，沒有團隊，其餘人員以顧問或專家身份列席會談。當時的中方談判代表是中國外交部副部長姜恩柱，英方談判代表是英國駐華大使麥若彬。這場談判一共談了十七輪，談得非常辛苦，英方始終堅持自己的方案，還先離開了談判桌，所以談判最終破裂了。這次會談又涉及到這七封書面意見。所以前前後後，我一共和這七封書面意見產生了四次交集。

但是，關於這七封書面意見，還有一個問題讓我很費解：彭定康是不是真的沒看過這七封信？1996 年 6 月 28 日，回歸前三天，彭定康接受香港有線電視台採訪時公開承認，在提出政改方案之前，沒有看過中英兩國外長磋商政制銜接的七封書面意見，聲稱只有他的顧問看過這七封書面意見。我對此感到十分費解，你提出的

政改方案涉及香港政制的銜接問題，怎麼能不看兩國外長就這個問題達成的協議和諒解呢？他是真不知道，還是故意不承認？由於費解，我對此事的印象就更加深刻了；由於印象深刻，我也感到更加費解。

由於中英關於 1994／1995 年香港選舉安排的談判沒有成功，政制上的「直通車」就沒有了。也就是說，港英當局最後一屆三級架構（區議會、市政局、立法局）產生的議員不能乘「直通車」過渡到 1997 年 6 月 30 日以後。區議會作為非政權性質的組織關係不大，市政局關係也不大，但立法機構不能出現空缺。因為 1997 年回歸前後，有許多事情需要立法，沒有立法會，一些環節就不能繼續下去。比如，全國人大常委會香港基本法委員會將由十二名委員組成，其中，內地委員六人，香港委員六人，而香港這六名委員就需要立法會拿意見；很多大法官的任命，也需要立法會拿意見；此外，還有出入境管理方面一些法律的修改和確認，也需要由立法會通過。沒有立法會，這些必要的運作必然會停擺。

在此背景下，我們被迫成立了一個「臨時立法會」。港英當局就問我們：這個「臨時立法會」維持到什麼時候？是不是遙遙無期？為了打消他們的顧慮，我們研究後表示：這個「臨時立法會」不會超過一年。港英當局又表示：香港已經有一個立法局，你們又搞一個「臨時

立法會」，不是有兩個權力機構了嗎？我們回應道：「臨時立法會」研究的法律在 1997 年 7 月 1 日才能實施，和你們當前實施的法律無關，和立法局的運作也不衝突。另外，在港英當局看來，我們成立「臨時立法會」是非法的，不能在香港開會。在此情況下，「臨時立法會」就選擇在深圳開會。開會地點是范徐麗泰被選為「臨時立法會」主席以後，和徐澤一起在深圳找的，叫華夏藝術中心。

「臨時立法會」不是一個人「發明」的，而是「籌委會」預備工作委員會開會的時候大家集體動議的。我認為，成立「臨時立法會」也是無奈之舉。我們曾經研究了好幾種方案，都行不通。比如，「籌委會」立法行不行？不行。因為中央承諾「港人治港」，而「籌委會」有一多半是內地人。全國人大立法行不行？不行。因為基本法規定，香港特區享有立法權。特首立法行不行？也不行。因為基本法規定的特首職權中，沒有含立法權。在這種無奈的情況下，就必須成立一個「臨時立法會」。於是，我們就利用推選委員會進行提名和選舉工作，最後的結果還不錯，港英立法局議員有三十四人報名，有三十三人當選，還是原來立法局議員佔半數以上。其中，最年輕的是黃英豪，三十歲出頭；最年長的是英國老太太杜葉錫恩，八十多歲。

六、「超前立法」

　　基本法的起草有一個重要特點 —— 超前立法。當前學者對此研究比較少。我個人認為，立法工作基本有兩種模式：第一種模式是「滯後立法」。在某一個領域有了一段實踐以後，大家都感覺這個領域需要有規矩，無規矩不成方圓，於是都迫切主張立法。這是最常見的立法模式。

　　第二種模式是「超前立法」。在極少數的情況下，即使沒有實踐，也必須立法，不立法不行。基本法就屬於第二種模式。為什麼要採取這種模式？因為這是香港人的要求。香港人習慣於生活在法治環境之下，《中英聯合聲明》雖好，但只是一個協議，香港人對其接受程度較法律要低。另外，我們在實際工作中也遇到了這些問題。比如，我當時在港澳辦工作，經常會見香港公務員團體，他們提的問題五花八門。他們經常問的一個問題是：「我將來還想在特區政府當公務員，我的薪酬是港幣還是人民幣？」我回答說：「港幣。」他們還會追問：「有什麼法律規定？」很多老人家也會問：「香港回歸以後，我到茶樓喝早茶，我付的錢是人民幣還是港幣？」我們

告訴他們將繼續使用港幣，但在他們看來，沒有相關法律規定，就不能令人放心。這是一個最簡單的例子。所以，我們就決定起草一個基本法。這個構思出現得比較早。《中英聯合聲明》明確規定：「關於中華人民共和國對香港的基本方針政策和本聯合聲明附件一對上述基本方針政策的具體説明，中華人民共和國全國人民代表大會將以中華人民共和國香港特別行政區基本法規定之，並在五十年內不變。」但我們的起草工作開始於 1985 年 7 月 1 日，而這部法律的實踐到 1997 年 7 月 1 日才開始，中間相差十二年。所以我認為，基本法是「超前立法」。

我認為，我們既要給香港人講清楚這個特點，也要給內地人講清楚這個特點。不清楚這個特點，會導致一系列情況的出現。首先，鄧小平説，基本法「宜粗不宜細」。基本法不能像普通法律那樣事無巨細，而應該規定最基本的東西，所以才叫「基本法」。因為此前世界上任何國家和地區都沒有「一國兩制」的實踐，所以這項立法就沒有經驗可循。為什麼香港人覺得基本法規定得比較模糊，存在空白和灰色地帶？就是因為基本法屬於「超前立法」，如果當時規定得特別細緻，就沒有發展空間，也不符合香港的實際情況。也正因此，基本法的相關條款和細節才需要進一步的解釋和決定。所以，我

認為，在向香港人推介基本法時，要把這個立法特點強調一下，可以淡化他們在這方面的一些疑慮。就我的感覺，這項工作在實際中開展得不是很夠，所以產生了很多誤解。

七、親歷中英關於新機場建設問題的談判

英方全面改變對華、對港政策以後，打出了「五張牌」。第一張牌是「兩局共識」，第二張牌是「居英權計劃」，第三張牌是「香港人權法案條例」，第四張牌是「新機場建設」，第五張牌是「政改方案」。新機場建設是一張「立體牌」。怎麼理解這張「立體牌」？

首先，從經濟上考慮，英國不想把多年積累的財政儲備留給特區政府，他們把香港人的血汗錢視為在其領導下賺的錢。所以英國想在撤退之前，把財政儲備花光用盡，然後還讓特區政府為新機場建設背上債務包袱。英方為什麼要選址在赤鱲角？因為只有選在這個地方，英方才能把財政儲備花光。

其次，從政治上考慮，英國企圖創造一個先例：在港英管治時期，英國可以決定香港在 1997 年 7 月 1 日以後的事情，這樣就可以將其政治影響長期保留下來。他們認為即使要撤走了，也不能作跛腳鴨政府，而是要實現「光榮撤退」。英方還想在撤走之前，在香港留下一個有形的「紀念碑」，這個「紀念碑」就是新機場，使得外

國人、內地人一下飛機，就可以看到這座由英國人興建的現代化國際機場，由此將其政治影響長久保留下來。全世界都有這樣一個規律，只有建築才能把一個人的名字長久地留下來 —— 看到萬里長城就想起秦始皇，看到頤和園就想起慈禧太后。

儘管英方處心積慮地打出這張「立體牌」，可仍然百密一疏。我認為，在新機場建設問題上，英方犯了一個常識性錯誤，使它也成為中英達成協議和諒解的一張牌，成為中方由被動轉入主動的一張牌。

1989 年 10 月 11 日，港督衛奕信在香港立法局所作的施政報告中，公佈了一項跨越 1997 年、直到 2006 年才能完成的世紀工程，即在香港興建港口和新機場，別稱「玫瑰園計劃」。我不明白英國是真傻還是假傻。人人都知道，跨越 1997 年的新機場建設，如果沒有中方認可，就沒有人敢投資，沒有銀行敢融資。可是英方偏偏選擇單方面公佈。於是，我們就抓住和利用了這個常識性錯誤，把英方逼上了關於新機場建設的談判桌，由被動變主動。

中英關於新機場建設的談判最後之所以能達成諒解和協議，我認為主要有三個原因。第一個原因，是中英雙方的決策層都認為香港需要另覓新址建一個新機場。英方的考慮，我前面已經講過了。中方為什麼贊同？為

了保持香港作為亞太地區航運中心地位的需要。啟德機場已經飽和了，而且還建在九龍市區，全世界都知道啟德機場是最危險的機場之一，沒有發展前途，一定要找一個新地址重建一個機場。有了這個新機場，對於香港的長期繁榮穩定有利。所以，中英雙方可以通過會談，在照顧到彼此需求的同時，達成諒解和協議。

第二個原因，中方在這個問題上應對策略得當。首先，在此問題上，中方對英方的鬥爭是有理、有利、有節。當時英方公佈這個計劃的時候，我們不發表評論。國際投資者、銀行家以及香港各界人士對此都很關注。因為中方沒有表態，他們不敢投資，銀行也不會融資。於是，這些人士和團體絡繹不絕地來港澳辦一探究竟。這些經過我當時都親歷了。魯平主任明確告訴來訪的客人：「港英提出的新機場建設計劃事先沒有告訴我們。我們是從香港報紙的報道中知道這個信息的。」姬鵬飛同志針對香港人建議中方應支持新機場建設計劃時說：「我們什麼情況都不知道，怎們支持？我們總不能閉着眼睛支持吧？」他們對此很吃驚，然後馬上回去跟衛奕信和港英政府講：「你們這個計劃不徵求中方的意見，我們怎麼投資？1997 年 6 月 30 日以後，你們的行政管理就終止了，到時候怎麼辦？」這時，港英當局才回過頭來要求中方表態支持新機場建設，這才有了香港大型基建專家的

會談。

　　但新機場建設是一張「立體牌」，涉及很多方面，不只是一個簡單的大型基建。所以 1990 年 10 月至 1991 年 2 月，由國家計劃委員會顧問勇龍桂和港英經濟司陳方安生主導的前三輪專家組談判毫無進展。專家組談判解決不了這個問題，就必須上升到外交層次即兩國政府工作小組層面的談判。英方決定由隨赫德外相訪華的英國外交部負責亞洲事務的助理國務次官伯恩斯牽頭組成政府工作小組，中方決定由國務院港澳辦負責聯繫香港經濟事務的一司副司長陳佐洱任中國政府工作小組組長，我當時作為二司副司長也參加了會談。總的來說，談得非常辛苦。1991 年 4 月 7 日至 13 日、5 月 18 日至 22 日，中英雙方工作小組在釣魚台國賓館舉行了兩輪會談，其中第二輪最後一天的會談從下午四點一直談到清晨，沒有突破性進展。魯平主任在家裏等着，問我們談的情況怎麼樣。我們就告訴他，還沒結果。就當時的情況而言，誰都不敢說散場，誰說散場，談判破裂的責任就在誰那一方。那找什麼理由不散場呢？魯平主任說：「咱們提議吃飯，共進早餐吧。」一起吃飯，這個事就過去了。這說明我們是講道理的。

　　最後，經過多輪談判，我們主動界定了談判範圍，提出三個定語。其一，「跨越 1997 年的」。1997 年以前港英當局能完成的事項，不需要和我們談。其二，「涉及

未來特區政府所要承擔責任和義務的」。如果特區政府已經成立，中央不會干預諸如修建機場這些特區內部事務。但是特區政府還未成立，而這些事項又涉及到未來特區政府的責任和義務，需要 1997 年後特區政府簽字、批准、兌現，英方就必須聽取中方意見。其三，「重大事項」。衛奕信在跟魯平主任個別交換意見時提出：「港英政府現在做什麼事都得跨越 1997 年，比如建個醫院、修個道路，都得跨越 1997 年，都得和中方談嗎？」也有香港人調侃：「我現在娶個媳婦也跨越 1997 年，也得徵求中方意見嗎？」我們一聽，覺得有道理，於是提出最後一個定語「重大事項」。《中英兩國政府關於香港新機場建設及有關問題的諒解備忘錄》裏面的「十項核心計劃」就是這麼來的。港英政府一聽，這才鬆了口氣，覺得自己不是「跛腳鴨政府」。

第三個原因，我們從實際情況出發，談判形式比較靈活。先是專家組談判，專家組談判行不通就上升到外交層次的談判，然後英國政府派特使來談判，最後是魯平主任和英國首相特使、「中國通」柯利達進行為期四天的一對一閉門談判。之所以閉門談判，是為了避開香港和國際社會的新聞媒體，防止炒作。最後，他們兩位一錘定音，達成協議。

八、「一國兩制」實踐在香港的成就及挑戰

1997 年到 2007 年，是香港回歸祖國後的第一個十年，這十年我正好仍在分管香港政制發展事務的領導崗位上。關於這十年來，「一國兩制」在香港特區的實踐所取得的成績，我前面已經講了，這裏不贅述了。香港回歸以後，「一國兩制」在香港的實踐取得了哪些重要成績？我認為就兩條：第一，在政制發展方面，香港按照基本法的規定，度過了十年的穩定期。這是很大的一個成績，也很不容易。特首的產生，立法會的產生，都比較順利。

第二，在經濟發展方面，香港亦取得了巨大成就。首先是挺過了 1997 年亞洲金融危機的衝擊。1997 年 7 月 1 日香港回歸，7 月 2 日泰銖就貶值，進而帶動整個東南亞貨幣貶值。中央政府對香港的最大幫助，就是保證人民幣不參加貶值，以此捍衛港元 7.8 的聯繫匯率，幫助香港度過這個難關。其次是挺過了 2008 年美國次貸危機引起的全球金融海嘯的衝擊。這有賴於中央政府的支持和香港特區政府自身的努力。另外，香港還妥善應對了 SARS、禽流感等方方面面的挑戰。從 1997 年

到 2016 年，香港的本地生產總值 GDP 年平均增長率為 3.5%，而當時世界上很多國家和地區都要破產了，香港與之相比可謂一枝獨秀，原因之一是中央政府採取了積極的惠港措施，如與特區政府簽訂《內地與香港關於建立更緊密經貿關係的安排》（CEPA）、開通「自由行」等。

然而，與此同時，我們也必須看到，香港回歸以來，「一國兩制」實踐也面臨着三個挑戰。第一，香港出現了公開挑戰特區政府管治的大遊行。2003 年的「七一遊行」的參加人數一直存在爭議。香港媒體喜好報大數，每次遊行示威的人數最後都各報一套，2003 年「七一遊行」報的是五十萬人。其實警方根據兩個燈柱子之間的距離進行了精確計算，確切數字應該是三十五萬。當時看熱鬧的人比較多，天橋、公共巴士、電車上的路人也跟着起哄，有人反對，也有人贊成，把這些全算上，差不多有五十萬。「七一遊行」公開反對的是「23 條立法」，實際上是挑戰的是特區政府的權力，要求董建華和葉劉淑儀下台。這是第一個挑戰。

第二，香港出現了對中央權力的挑戰。1999 年 1 月 29 日，香港特區終審法院對「吳嘉玲案」作出終審判決，判決香港特區政府敗訴，同時表示：香港終審法院享有憲法性管轄權。如果全國人大及其常委會的立法與基本法相抵觸，香港法院有權審查並宣佈全國人大及其

常委會的立法行為無效。用查良鏞的話來講，這個判決相當於「孫子打爺爺」。終審法院的權力是中央賦予的，權力再大也是地方法院，終審權是地方法院的終審權，結果它卻宣佈自己可以審查全國人大通過的法律，這不就是「孫子打爺爺」嗎？這是第二個挑戰。

第三，2005 年 12 月，香港反對派集體捆綁否決了特區政府的政改方案，使特區政制發展原地踏步。

我認為，上述情況其實是香港回歸前各種政治勢力的分歧和鬥爭在香港回歸後的延續和發展，背後的原因有三點。

第一，在過渡時期，英方匆忙推出「代議制改革」，導致政黨產生，並形成政黨政治，嚴重衝擊了「行政主導」。

第二，「一國兩制」的「兩制」，一個是資本主義，一個是社會主義，兩者之間存在天然的張力。另外，英國管治香港一百五十多年，形成了很多不同理念，而這些不同理念將長期存在。這種不同理念表現在相當多方面，主要表現形式是在法律領域分歧和爭論不斷，而且比較尖銳。比如有些香港人很反對「人大釋法」，為什麼？因為兩地「釋法」的主體不同，香港只能「法院釋法」，而且是在判案時「釋法」，不判案不能「釋法」。內地「釋法」的主體有好幾個：立法機關可以「釋法」，

行政機關可以「釋法」，法院也可以「釋法」。「人大釋法」就是立法機關「釋法」。然而，在香港，立法機關是不能「釋法」的，政府也不能「釋法」。香港人會覺得，人大制定的法律，怎麼能自己出來解釋呢？這就體現了觀念的不同。

這種不同理念還表現在兩地對「立法原意」的理解也不同。我們全國人大立法的時候，沒有黨派之爭，我們可以通過考察立法過程，比如國務院怎麼提出方案，大家怎麼進行討論，來找出「立法原意」。但資本主義議會內有黨派，他們立法時互相爭論、妥協、磨合，最後法案通過時已經沒有了「立法原意」。比如，一部法律體現了民主黨的「立法原意」，還是共和黨的「立法原意」？香港也是如此。所以香港法院「釋法」時也講「立法原意」，但「立法原意」的最根本依據就是法律條文本身。

以「莊豐源案」為例，無論是香港高等法院原訴法庭還是終審法院，都嚴格按照基本法第 24 條「在香港特別行政區成立以前或以後在香港出生的中國公民」作出判決，而不承認其他的「立法原意」，也不在乎這項判決可能給香港帶來的負面效應。有一次，我跟幾位香港人談到「吳嘉玲案」。我說：「香港終審法院對於吳嘉玲案的判決將引起相當多內地人湧入香港，『人大釋法』其實是得罪內地人。」結果對方說：「我們要按照法律規定

辦事。不管政治上是怎麼回事，對香港的穩定有什麼影響，都不是我們法官考慮的問題。考慮這個的話，就當不了法官了。」當時邵善波在《明報》上發表文章，和現在的終審法院首席法官馬道立辯論。他說：「終審法院就是個政治法院。」馬道立說：「終審法院不是政治法院，而是法律法院。」這兩個例子說明，在香港人的理念中，法官就是法官，判案就是判案，要從法律條文本身來探討「立法原意」，而不會顧及社會或政治層面的負面效應。這也體現了兩地理念的不同。

另外，這種不同理念還表現在對選舉的理解上。在選立法會議員時，香港選民以監督政府為首要考慮，這就可以解釋為什麼諸如「長毛」梁國雄和黃毓民這類極端激進派都可以被選上。梁國雄的偶像是切‧格瓦拉，立志推翻資本主義制度，這其實違反了「一國兩制」，但香港選民還是會選他，因為他能監督政府。從 1991 年開始到現在，立法會分區直選的「建制派」與「反對派」力量對比，基本在 6：4 的範圍內浮動。我由此得出結論，香港立法會選舉，反對派佔三分之一左右議席的格局將是常態，不要提出超越現實的太高指標。香港人普遍認為，一個社會需要有不同聲音。有些香港人投「反對派」候選人的票，並非因為認同他們的理念，而是因為認為立法會中需要有不同聲音。所以，英國一百五十

多年的管治所形成的慣例、心態和理念將長期存在。對此，兩地都需要一個適應階段，內地要適應香港，香港要適應內地。我認為，五十年時間可能都不一定夠，五十年就兩代人。雙方可能需要三代人的時間，才能相互適應。

第三，眾所周知，外部勢力一直干預香港管治。香港是一個國際商業城市，世界各國都會在這裏發展業務，它們在香港也都有自己的情報人員。我們曾這樣問過英國和美國駐港總領館人員：「一到選舉的時候，你們就找這些人吃飯、談話，甚至我們『兩會』結束以後，人大代表、政協委員一回到香港，你們就設飯局，找他們談話。」他們堂而皇之地說：「沒有辦法，這是我們的工作，我們得向上彙報，要不我們駐在這幹什麼？我們也沒幹別的，沒鼓動什麼，我們就提問題，他們談，我們聽，然後記下來向上面彙報。這是我們的任務。」。我說：「這難道不是干預？」他們說：「我們沒干預，我們只提問題。」所以，中國外交部駐香港特別行政區特派員公署隔三差五地就要批評一下他們的這些小動作。

九、特區護照的故事

　　很多內地人移居香港，主要是出於職業需要，為了拿香港特區護照。比如一些演員，拍完戲馬上就可以離開。對於這些情況，我們要理解，不要太政治化。香港社會有一些人認為，內地往香港輸入「新移民」，是有政治意圖的。但我從事香港工作這麼多年，有一個感受：有些事情要往小說，別往大說，一往大說，上升到政治層面，就很麻煩了。

　　為了打消香港人的疑慮，我們當初研究特區護照時很謹慎。特區護照由外交部、公安部、港澳辦三家研究，工作地點設在港澳辦，共同商量，由我領導。當時，香港人經常來北京問：「特區護照好不好用？」他們普遍對特區護照沒有信心。我跟他們說：特區護照好用不好用，取決於你們自己。首先，香港不能亂，香港如果亂了，不穩定了，你們去哪個國家，別人都怕你來了不走。其次，內地不能亂，內地如果亂了，就會像 1959－1961 三年經濟困難時期一樣，大量內地人逃往香港。第二件事是我們的事，我們保證內地不亂。但是你們也得保證香港不亂。雙方共同努力，特區護照才會

好用。

　　我還給他們介紹了一下特區護照的防偽措施。特區護照的防偽措施達到了當時的最先進水平，印刷用紙是從加拿大招標的，是有專利的紙，這些紙專門用來印特區護照，不能幹別的。特區護照的照片不能撕了重貼，撕了就全毀了。特區護照不適合在內地印刷，也不能在外國印刷，應該在香港印刷。最後，我們選擇了中資機構聯合出版集團的印刷廠。為什麼他們可以印？因為香港銀行的票據就是他們印刷的，他們已經有這方面的實踐經驗。為了這件事，我專門去了一趟香港，參觀了印刷特區護照的生產線。生產線落實以後，他們又說沒錢，然後中央政府又拿出幾百萬美元的無息貸款予以支持。特區護照印刷完以後，由特區政府進行收購，然後聯合出版集團的印刷廠就把錢還給了中央政府。迄今為止，我們還沒有發現過偽造特區護照的案例，以及特區護照成批丟失的情況。

　　除了我們的主觀努力，特區護照的成功還有「天時」因素。不久之後，中東和伊拉克發生戰爭。因為英國是美國的盟友，當地人恨西方國家的人，所以英國那個 BNO 護照就不好用了。在這種情況下，因為香港人是中國人，沒有參與英美發動的這場戰爭，所以香港人使用特區護照，便可以在中東、伊拉克還有周邊那些國家

暢通無阻。另外，我們駐外使領館在特區護照的推廣使用上，也發揮了很大作用。特區護照也是中國護照的一種，一旦發生問題，駐外使領館就會通知包括香港人在內的中國公民，採取一些聯絡和救助措施。所以特區護照的聲望就愈來愈高。

第六章

專 訪

徐澤

香港回歸是中國近現代史上
濃墨重彩的一章

1978

年是中國現代史上不平凡的一年。

1977 年 7 月，中共中央作出了恢復高考的重要決策，關閉十年的考場重新開放。1978 年，二十四歲的徐澤通過全國高考，進入廣州中山大學中文系學習。彼時的徐澤或許沒有想到，從踏入考場的那一刻起，他的人生就與中國的改革開放結下了不解之緣。

1978 年 12 月，中共中央召開十一屆三中全會，決定把全黨工作重心轉移到經濟建設上來，由此拉開了改革開放的大幕。1978 年 8 月，為加強中央對港澳工作的統一領導，以推動中國的對外開放，並籌備中英關於香港前途問題的談判，中共中央決定成立中央港澳小組

協助中央歸口掌管港澳工作，中央港澳小組的辦事機構為國務院港澳辦公室。同年 9 月，國務院行文批准港澳辦的機構設置和人員編制。1979 年元旦，全國人大常委會發表《告台灣同胞書》，提出了和平統一祖國的方針，標誌着「一國兩制」事業的起點。同年 3 月，鄧小平會見港督麥理浩，明確表示「香港是中國的一部分，這個問題本身不能討論」。歷史的車輪以令人目不暇接的速度前進。

港澳辦創立初期，人手很少，為了應對日益繁重的港澳工作，急需吸收一些會粵語、熟悉華南風土人情的年輕人加入。1982 年 7 月，徐澤大學畢業就被幸運地選中進入港澳辦，就此參與到改革開放與實踐「一國兩制」構想的歷史進程當中。

徐澤進入港澳辦之際，正值解決香港問題即將走到關鍵性的歷史節點。在此前一年即 1981 年 9 月 30 日，全國人大委員長葉劍英向新華社記者發表談話，公佈《有關和平統一台灣的九條方針政策》，「一國兩制」構想至此初具雛形。1982 年 9 月，時任英國首相戴卓爾夫人訪華，揭開了中英關於香港前途問題談判的序幕。在會見戴卓爾夫人時，鄧小平明確宣佈了中國對香港問題的基本立場：在主權問題上中國沒有回旋餘地，1997 年中國將收回整個香港。

在領導擬定中國政府對香港的方針政策的全過程中，鄧小平曾多次會見香港各方面人士，闡明中方的原則立場，並聽取他們的具體建議。徐澤曾在鄧小平會見香港人士時擔任記錄工作。這一寶貴的人生經歷，為他理解「一國兩制」構想提供了很好的學習機會。從中英談判香港問題開始，繼而是香港基本法起草工作、中央政府聘請港事顧問，接着是預委會和籌委會負責的籌建香港特別行政區工作，直至 1997 年 7 月 1 日香港特別行政區成立，徐澤參與了這個長達十五年的回歸歷程的各個重要環節。2001 年，徐澤出任港澳辦副主任。2004 年，徐澤出任中央人民政府駐澳門特別行政區聯絡辦公室副主任。2013 年，他又出任港澳辦副主任、黨組副書記。2014 年，他參與了《「一國兩制」在香港特別行政區的實踐》白皮書的起草工作。2017 年，他出任全國港澳研究會會長。

由此可見，徐澤是國家改革開放與「一國兩制」實踐的很多歷史事件的一個親歷者。也正因此，我們找到了徐澤，希望他能從自己多年從事港澳工作的個體經歷，為我們闡釋他所理解的「一國兩制」的初心。在訪談過程中，徐澤在歷史與現實、理論與實踐之間遊刃有餘地來回穿梭。他的講述往往以對歷史細節的回顧為始，但最終都會回到對當下和未來的關切。他的講述使

我們相信,「一國兩制」的初心,即銘刻在一個個充滿溫度的歷史細節當中;而對這份初心的堅守,必將使新時代的「一國兩制」實踐行穩致遠。

「返本開新」,是中國文化的獨特智慧。對歷史的書寫,往往蘊含着對當下的關切。也正因此,我們才會說,世間所有的相遇,都是久別重逢。

一、「一國兩制」是改革開放的 一項重要舉措

　　「一國兩制」和改革開放之間的關係，是一個很有意義的話題。首先，什麼是「改革開放」？改革開放意味着什麼？用習近平主席的話說，「改革開放是決定當代中國命運的關鍵抉擇」。[①] 我覺得這個說法是十分深刻的，因為改革開放成功地探索了一條有中國特色的社會主義道路。而繼續深化改革開放，是我們實現偉大目標的不二法門。

　　那麼，什麼是「一國兩制」？我認為需要從三個層次來理解。第一，「一國兩制」是為了實現祖國和平統一而提出的基本方針及一系列具體政策。第二，「一國兩制」是改革開放戰略的一個重要組成部分，是「以開放促改革」的一項重要舉措。鄧小平同志在講「五十年不變」的時候，是把「一國兩制」、「五十年不變」和促進國家對外開放，加快現代化建設聯繫在一起的。第三，

---

① 習近平：〈在慶祝中國共產黨成立 95 周年大會上的講話〉（2016 年 7 月 1 日），《人民日報》2016 年 7 月 2 日。

「一國兩制」是一項關於特別行政區的制度設計。這項制度是依照國家憲法，由全國人民代表大會制定基本法加以規定。正如習近平主席指出，「中華人民共和國憲法和香港特別行政區基本法共同構成香港特別行政區的憲制基礎」，在此基礎上，建立起了香港特別行政區的憲制秩序。[2]

這三個層次是有機聯繫在一起的。為什麼要用和平方式實現祖國統一呢？其根本原因是為了國家的發展 —— 用鄧小平同志的話說，就是「趕上發達國家的水準」。[3] 用和平方式實現祖國統一，能夠為國家發展創造一個穩定的、有利的環境，能夠向國際社會展示我國對外開放，走和平發展道路的決心。這就決定了「一國兩制」必然是服務於改革開放的一項重要舉措。而落實「一國兩制」必然需要有一套制度來保障，這就是在「一國兩制」方針下形成的香港和澳門的新憲制秩序，亦稱為「特別行政區」制度。

從時間關係上講，改革開放與「一國兩制」幾乎同時啟動。1978 年 12 月召開的十一屆三中全會，標誌着

---

[2]　習近平：〈在慶祝香港回歸祖國 20 周年大會暨香港特別行政區第五屆政府就職典禮上的講話〉（2017 年 7 月 1 日），《人民日報》2017 年 7 月 2 日。

[3]　鄧小平：〈目前的形勢和任務〉（1980 年 1 月 16 日），《鄧小平文選》（第二卷）（北京：人民出版社，1994），頁 260。

改革開放大幕的開啟。1979 年元旦，全國人大常委會發表的《告台灣同胞書》，第一次提出了和平統一祖國的方針，我把這個時間點看作是「一國兩制」的起點。同年 3 月，鄧小平同志會見港督麥理浩，明確表示：一方面，「香港主權屬於中華人民共和國」，「香港是中國的一部分，這個問題本身不能討論」；另一方面，「香港又有它的特殊地位」，回歸以後，「香港還可以搞它的資本主義」，請投資者放心。[④] 緊接着，1981 年，全國人大常委會以葉劍英委員長的名義發表了《關於台灣回歸祖國實現和平統一的方針政策》（俗稱「葉九條」）。至此，「一國兩制」從大方針到一些具體政策，都初具形態了。1982 年，鄧小平同志在接見美國華人協會主席李耀滋的時候說，「九條方針是以葉副主席的名義提出來的，實際上就是一個國家兩種制度」。[⑤] 與此同時，1980 年，中央批准設立了深圳、珠海、廈門、汕頭等四個經濟特區，實際上 1979 年，深圳已經開始搞試點了。設立經濟特區的目的就是面向港澳台僑，吸引外資，加快現代化建設。改革開放與「一國兩制」之間的時間關係大致就是這樣。

---

④　《鄧小平年譜：1975－1997》（上），頁 500－501。

⑤　《鄧小平年譜：1975－1997》（下），頁 797。

在解釋「一國兩制」「五十年不變」的時候，鄧小平同志說，這是符合中國實際的。原因在於，「中國要真正發達起來，接近而不是說超過發達國家，那還需要三十年到五十年的時間。如果說在本世紀內我們需要實行開放政策，那末在下個世紀的前五十年內中國要接近發達國家的水準，也不能離開這個政策，離開了這個政策不行。保持香港的繁榮穩定是符合中國的切身利益的」。所以，無論何時，我們在理解「一國兩制」方針時，都必須把它和國家的發展戰略 —— 尤其是對外開放戰略 —— 聯繫起來。

理解這個問題的現實意義是什麼？隨着中國特色社會主義進入新時代，我們國家的整個發展戰略也在進行調整，「走出去」就是一個極其重大的戰略性調整。在這一背景下，「一帶一路」建設的問題就被提了出來，「大灣區」建設的問題也被提了出來。現在，大家都說遇到了所謂的「制度瓶頸」，一個國家，兩種制度，三個法律體系、三個關稅區，這之間的人流通、物流通、資金通、信息通怎麼解決？我覺得，只要理解了「一國兩制」方針是一項以促進發展為目標的對外開放方針，這些問題就不是什麼解決不了的問題。前不久，習近平主席就支持香港成為國際創新科技中心作出批示。他指出，促進香港同內地加強科技合作，支持香港成為國際

創新科技中心,「是在香港實行『一國兩制』的題中應有之義」。⑥ 為什麼這樣講?因為「一國兩制」一方面是為了實現祖國和平統一,另一方面是為了促進國家發展。把這兩個角度結合起來,我們可以理解很多問題,也完全能夠通過創新去解決那些所謂的「制度瓶頸」。

從歷史上講,「一國兩制」與建國初期的對港方針是一脈相承的。2013 年 1 月 5 日,習近平主席在新進中央委員會的委員、候補委員學習貫徹黨的十八大精神研討班上發表的重要講話中明確提出:「中國特色社會主義是在改革開放歷史新時期開創的,但也是在新中國已經建立起社會主義基本制度、並進行了二十多年建設的基礎上開創的。雖然這兩個歷史時期在進行社會主義建設的思想指導、方針政策、實際工作上有很大差別,但兩者決不是彼此割裂的,更不是根本對立的。不能用改革開放後的歷史時期否定改革開放前的歷史時期,也不能用改革開放前的歷史時期否定改革開放後的歷史時期。」⑦

習近平主席的這段講話高瞻遠矚,對我們理解和實踐「一國兩制」構想有重大指導意義。在香港問題上,

⑥ 〈促進香港同內地加強科技合作,支持香港為建設科技強國貢獻力量〉,《人民日報》2018 年 5 月 15 日。

⑦ 習近平:〈毫不動搖堅持和發展中國特色社會主義,在實踐中不斷有所發現有所創造有所前進〉,《人民日報》2013 年 1 月 6 日。

我們同樣要堅持「兩個不能否定」，看到在改革開放前後兩個歷史時期中，中央對港方針在戰略層面所具有的高度連續性。毛澤東時代形成了「長期打算，充分利用」的「八字方針」。新中國成立以後，我們一直貫徹了這個「八字方針」，目的就是為新中國的大規模現代化建設留出一個對外交往、合作及貿易的通道。改革開放以來，中央領導集體制定並實施的「一國兩制」方針，同樣秉承了充分發揮香港和澳門的特殊作用、保持香港和澳門的長期繁榮穩定的戰略部署。在這個意義上，我們可以說，改革開放時代的「一國兩制」與建國之初確立的「八字方針」是一脈相承的。「一國兩制」是在以毛澤東為核心的第一代領導集體制定的「八字方針」的指導下，做出的一個符合歷史發展邏輯的戰略性抉擇。

「一國兩制」方針還是把實現祖國統一和反對霸權主義、維護世界和平聯繫在一起而確立的一項國策。我們用和平手段，來處理國家之間的歷史遺留問題，這本身就跟強權政治和霸權主義有本質上的不同。鄧小平同志當年有一個基本判斷，即和平與發展是世界的主流。他在 1985 年指出：「現在世界上真正大的問題，帶全球性的戰略問題，一個是和平問題，一個是經濟問題或者說發展問題。和平問題是東西問題，發展問題是南北

問題。概括起來，就是東西南北四個字。」[8] 所謂東西問題，東西方兩個超級大國、兩個政治集團的對峙問題。所謂南北問題，就是發達國家與發展中國家的經濟失衡問題。其中，南北問題是核心問題。所以他強調，要用和平方式處理國際問題。

回頭看二戰結束以來的國際關係史，行霸權主義、搞冷戰，不僅沒有給世界帶來安寧，沒有解決南北發展的不平衡，而且，把諸多國際關係中的熱點愈搞愈熱，把本不是熱點的搞成熱點。而我們採取「一國兩制」的和平方式，解決中英兩國之間的歷史遺留問題，為以和平方式處理國際問題、建立合作共贏的新型國際關係樹立了典範。正如習近平主席在慶祝香港回歸祖國二十周年大會暨香港特別行政區第五屆政府就職典禮上的講話所說，「『一國兩制』是中國的一個偉大創舉，是中國為國際社會解決類似問題提供的一個新思路新方案，是中華民族為世界和平與發展作出的新貢獻，凝結了海納百川、有容乃大的中國智慧」。[9]

---

[8] 鄧小平：〈和平和發展是當代世界的兩大問題〉（1985 年 3 月 4 日），《鄧小平文選》（第三卷），頁 104－106。

[9] 習近平：〈習近平在慶祝香港回歸祖國 20 周年大會暨香港特別行政區第五屆政府就職典禮上的講話〉（2017 年 7 月 1 日）。

二、「五十年不變」要做到「兩個方面都不變」

　　《中英聯合聲明》簽署之後，香港有很多人都擔心政策在未來會變。為了穩定人心，鄧小平同志專門講了一番話，說我們是一個泱泱大國，肯定會「講信義」，「所以不要擔心變，變不了」。「因為這些政策見效、對頭，人民都擁護」，所以是不會變的。同時，他強調，「不變」不僅指香港的資本主義制度不變，「最大的不變」是主體的社會主義制度不變。[⑩] 1987 年，他在會見基本法起草委員會委員時專門講，「說不變不是一個方面不變，而是兩個方面不變」，如果內地不堅持社會主義制度，「兩制」就會變成「一制」，「一國兩制」也就行不通了。他還說，我們對香港的政策，「是在國家主體堅持四項基本原則的基礎上制定的」，而四項基本原則是早已寫在憲法上的。我們之所以有這樣的膽略，是因為我們是「共產黨領導下的社會主義中國」；而我們之所以有這樣的勇氣，是

---

⑩　鄧小平：〈保持香港的繁榮穩定〉（1984 年 10 月 3 日），《鄧小平文選》（第三卷），頁 72－73。

因為「人民擁護我們國家的社會主義制度，擁護黨的領導」。如果沒有中國共產黨的領導，沒有社會主義制度，就沒有香港的繁榮和穩定。至於為什麼「五十年以後更沒有變的必要」，鄧小平同志也做了解釋。他說，「如果到下一個五十年，這個政策見效，達到預期目標，就更沒有理由變了」。[11] 因此，討論「五十年不變」這個問題時，根本原則是「兩個方面都不變」，而最關鍵的是國家主體社會主義性質不變。

鄧小平同志從一開始就把「兩制」的關係講得很清楚。他兩次會見戴卓爾夫人，都講了這個問題，第二次講得更明確一些。[12] 鄧小平同志在 1984 年 12 月 19 日第二次會見戴卓爾夫人時指出：「中國的主體、十億人口的地區堅定不移地實行社會主義」，「主體是很大的主體，

---

[11]　鄧小平：〈會見香港特別行政區基本法起草委員會時的講話〉(1987 年 4 月 16 日)，《鄧小平文選》(第三卷)，頁 215–222。

[12]　鄧小平曾兩次會見戴卓爾夫人。1982 年 9 月，戴卓爾夫人第一次訪華。9 月 24 日，鄧小平在人民大會堂會見戴卓爾夫人，標誌着中英關於香港前途問題的談判正式拉開序幕。在這次會談上，鄧小平系統闡述了中國對香港問題的基本立場，明確表示「主權問題不是一個可以討論的問題」，中國將於 1997 年收回香港。這個談話已收入《鄧小平文選》(第三卷)，題為「我們對香港問題的基本立場」。1984 年 12 月，戴卓爾夫人第二次訪華。12 月 19 日，中英兩國政府首腦正式簽署了《中英聯合聲明》。鄧小平出席簽字儀式，並會見戴卓爾夫人。在這次會談上，鄧小平指出，以「一國兩制」的方式和平解決香港問題，充分考慮了中國、香港和英國的實際情況，做到了「三方面都能接受」；「五十年不變」考慮到了「中國的現實和發展的需要」，中國將信守這一諾言。這個談話的一部分已收入《鄧小平文選》(第三卷)，題為「中國是信守諾言的」。

社會主義是在十億人口地區的社會主義，這是個前提，沒有這個前提不行」；但是，「在這個前提下，可以容許在自己身邊，在小地區和小範圍內實行資本主義」，而中國內地也可以設立經濟特區。最後，他強調，所有這些對外開放政策的根本目的，都是為了「壯大和發展社會主義經濟」。[13]

鄧小平同志在 1982 年 9 月 24 日第一次會見戴卓爾夫人時，採取了一個不同的角度，來討論這個問題。他說：「現在人們議論最多的是，如果香港不能繼續保持繁榮，就會影響中國的四化建設。我認為，影響不能說沒有，但說會在很大程度上影響中國的建設，這個估計不正確。如果中國把四化建設能否實現放在香港是否繁榮上，那末這個決策本身就是不正確的。」[14]

我們可以看到，在鄧小平同志眼中，「兩制」之間的關係，是「主體」與「小地區和小範圍」之間的關係。他並沒有用「非主體」這個概念，來稱呼主體之外的地區。那麼，小部分地區實行資本主義制度的目的是什麼？是為了國家的繁榮發展，用我們現在的話說，就是

---

[13] 鄧小平：〈中國是信守諾言的〉（1984 年 12 月 19 日），《鄧小平文選》（第三卷），頁 103。

[14] 鄧小平：〈我們對香港問題的基本立場〉（1982 年 9 月 24 日），《鄧小平文選》（第三卷），頁 13－14。

建設社會主義現代化強國。

改革開放建立了社會主義市場經濟體制。香港是一個很典型的市場經濟的經濟體，有一套和國際接軌的市場經濟規則。改革開放當然不能照搬香港的經驗，但香港的經驗也為我們提供了一些借鑒。特別是香港有一批專業人才，熟悉國際商業規則，以英文為主要工作語言，可以為改革開放貢獻力量。中共十八屆三中全會公報指出，「經濟體制改革是全面深化改革的重點，核心問題是處理好政府和市場的關係，使市場在資源配置中起決定性作用和更好地發揮政府作用」。在十九大報告中，習近平主席提出了「建設現代化經濟體系」的戰略目標。在更高起點上全面深化改革的新時代，香港的經驗同樣可以為我們提供一定的借鑒。

鄧小平同志還有一個很重要的思想，就是「相信中國人有能力管好香港」。⑮ 在第一次會見戴卓爾夫人時，他就說，香港的繁榮穩定並不取決於英國的管轄，「香港繼續保持繁榮，根本上取決於中國收回香港後，在中國的管轄之下，實行適合於香港的政策」。⑯ 1984 年會見香

---

⑮　鄧小平：〈一個國家，兩種制度〉（1984 年 6 月 22 日、23 日），《鄧小平文選》（第三卷），頁 60。

⑯　鄧小平：〈我們對香港問題的基本立場〉（1982 年 9 月 24 日），《鄧小平文選》（第三卷），頁 13。

港人士時，他又提出，「香港過去的繁榮，主要是以中國人為主體的香港人幹出來的」。那次談話我是在場的。當時，他連續兩天會見了兩批香港人士，第二天會見的就是鍾士元、鄧蓮如、利國偉三人。[17]

---

[17]　1984 年 6 月 22 日，鄧小平會見了以唐翔千、唐驥千、倪少傑為首的香港工商界訪京團；23 日，鄧小平又會見了香港知名人士鍾士元、鄧蓮如、利國偉等。這兩次談話的要點，已收入《鄧小平文選》（第三卷），題為「一個國家，兩種制度」。

三、「愛國者」概念關乎「一國兩制」的本質

　　鄧小平同志會見鍾士元的時候，講了「愛國者」的標準問題，令我印象很深刻。鄧小平同志當時專門講，「港人治港有個界線和標準，就是必須由以愛國者為主體的港人來治理香港」。在這裏，他同時用了兩個詞，一個是「界線」，一個是「標準」。那麼，什麼叫「愛國者」？鄧小平同志說：「愛國者的標準是，尊重自己民族，誠心誠意擁護祖國恢復行使對香港的主權，不損害香港的繁榮和穩定。」[18]有些人說這個標準很寬泛，沒錯，這確實是一個團結面很大的旗幟，但同時也是一個很嚴格的標準，「誠心誠意擁護祖國恢復行使對香港的主權」，這句話是有嚴格界定的。

　　「祖國恢復行使對香港的主權」的前提是什麼？是中國不承認三個不平等條約。中國在恢復聯合國席位後的第二年，即 1972 年 3 月 8 日，就由駐聯合國代表黃

---

[18]　鄧小平：〈一個國家，兩種制度〉（1984 年 6 月 22 日、23 日），《鄧小平文選》（第三卷），頁 61。

華致信聯合國非殖民化特別委員會主席，聲明：「香港、澳門屬歷史遺留下來的帝國主義強加於中國的一系列不平等條約的結果，香港和澳門是被英國和葡萄牙當局佔領的中國領土的一部分，解決香港、澳門問題完全是屬中國主權範圍內的問題，根本不屬通常的所謂殖民地範疇。因此，不應列入殖民宣言中適用的殖民地區的名單之內。我國政府主張，在條件成熟時，用適當的方式和平解決港澳問題，在未解決之前維持現狀」。⑲

但凡了解中國近代史的人都知道，英國據以佔領香港的三個條約：《南京條約》、《北京條約》和《展拓香港界址專條》，是十九世紀英帝國主義奉行炮艦政策，通過鴉片戰爭，強迫戰敗的清朝政府簽訂的，因此是地地道道的不平等條約。清王朝垮台後，歷屆中國政府都表明不承認這些條約的立場，並為廢除這些條約做出努力。中國共產黨領導的人民革命為的就是爭取民族獨立、人民解放和實現國家富強、人民富裕，人民當家作主的中華人民共和國當然不會承認任何不平等條約。在我國政府向聯合國非殖化委員會表明上述立場和提出的要求不久，聯合國大會就通過決議，決定將香港、澳門從殖民

---

⑲ 黃華：《親歷與見聞 —— 黃華回憶錄》（北京：世界知識出版社，2007），頁 193。

地名單中刪除。這表明，國際社會尊重並接納了我國政府的立場。香港、澳門不是通常意義的殖民地，意味着我國始終對香港和澳門擁有主權，收回香港，就是我國政府要對香港恢復行使主權，也就是行使管治權。對香港恢復行使主權，是建立在中華人民共和國擁有對香港的完整主權並且可以獨立自主地行使這一主權的基礎之上的。同時也意味着，香港、澳門的前途必定是回歸祖國，納入國家治理體系，中央政府依據憲法和基本法對香港實行治理。

中英關於香港前途問題的談判，前後歷時整整兩年，頭一年就是因為英國堅持「三個條約有效論」，提出所謂的「以主權換治權」的方案，中方堅決不能同意，為此雙方在這個問題上僵持了一年。最終，英方不得不確認不再堅持英國管治，也不謀求任何形式的共管，並理解中國的計劃是建立在 1997 年後這個香港的主權和管治權應該歸還中國這一前提的基礎上。正是在排除了這個主要障礙後，中英談判才得以進行下去。[20]

要做到誠心誠意擁護國家對香港恢復行使主權，就

---

[20] 《鄧小平文選》（第三卷）的「注釋 10」詳細介紹了「香港問題」的歷史起源以及中英關於香港前途問題的談判的主要過程。參見《鄧小平文選》（第三卷），頁 387–390。

必須理解和接納前面講的這些，否則就不可能正確理解「一國兩制」，不可能正確把握「一國」和「兩制」的關係。我國是一個單一制國家。按照中國憲法第3條的規定，就是「中央和地方的國家機構職權的劃分，遵循在中央的統一領導下，充分發揮地方的主動性、積極性的原則」。因此，基本法第1條規定，「香港特別行政區是中華人民共和國不可分離的部分」。第2條規定，「全國人民代表大會授權香港特別行政區依照本法的規定實行高度自治，享有行政管理權、立法權、獨立的司法權和終審權」。「授權」的意思就是，回歸以後，香港的「高度自治權」只能來源於中央自上而下的授予。「授權」是一個理解中央與香港特別行政區關係的基本概念，回歸以後出現的一系列問題都和它有關。

為什麼鄧小平同志要把「誠心誠意擁護祖國恢復行使對香港的主權」作為「愛國者」的一個判斷標準？因為只有接受了這一點，你才會接受「一國兩制」背後的一整套政治邏輯和法律邏輯。香港現在的很多問題，都是源於對這個根本問題的理解不到位。例如，有些人總是覺得，中央解釋基本法，是在干預香港的高度自治。但基本法第158條明確規定，「本法的解釋權屬於全國人民代表大會常務委員會」，而香港特區法院對基本法的解釋權來自全國人大常委會的授權。事實上，從「授權」

概念出發，在「一國兩制」的體制下，根本就不可能存在中央「干預」香港的高度自治的事。普通人未必會理解得這麼深 —— 在很多人看來，「誠心誠意擁護祖國恢復行使對香港的主權」，僅僅意味着承認自己是中國人。但管治者必須清楚地認識到，「愛國者治港」不僅是政治要求，同時也是法律規範。

「尊重自己民族」這個標準，其實也蘊含着很深刻、很豐富的政治內涵。香港有些人講，「我尊重自己民族，熱愛中國文化，比如屈原、李白、杜甫的作品」。但是，「尊重自己民族」不能只是熱愛傳統文化和大好河山，更重要的是要明白，在 1840 年以後的一百多年裏，中華民族如何從低谷重新崛起，如何在中國共產黨的領導下開展革命、建設和改革開放。因此，「尊重自己民族」這個標準，實際上也有很嚴格的政治界定。

1984 年在會見鍾士元等三人時，鄧小平同志説，「如果現在還有人談信心問題，對中華人民共和國、對中國政府沒有信任感，那末，其他一切都談不上了」。為什麼應當對中華人民共和國有起碼的信任？因為中華人民共和國改變了中國的形象。用鄧小平同志的話説，「鴉片戰爭以來的一個多世紀裏，外國人看不起中國人，侮辱中國人。中華人民共和國建立後，改變了中國的形象。中國今天的形象，不是晚清政府、不是北洋軍閥、也不

是蔣氏父子創造出來的。是中華人民共和國改變了中國的形象」。[21]「一國兩制」方針是中華人民共和國提出的，你如果對中華人民共和國沒有信任感，那還談什麼呢？「一國兩制」實踐二十年來，暴露出了一個重要問題，就是香港部分人對國家沒有起碼的信任和認同。信任和認同國家，並不只是簡單地說「我是中國人」就行了——當然，有些人甚至連自己是中國人都不肯承認，那就另說了。你承認自己是中國人，就要理解中華人民共和國是在什麼樣的歷史背景下建立起來的，就要理解為什麼是歷史和人民選擇了中國共產黨、選擇了社會主義！

自開埠以來，香港就是一個移民社會。那麼，究竟誰是「老香港人」，誰是「新香港人」？我們要用歷史的眼光來看待這個問題。內地人與本地人不是截然區分的，新界原住民以前也是內地移民。按照基本法的規定，「在香港特別行政區成立以前或以後在香港通常居住連續七年以上的中國公民」，都是香港特別行政區永久性居民，都屬於「港人」的範疇。基本法並沒有規定，誰到香港的時間更長，誰就更有資格參加治港團隊。每一位香港特區永久性居民，只要滿足基本法所規定的條

---

[21] 鄧小平：〈一個國家，兩種制度〉（1984 年 6 月 22 日、23 日），《鄧小平文選》（第三卷），頁 60－61。

件，就有資格參加治港團隊。

　　鄧小平同志關於「愛國者」標準的講話，確實給我留下了很深刻的印象。今天面臨的很多問題，本質上都是國家認同問題，他老人家當年就想到了這一點。當然，鄧小平同志的很多其他講話，也都令我印象深刻，但這次講話令我印象最深刻，因為我們在思考很多問題時，最後都會回到這個原點。比如，在「吳嘉玲案」中，香港特區終審法院利用一個認定「港人」資格的案件，把基本法解釋為香港的「小憲法」，聲稱香港有一個獨立的「憲制架構」。在「一國兩制」以「一國」為前提下，香港特區作為中央政府直轄下的地方行政區域，怎麼可能有一個自己的「憲制架構」？這歸根到底還是因為缺乏對「一國」的認同和信任。

四、憲法和基本法的關係

　　香港法律界普遍認為，基本法是香港的「小憲法」。在「吳嘉玲案」中，香港特區終審法院就把基本法定性為「特區的小憲法」。「吳嘉玲案」本來處理的是香港居民在內地所生子女的「居港權」問題，但終審法院花了很長的篇幅來建構所謂的香港特區「憲制架構」。我認為，這本身就突破基本法第 158 條授予它的基本法解釋權界線，是不符合基本法的。終審法院所享有的解釋權是就案件審理所涉及的基本法條款可以進行解釋，沒有授權它可以對基本法作定性解釋。基本法的定性，基本法序言已經講清楚了，習主席做了高度概括，就是憲法和基本法共同構成特別行政區憲制基礎，在這個基礎上形成特別行政區憲制秩序。

　　終審法院關於香港憲制架構的理據有兩點，其一是憲法第 31 條。它認為，全國人大是根據憲法第 31 條制定了基本法。所以當中國恢復對香港行使主權時，基本法即成為香港的「小憲法」。我認為，這個說法是有問題的。首先，基本法序言第三段指出，「根據中華人民共和國憲法，全國人民代表大會特制定中華人民共和國香港

特別行政區基本法，規定香港特別行政區實行的制度，以保障國家對香港的基本方針政策的實施」。這就說明，整部憲法是基本法的立法依據，而不只是第 31 條。第 31 條只是規定「國家在必要時得設立特別行政區。在特別行政區內實行的制度按照具體情況由全國人民代表大會以法律規定」，就是說最高國家權力機關即全國人民代表大會，同意或者說「許可」國家有必要時可以這樣做，而設立特區和制定特區制度的權力在全國人民代表大會。這就是為什麼憲法在增寫第 31 條時還要增寫第 62 條第 13 項，就是為了賦予全國人大設立特區和制定相關法律的職權。[22] 僅此就可見只有第 31 條是不夠的。

再有，基本法所規定的中央和特區的權力，是基於中央擁有全面管治權前提下的中央直接行使的權力和授予特區行使的高度自治權。這二者之間的關係，就是前面所講的授權與被授權的關係。中央的權力涉及到各個方面，有全國人大及其常委會的權力，有國務院的權力，有中央軍事委員會的權力等等。例如，行政長官可以行使一系列行政管理權，但他必須執行中央政府發出的指令。又如，立法會可以行使立法權，但它制定的法

---

[22] 中國憲法第 62 條規定：「全國人民代表大會行使下列職權：……（十三）批准省、自治區和直轄市的建置」。

律須報全國人大常委會備案；全國人大常委會在徵詢基本法委員會後，如認為立法會制定的任何法律不符合基本法關於中央管理的事務及中央和香港特別行政區的關係的條款，可將有關法律發回，經全國人大常委會發回的法律立即失效。

還有一個典型例子，就是基本法的解釋權。基本法的解釋權屬於全國人大常委會，這是基於憲法賦予全國人大常委會負責解釋憲法和法律的職權，由基本法作出的規定。同時，基本法又規定香港特區法院在審理案件時可以解釋基本法的有關條款，但這是有條件的。比如，香港特區法院只能是在審理具體案件時對所涉及的基本法條款進行解釋，而不能對基本法作泛泛解釋，更不能作定性解釋。這一點我在前面說過了。又如，香港特區法院在審理案件時所需解釋的如果是關於中央政府管理的事務或中央和特別行政區關係的條款，就必須在作出終局判決前提請全國人大常委會解釋，並以此為準引用有關條款，等等。

可見，香港特區法院被授予的是有限度的基本法解釋權，突破這個限度就必然出錯。獨立自主地行使主權，是主權國家的一條基本原則。單一制的原則是地方的權力均源於中央授權。然而，終審法院把整部憲法撇開，只提第 31 條，言外之意就是，除此之外的條款都跟香港沒關

係。試想，沒有全國人大的授權，特區的高度自治權從何而來？中國是一個單一制國家，只有一部憲法、一個中央，如果憲法除第 31 條之外的條款都不適用於香港，香港豈不成了一個半獨立的政治實體？這正是全國人大常委會行使基本法解釋權，糾正香港特區終審法院的「吳嘉玲案」判決的道理所在。

正是在深刻總結港澳回歸以來的治理規律的基礎上，習近平主席於 2014 年 12 月視察澳門時第一次提出「憲法和基本法規定的澳門特別行政區的憲制秩序」這個重要思想。在他的講話中把「憲法和基本法規定的澳門特別行政區的憲制秩序得到尊重和維護，中央全面管治權有效行使，特別行政區享有的高度自治權受到充分保障」作為澳門「一國兩制」實踐取得成功最重要的經驗加以提出。2017 年 7 月 1 日，習近平主席又在香港指出，「回歸完成了香港憲制秩序的巨大轉變，中華人民共和國憲法和香港特別行政區基本法共同構成香港特別行政區的憲制基礎」。他還指出，「憲法是國家根本大法，是全國各族人民共同意志的體現，是特別行政區制度的法律淵源。基本法是根據憲法制定的基本法律，規定了在香港特別行政區實行的制度和政策，是『一國兩制』方針的法律化、制度化，為『一國兩制』在香港特別行政區的實踐提供了法律保障」。正是由於憲法是我國各族

人民共同意志的體現，依據憲法制定的基本法才能使「一國兩制」方針法律化、制度化，得到全國一體遵行。離開憲法，基本法就是無源之水、無本之木。全面正確地理解好、維護好、落實好這一憲制秩序是把香港、澳門建設好的先決條件。

五、《中英聯合聲明》不是香港特區的憲制基礎

　　至今還有人在說基本法是根據《中英聯合聲明》制定的，這也是香港終審法院關於香港「憲制架構」的另一個理據。正如前面講過的，基本法的法律淵源是憲法，或者說只有憲法是基本法的立法依據。至於說《聯合聲明》跟基本法的關係，大家可以看基本法序言第二段的表述：「……國家決定，在對香港恢復行使主權時，根據中華人民共和國憲法第三十一條的規定，設立香港特別行政區，並按照『一個國家，兩種制度』的方針，不在香港實行社會主義的制度和政策。」這個表述說明，設立特區並實行不同於在內地實行的制度和政策是國家獨立行使主權的行為。事實上，憲法第 31 條和第 62 條第 13 項是在中英談判剛開始時就寫入憲法的，中國政府關於解決香港問題的基本方針政策更是在此前就基本確定了的。

　　基本法序言這一段最後還有一句：「國家對香港的基本方針政策，已由中國政府在中英聯合聲明中予以闡明。」了解《中英聯合聲明》的人都知道，《中英聯合聲

明》中載入的《中華人民共和國對香港的基本方針政策的具體說明》是中國政府的單獨聲明，這是因為十二條方針政策是中國政府提出的，是中國政府基於不承認三個不平等條約的立場，決定在 1997 年對香港恢復行使主權的前提下提出的。英方由於在基本立場上與中方不同，它不可能接納中方上述立場，所以它只是承諾屆時將香港交還給中方，這就決定了對香港的基本方針政策和對這些方針政策的具體說明只能是中國政府的決定。比如，英方就提出要用「最大程度的自治」來修改中方的「高度自治」，反對香港特區直轄於中央政府，中方是不可能接受的。當然我國政府在談判過程中也充分參考了英方提出的意見。之所以要在《中英聯合聲明》中載入中國政府對香港的基本方針政策和相關說明，是中國政府對英方乃至國際社會做出的承諾。這樣做是為了充分表達中方採取「一國兩制」方針政策，解決香港問題的誠意。中國政府在《中英聯合聲明》中闡明的對香港的方針政策當中，就包括由全國人民代表大會根據我國憲法制定並頒佈基本法，及規定特別行政區的制度。可見，把《中英聯合聲明》說成是基本法的立法依據，是沒有根據的。更有甚者，將其說成是香港的「憲制架構」的理據之一，那就更不能成立了。

六、英國曾想通過人權法案架空基本法

　　香港回歸之前，末代港督彭定康對香港的原有法律做出了很多調整和修改，包括人權法案的制定，社團條例、公安條例、教育條例、宣誓條例的修改等，為未來香港特區的管治工作埋下了很多隱患。《中英聯合聲明》規定，香港回歸祖國後，「現行的法律基本不變」。基本法第 8 條規定，「香港原有法律，即普通法、衡平法、條例、附屬立法和習慣法，除同本法相抵觸或經香港特別行政區的立法機關作出修改者外，予以保留」。那麼，所謂的「原有」究竟指哪個時間？這個問題一直有爭論。有人說是 1984 年《中英聯合聲明》簽署的時候，有人說是 1990 年基本法通過的時候，也有人說是 1997 年香港回歸的時候。這個問題的實質是我們能否全盤接受彭定康對香港法律的調整和修訂？

　　英國的最大的動作，就是把《公民權利和政治權利國際公約》（以下簡稱「公約」）照搬過來，制定了一個所謂的《香港人權法案條例》（以下簡稱「人權法案」）。其實早在中英關於香港前途問題談判時，雙方專門討論

了這個問題。英方表示，在香港，公約不是直接適用，而是通過當地法律予以實施；因為香港已有的法律已經充分體現了這個公約的精神，並保障了公約所確認的各項權利，所以香港沒有對此專門立法。在這個問題上，英國一直很有自信。基本法第 39 條就是根據香港當時適用公約的情況寫的。但彭定康上台以後，港英政府就食言了。1991 年，港英政府不顧中國反對，制定了人權法案，同時修改《英皇制誥》，要求香港的立法和司法都不得違反人權法案。也就是賦予了人權法案凌駕於香港原有法律之上的地位。當時，全國人大已經制定了基本法。基本法第 11 條明確規定，「香港特別行政區立法機關制定的任何法律，均不得同本法相抵觸」。在這種情況下，英國又搞出一個人權法案，說香港的其他法律都不能與人權法案相抵觸，人權法案就變成了一個「絕緣體」，阻隔在基本法和香港其他法律之間，勢必將基本法架空。[23]

回歸以前，人權法案為香港法院賦予了一種「違憲審查權」，這是違反基本法的。為此，全國人大常委會在處理香港原有法律的有關決定中，廢除了人權法案的所

---

[23] 詳見王鳳超：《香港政制發展歷程（1843－2015）》（香港：中華書局，2017），頁 90－95。

謂「凌駕條款」。這樣做等於是廢除了香港法院的違憲審查權。但香港特區終審法院卻在「吳嘉玲案」判決中，把基本法解釋成「特區的小憲法」，從而使香港的法院可以繼續行使所謂的「違憲審查權」。終審法院基於這項它自己建構的「權力」宣佈，它不僅可以審查香港特區的行政機關與立法機關是否違反基本法，還可以審查全國人大常委會是否違反基本法。後來，蕭蔚雲、邵天任、許崇德、吳建璠四位曾參加過基本法起草工作的內地知名法學教授發表聲明，認為該判決中有關特區法院可以審查並宣佈全國人大及其常委會的立法行為無效的內容，違反基本法的規定，是對全國人大及其常委會的地位、對「一國兩制」的嚴重挑戰。㉔ 最終，終審法院破例發表了一個「澄清」，說他們沒有質疑全國人大常委會的權力。但是，這個判例到現在也沒有被推翻。普通法實行的是遵循先例原則。所以這個問題還沒有徹底解決。我覺得，香港法律界之所以始終在司法覆核問題上有一些錯誤理解，根源還是在於英國當年埋下的隱患。

人權法案出台後，港英政府以此為準，開始大幅修改香港的原有法律，這就違背了《中英聯合聲明》所說

㉔ 〈就香港特別行政區終審法院的有關判決內地法律界人士發表意見〉，《人民日報》1999 年 2 月 8 日。

的「現行的法律基本不變」的原則。在所有對法律的修改中，最重要的是對《社團條例》的修改。簡單來講，港英政府在撤退之前，以推行人權法案的名義，大幅放寬了對社團的管理，導致外國的政治勢力可以在香港自由活動，這直接違反了基本法第 23 條關於「禁止外國的政治性組織或團體在香港特別行政區進行政治活動，禁止香港特別行政區的政治性組織或團體與外國的政治性組織或團體建立聯繫」的規定。此外，港英政府還修改了《公安條例》，大大放寬了政府對集會遊行的管理，為回歸後的各種政治運動埋下了隱患。[25]

在過渡期最後幾年，英國給我們製造了很多麻煩，比如「居英權計劃」、新機場建設、代議制改革、「直通車」問題等。「居英權計劃」為香港的五萬名「精英人士」及其家人共二十萬人，授予了英國護照。這些人士的來源很廣泛，警員、公務員、專業人士和商界人士都佔據了一定比例的配額。[26]香港現在出現了這麼多問題，可能都與這些部署有關。

---

[25] 詳見王鳳超：《香港政制發展歷程（1843－2015）》，頁 95－97。

[26] 中聯辦前副主任王鳳超記載，「據最終的分配名額，這 5 萬份英國護照分配如下：紀律部門（警察和海關）7000 份，『敏感部門』（資深公務員和媒體人士）6000 份，關鍵性崗位工作人士（專業和商界人士）36500 份，主要的投資者 500 份」。參見王鳳超：《香港政制發展歷程（1843－2015）》，頁 87－90。

七、「港獨」與「23 條立法」都 關乎國家認同問題

　　香港在回歸之前的一百多年裏，長期離開祖國的懷抱，很容易對國家有一種距離感，導致國家認同不足，這是可以理解的。特別是由於港英當局的中小學教育中，長期缺失中國歷史尤其是中國近現代史的內容，更是進一步導致了國家認同的嚴重缺失。在中英兩國政府就香港前途問題達成協議之前，雖然國家已經明確提出了「一國兩制」方針，但香港社會依然有很多人有疑慮。另外，香港有一些年輕人，因為對中國的歷史和國家體制不夠了解，所以也沒能建立起牢固的國家認同。前段時間，香港圍繞修改歷史教科書產生了很大爭議，就清楚地暴露了這個問題。在培養港人國家認同的問題上，我們要有充分的耐心。

　　2016 年，香港有一幫年輕人聯名公開發表了一篇題為〈香港前途決議文〉的文章。這篇文章提出了一個核心觀點：認同香港「核心價值」的人，應當通過「內部自決」來決定香港前途。所謂「核心價值」是指，香港的「廣泛自治權」是由英國人在長期的殖民統治中建立

的，並得到了《中英聯合聲明》的保障，因而是香港自身所固有的；它不是來自中央的授權，而基本法只是將這套制度予以「成文化」而已 —— 所謂「五十年不變」的承諾，就體現了中央對這套制度的認可。文章認為，香港的前途應當由認同這種價值觀的人，通過「自決」的方式來決定。我認為，這是一篇認同這種價值觀、歷史觀的人的一套理論。這種理論和此前出現的所謂「城邦論」和「次主權論」是一脈相承的。他們根本不認同「一國」這個基本立場，根本不知道或者不接受自鴉片戰爭以來中國近代史的發展邏輯，所以，他們必然地站在了中國人民的對立面，也就根本談不上對中華人民共和國起碼的信任。

應該肯定地說，基本法絕不是對原有制度的認可。香港原有的憲制秩序，是建立在《英皇制誥》、《皇室訓令》這兩個憲制性文件的基礎上的。回歸以後，這兩個文件自然就失效了。憲法和基本法取代這兩個文件，成為香港新的憲制基礎，並由此形成香港特區的憲制秩序。由於憲制基礎發生了改變，香港被保留下來的原有法律也必須隨之做出調整。1997 年，全國人大常委會根據基本法第 160 條，通過了一個處理香港原有法律的決定。這是一個非常重要的文件。根據基本法第 160 條的規定：「特別行政區成立時，香港原有法律除由全國人民代表大會常務委員會宣佈為同本法抵觸者外，採用為香港特別行政區法律，如

以後發現有的法律與本法抵觸，可依照本法規定的程序修改或停止生效。」這就為香港的原有法律被採用為特區法律確立了一個基本的原則和標準。在 1997 年的這個決定中，全國人大常委會就根據基本法所確立的這個原則和標準，具體地處理了原有法律的適用性問題。這個決定包含三個附件，廢除了一批原有法律及其部分條款，包括人權法案的部分凌駕於香港法律之上的條款。

事實證明，直到今天，這個問題都沒有得到完全解決。2016 年的立法會宣誓風波，就是因為港英政府在撤退之前，對香港原有的《宣誓及聲明條例》動了手腳。在港英時代，港督曾長期出任立法局主席，並為議員監誓，在此情況下，沒有人敢出什麼問題。1995 年，彭定康推行所謂「代議制改革」，港督不再出任立法局主席，並修改了《宣誓及聲明條例》，改由立法局秘書為議員監誓。即使如此，當年也沒有人出過什麼問題。然而，在 2016 年，當有人作出無效宣誓時，立法會秘書長作為監誓人，並沒有依據相關法律馬上宣佈宣誓者喪失資格，只是說了一句「我不能為你監誓」，把這件事推給立法會主席去處理。這樣一來，整個事件就出現了一個很荒唐的結果 —— 立法會秘書長明明是依法監誓，當他發現有人的宣誓完全違反基本法時，卻不敢宣佈他喪失就任資格，只說了一句「我不能為你監誓」。之所以如此，主

要是因為彭定康上台後，港英政府把《宣誓及聲明條例》改得不清不楚，存在很多不確定性。

其實，回歸伊始就提出過這個問題，香港有人來問北京，說行政長官、主要官員等一眾官員都是由中央領導人監誓，那麼立法會議員由誰監誓？我們明確回答，立法會議員由行政長官監誓。㉗為什麼是行政長官？因為基本法明確規定，行政長官負責執行基本法和依照基本法適用於香港特區的其他法律。既然是由他承擔執行基本法的責任，自然就應該由他監誓。香港起初這樣做了，但是後來，這個做法沒有被繼續堅持下去，最終還是出了問題。正是為了解決這個問題，全國人大常委會才主動解釋了基本法第 104 條。

起草基本法的時候，中國還沒有《國家安全法》，只有《懲治反革命條例》，規定了對「反革命罪」的處罰。在這種客觀歷史條件下，中央決定允許香港在國家安全問題上「自行立法」。基本法第 23 條的具體表述修改過好幾稿，其中的「禁止外國的政治性組織或團體在香港

㉗　1997 年 5 月 23 日全國人民代表大會香港特別行政區籌備委員會第九次全體會議通過的《全國人民代表大會香港特別行政區籌備委員會關於香港特別行政區有關人員就職宣誓事宜的決定》明確規定：「香港特別行政區行政長官和主要官員在宣誓時，由國務院總理或其委託的代表監誓；行政會議成員、臨時立法會議員和法官宣誓時，由行政長官監誓。」

特別行政區進行政治活動，禁止香港特別行政區的政治性組織或團體與外國的政治性組織或團體建立聯繫」，是為了應對 1989 年「北京政治風波」之後香港出現的一些情況，而加進去的。

說到底，「23 條立法」也關係到國家認同問題。香港社會的國家認同程度，直接關係到港人對「一國兩制」方針的理解。我們必須認識到，「一國兩制」以「一國」為前提，香港雖然實行和內地不同的制度，但維護國家安全是任何一個公民都不可以推卸的責任與義務。然而，遺憾的是，香港有些人總覺得，國家的事情跟自己沒什麼關係，自己不需要出什麼力；還有些人擔心，香港如果制定一部本地的國家安全法，萬一國家根據這部法律來懲罰自己該怎麼辦？他們之所以會這麼想問題，歸根到底還是因為沒有建立起國家認同。

另外，2003 年的「23 條立法」之所以受阻，除了一些人的國家認同淡漠之外，還有一個很重要的原因，是當時香港的經濟形勢不好。1998 年的亞洲金融風暴，使香港經濟遭遇巨大挑戰；2003 年的 SARS 疫情，也使香港社會一度人心惶惶。在這個階段，香港出現了大量負資產。很多香港人的生活方式，都是先買一套房子，用於自己居住；再投資一套房子，通過炒房子攢一筆錢，供孩子上學。突然之間，樓價下跌，房子成為負資產，他們當然

會很不滿意。在這種背景下，2003 年的「23 條立法」就成為了一個導火索。2003 年 7 月 1 日發生的所謂「五十萬人大遊行」，並不是單純反對「23 條立法」，而是借題發揮，提出了各種各樣的訴求。當時香港回歸還沒多久，經濟形勢又不好，港人對經濟前景的擔憂、對個人生活的不滿，和反對「23 條立法」的聲音摻雜在了一起；很多人最終被裹挾了進去，搞了一場大遊行。他們名義上把矛頭都對準「23 條立法」，實際上又有多少人真正懂「23 條立法」？又有多少人真的想以身試法，做一些危害國家安全的事？我覺得，很多人關心的根本就不是這個問題，2003 年的大遊行是特定歷史背景下多種因素共同作用的結果。但這個問題確實不應該拖了十五年還沒有得到解決。所以我覺得，歸根到底，還是有些人的國家認同不夠深，不願意對國家承擔作為公民的責任與義務。

近年來，香港社會不斷有人提出所謂的「2047 問題」。2015 年前後，我在香港就問過一些人，為什麼會提出這個問題。他們說，這涉及到一些契約問題。我說，如果只涉及契約問題，那麼不用擔心。香港作為中華人民共和國的一個特別行政區，可以根據香港法律，來處理契約問題。但是，如果想借這個機會，來討論2047 年以後香港還要不要實行基本法，那性質就完全不一樣了。對於這個問題，我們必須有清醒的認識。

八、香港管治必須被納入國家
　　　治理體系

　　英國人清楚地知道，自己是外來者，如果在香港搞普選，肯定沒法管理佔據了香港人口 90% 以上的中國人。英國人必須任命他們信得過的人，才能牢固地掌控政權。只不過，因為英國後來知道了中國要收回香港，而「一國兩制」方針會為香港帶來民主，所以馬上就改變策略，搶先去部署所謂的「民主化改革」，以求在中英博弈中佔據先機。

　　關於普選問題，我是從反思的角度來考慮的。一方面，當時之所以這麼強調普選，一個重要原因可能是，包括我們自己在內的很多人在特定歷史階段對民主的理解存在比較大的誤區。1985 年，我們開始起草基本法。當時，文化大革命剛剛結束不久，社會上的思想也很活躍，人們尤其是香港社會對於普選有着強烈的訴求，似乎民主就是一人一票選舉，希望盡可能地快的搞普選。這種情緒被傳導給起草委員會。同時，如何找到一個各方都能接受的政制方案，是擺在起草委員會面前的一個很現實的問題。因此，在各種因素的影響下，雖然《中

英聯合聲明》提出行政長官要「通過選舉或協商產生」，但基本法沒有把「協商」體現出來，而是做出了循序漸進，最終達至普選的承諾。

不過，在具體的政制方案的選擇上，又出現了很多爭議。當時，香港社會提出了很多不同的方案，有「雙查方案」，還有所謂的「八十九人方案」、「一九〇人方案」等，彼此之間分歧很大。[28] 在這種情況下，起草委員會必須平衡各方意見，找到一個各方都能接受的方案。基本法第 45 條的方案，即「行政長官的產生辦法根據香港特別行政區的實際情況和循序漸進的原則而規定，最終達至由一個有廣泛代表性的提名委員會按民主程序提名後普選產生的目標」，是在 1987 年鄧小平同志會見「草委」時專門講了特區政治體制問題後，才確定的。當時鄧小平同志明確指出：「香港的制度也不能完全西化，不能照搬西方的一套。香港現在就不是實行英國的制

---

[28]　在基本法起草期間，政制發展問題引發很大爭議，一時湧現出很多不同方案，其中比較典型的有三種。1986 年，「泛民主派」提出了「一九〇人方案」，要求普選行政長官，以及 1997 年至少有半數立法局議席由直選產生。與此同時，香港工商界的基本法諮詢及起草委員提出了「八十九人方案」，建議 1997 年後的行政長官由一個 600 人選舉團選出，這個選舉團還會選出四分一的立法會議員，而立法會一半議席由功能團體選舉產生，直選則佔四分之一。在兩個方案之下，「草委」查良鏞與查濟民於 1988 年 11 月拋出一個「協調方案」，建議立法會分三屆發展到半數直選，而第二任及第三任行政長官由 800 人組成的選舉委員會選出。

度、美國的制度，這樣也過了一個半世紀了。現在如果完全照搬，比如搞三權分立，搞英美的議會制度，並以此來判斷是否民主，恐怕不適宜。」在這裏，他用了一個很深刻的表述——「恐怕不適宜」。他接着說，民主有很多種，中國內地講社會主義民主，和資產階級民主的概念不同；我們並不反對西方搞三權分立，多黨競選、兩院制，但我們實行的就是全國人民代表大會一院制，這最符合中國實際。用他的話說，「如果政策正確，方向正確，這種體制益處很大，很有助於國家的興旺發達，避免很多牽扯。當然，如果政策搞錯了，不管你什麼院制也沒有用」。最後，鄧小平同志提出了一個很重要的觀點：「我們一定要切合實際，要根據自己的特點來決定自己的制度和管理方式。」[29] 這就是說，香港的政治體制必須適應香港回歸祖國的現實需要，必須納入國家治理體系。根據鄧小平同志提出的基本精神，「草委會」最後找到了一個折中方案。基本法第 45 條是一個妥協的結果。

為什麼香港照搬西方式民主「恐怕不適宜」？鄧小平同志當時並沒有完全點破。習近平主席指出香港回歸後「重新納入國家治理體系」，實際上是把這個問題徹

---

[29] 鄧小平：〈會見香港特別行政區基本法起草委員會時的講話〉（1987 年 4 月 16 日），《鄧小平文選》（第三卷），頁 220–221。

底講透了。[30] 鄧小平同志上面那番話所隱含的意思，其實就是香港必須被納入國家治理體系，與中國的實際情況相結合。所以在紀念基本法實施十周年的座談會上，時任全國人大常委會委員長的吳邦國表示，香港現行的以「行政主導」為基本特徵的政治體制，是「實現『港人治港』、高度自治最好的政權組織形式」，因為它「既保留了香港原有政治體制中行之有效的部分，也適應了香港回歸祖國後的現實需要」。[31] 在紀念基本法實施二十周年座談會上，張德江委員長也發表了一個類似的講話，只不過他多講了一點 ——「香港作為國際性工商業大都會對於政府效能的實際需要」。[32]

「保留香港原有政治體制中行之有效的部分」，是基本法起草委員會在設計特區政治體制時的一個共識。這句話是什麼意思呢？香港原有的政治體制中，帶有殖民色彩的東西都要被剔除，但有利於高效管治的制度都要

---

[30] 習近平：〈在慶祝中國共產黨成立 95 周年大會上的講話〉（2016 年 7 月 1 日），《人民日報》2016 年 7 月 2 日。

[31] 吳邦國：〈深入實施香港特別行政區基本法，把「一國兩制」偉大實踐推向前進〉（2007 年 6 月 6 日），http://www.gov.cn/ldhd/2007-06/06/content_639111.htm。

[32] 張德江：〈堅定「一國兩制」偉大事業信心，繼續推進基本法全面貫徹落實〉（2017 年 5 月 27 日），http://cpc.people.com.cn/n1/2017/0528/c64094-29305595.html。

被保留。比如，我們廢除了總督制，但保留了「行政主導」（我們現在將其進一步概括為「以行政長官為核心的行政主導體制」），道理就在這兒。

什麼叫「適應香港回歸祖國後的現實需要」？這句話的意思是，要保證香港作為地方行政區，能夠對中央負責。這是由我們的單一制國家體制所決定的。所以我經常說，特別行政區的政治體制今後無論如何發展，都必須滿足這個條件。香港是一個中央直轄的地方行政區，但同時又實行與內地不同的制度，在這種情況下，它該如何對中央負責？全國人大常委會關於行政長官普選的「八三一決定」，就是為了確保行政長官是一個愛國者，能夠對中央負責。[33] 當然，當一個地方行政長官完全由當地選民選舉產生時，如果想讓他對中央負責，還必須有一系列配套的制度設計。另外，民眾的政治成熟度也是一個很重要的因素。如果民眾對「一國兩制」，對特別行政區與中央的關係的理解與現實還相差十萬八千里，還硬要搞普選，我覺得這恐怕不現實。任何憲制的設計和

---

[33] 2014 年 8 月 31 日，全國人大常委會通過《全國人民代表大會常務委員會關於香港特別行政區行政長官普選問題和 2016 年立法會產生辦法的決定》（簡稱「八三一決定」或「八三一框架」），指出提名委員會的人數、構成和委員產生辦法，須按照第四任行政長官選舉委員會的人數、構成和委員產生辦法而規定，由此否定了「泛民主派」提出的一系列包含「公民提名」或「政黨提名」的政改方案。

實踐都是要用來回答和解決當下的問題,從概念或理想出發都不可能成事,而且必然壞事。

香港的政治力量一般被分為「建制派」與「泛民主派」。其實我不是很贊成「泛民主派」這個稱謂。同樣,我也不贊成「建制派」這個概念。如果要說有什麼派,就只有擁護基本法和反對基本法這兩派。因為我並不認為,香港特區的政治體制,在沒有實現行政長官和立法會的「雙普選」之前,就不民主。協商民主也是一種民主。目前,香港的行政長官由選舉委員會選舉,立法機關有功能組別選舉,這些都是從香港的實際情況出發而做出的制度設計。我們不能僅僅以「一人一票」來判斷是否民主。如果有人因為香港還沒有發展到「一人一票」的程度,就不遵守基本法,一天到晚地搞亂,那他就是反對派。基本法規定的是「最終達致」普選,而不是立刻實現普選。另外,普選也是有標準的,必須保證「愛國者治港」,行政長官必須保證能夠對香港特別行政區整體和對中央負責。

九、中國共產黨的執政地位
   適用於香港

　　中國共產黨的執政地位當然適用於香港，這是毋庸置疑的。憲法在全國範圍內都具有最高法律效力。香港作為中國的一個特別行政區，當然必須遵守憲法。這次修憲，把「中國共產黨領導是中國特色社會主義最本質的特徵」寫入了憲法，進一步明確了中國共產黨的執政地位。也就是說，不論你實行什麼樣的制度，只要在中華人民共和國的主權管轄範圍內，就要接受中國共產黨的領導。事實上，早在這次修憲之前，「八二憲法」已經把中國共產黨的執政地位寫進了憲法序言。鄧小平同志早就講過「憲法上規定了黨的領導」，只不過很多人不願意去理解他的這句話。㉞

　　另外，我們還可以從歷史的角度考慮這個問題。從「一國兩制」方針政策的提出，到中英關於香港前途問題的談判，到基本法的制定，再到回歸以後的「一國兩制」

㉞　鄧小平：〈共產黨要接受監督〉（1957 年 4 月 8 日），《鄧小平文選》（第一卷）（北京：人民出版社，1994），頁 270。

實踐，都是由中國共產黨所領導的。中國共產黨把它的方針政策，通過法定程序轉化為了法律，這個事實已經充分體現了中國共產黨在香港的執政地位。黨的領導、人民當家做主和依法治國三者的有機統一，在「一國兩制」上體現得最為充分。其實，我們國家的政治生活的各個方面，都體現出這個特徵。每次黨的代表大會決定的事項，都要通過法律的形式來執行。因此，習近平主席在慶祝中國共產黨成立九十五周年大會上的講話中特別強調：「全面依法治國，核心是堅持黨的領導、人民當家作主、依法治國有機統一，關鍵在於堅持黨領導立法、保證執法、支持司法、帶頭守法。」

中國憲法已經明確規定了中國共產黨的領導，而基本法通過一系列制度設計，把中國共產黨提出的方針政策落實為法律形式。這與我們通常說的「黨必須在憲法和法律範圍內活動」是一致的。全面貫徹落實基本法，本身就體現了中國共產黨的法定執政地位。這個問題不能含糊，不要掩耳盜鈴。另外，中央還在香港特區派出了聯絡辦公室，這個聯絡辦公室雖然不行使基本法上的職權，但國務院為它授予了明確的職權。國務院是什麼機構？憲法規定，國務院是「最高國家權力機關的執行機關」。基本法還規定，國務院可以給香港特區行政長官發出指令，行政長官必須執行。中聯辦的職權是國務院

授予的，當然具有合法地位了。

中國共產黨一直沒有在香港公開自己的組織和活動，這只是中國共產黨在不同制度下採取的一種特殊的工作方式。我們內地的政治體制的一個特點是，從中央到地方，中國共產黨都設立了不同層級的組織，在中共中央之下，有省委、市委、縣委，直到村委。我們的這一套黨政體制，還搭配了一套人民代表大會制。凡是要在全國統一實行的方針政策，都要上升為國家法律，然後通過法律的形式來實行。當然，到目前為止，要想把黨的領導、人民當家作主和依法治國三者更好地結合起來，我們還有很多地方需要完善。但我們內地實行的就是這樣一套政治體制，這是毫無異議的。

香港和澳門的政治體制是不一樣的。我們沒有把人民代表大會制用在香港和澳門，而是設計了另一套以行政長官為核心的「行政主導」體制，使特區對中央負責。其實，「港人治港」這種提法是一種縮寫。香港也好，澳門也好，完全是本地人在管治嗎？不是的。按照「一國兩制」的制度設計，中央的全面管治權和授予特區的高度自治權缺一不可。回歸之初，確實有人提出過一個問題：中聯辦要不要再掛一塊中國共產黨的牌子？但我們換個角度想，掛牌和不掛牌又有什麼差別呢？中國共產黨是通過一套政治體制，來發揮作用的。

在香港，一些人把中國共產黨的領導理解為一種「人治」。的確，我們經歷了一個很曲折的發展過程，這一點我們不會否認。我覺得，從人類歷史的發展規律上講，國家的發展道路在某一特定的歷史階段出現一些曲折，是在所難免的。但是，我們的中國特色社會主義實際上是在不斷朝法治國家建設的方向邁進的。十九大報告講得很清楚，「明確全面推進依法治國總目標是建設中國特色社會主義法治體系、建設社會主義法治國家」。共產黨始終在朝這個方向努力。中國共產黨的宗旨，以及中華人民共和國憲法規定的國家的根本性質和根本任務，都決定了建設社會主義法治國家是我們不斷追求的一個目標。我們看待問題的時候，要注意黨章說了什麼，憲法說了什麼，我們走過了一個怎樣的發展歷程。所以我覺得，大多數人都是由於對國家的理解不到位，尤其是對中國共產黨存在偏見，才總說中國是所謂的「一黨專政」，所謂的「人治」。當然，也有少數人是故意要用這套說辭來詆毀我們的政治制度。

十、香港青年要學習中國近現代史，加強國家認同

　　王岐山副主席最近在新加坡講的一段話很好，我想送給香港的青年朋友們。他說：「中國改革開放四十年的巨大成就，離不開新中國成立以來近七十年的艱苦奮鬥；而要理解近七十年的新中國歷史，必然追溯到 1840 年。從被列強打倒的那一刻，不屈的中國人民就一直苦苦尋覓再次站起來、富起來、強起來。」[35]

　　這段話講得非常好。現在一些香港青年朋友的主要問題，是對國家的認識太膚淺，甚至缺乏起碼的認識，所以國家認同才比較淡薄。我想這其中最主要的原因在於，他們從根本上對中國近現代史沒有起碼的認識，不知道 1840 年以後中國發生了什麼事情。香港是怎樣被英國人佔領的？是被英國人用大炮佔領的。英國人為什麼要侵略中國？因為當年中國不讓他們搞非法的鴉片貿易。西方

㉟　王岐山：〈順應潮流，改革創新，共同發展 —— 在 2018 年創新經濟論壇開幕式上的致辭〉（2018 年 11 月 6 日，新加坡），http://politics.people.com.cn/n1/2018/1106/c1001-30385542.html。

教科書不提鴉片戰爭而説成是「貿易戰爭」，但這不是一般的貿易爭端，而是因為我們禁止非法的鴉片貿易，英國人就來侵略我們。這就是鴉片戰爭。由於清政府的腐敗無能，中國從 1840 年以後就跌倒了。從那以後，中國人開始睜眼看世界，開始努力站起來。香港問題就發生在這樣的一個歷史背景下。只有從這個角度，我們才能明白，為什麼中國不承認三個不平等條約的有效性。

然而，一些香港人會説：「一百多年來，英國人把香港管治得挺好，創造了一個東方明珠，使香港獲得了現在的國際地位。」但這些人恰恰忘了，新中國成立以後，中央政府對香港採取了「長期打算，充分利用」的「八字方針」，解放軍勒馬深圳河，在後面的幾十年裏，內地無論在如何艱難困苦的條件下都保證向香港供應食物和食水，保障了香港居民的正常生活。國家利用香港進行轉口貿易，對香港的轉口貿易發展發揮了很大作用。國家改革開放，促使香港實現產業升級轉型，香港作為世界級的國際金融中心、國際貿易中心是在這個背景下實現的。不可否認普通法制度所起到的作用，但説到底，香港的繁榮「主要是以中國人為主體的香港人幹出來的」（鄧小平語）。同時我們更不能忘記，沒有新中國對香港的關心和支持，香港就不可能有今天的繁榮穩定。只有牢記歷史，才能更好地面對未來。

第七章

專訪
譚耀宗

香港問題中有
「大是大非」在

香港是一個國際性的商業中心。長期以來，在香港政壇上，工商界都毫無疑問居於支配地位。換言之，很少有出身底層的人士，能夠進入香港政壇的核心地帶。有人對此提出批評，認為「港人治港」的本質就是「商人治港」，底層民眾很難真正參與到「一國兩制」的實踐當中。但亦有人認為，這一政治現狀，是資本主義制度的必然結果。

從這個角度出發，在香港政壇上，尤其是在回歸前後的政治風雲中，譚耀宗實屬一個「異類」。他出身底層，高中畢業即開始為生計打拼，先後擔任售貨員和櫥窗設計員。機緣巧合，由於他所任職的中環永安公司是「港九百貨商店職工會」的基地，他很快便被吸納入工

會。彼時的譚耀宗或許還沒有意識到，這一選擇徹底改變了他的命運，成為他漫長政治生涯的起點。

1985 年，時任香港工聯會副理事長的譚耀宗，作為唯一的勞方代表，參加了主要由商界和專業界人士組成的基本法起草委員會。此後，他還參與了香港當前最大政黨民建聯的創建，並曾長期擔任民建聯主席和立法會議員，成為本土「建制派」的代表人物。卸任民建聯主席之後，譚耀宗又高票當選為全國人大常委會委員，開始參與到國家重大方針政策的制定當中。一言以蔽之，如果要研究香港回歸歷程、基本法起草以及「一國兩制」實踐，譚耀宗都是一個無法繞開的重要人物。

回歸之後，以是否「親北京」為基本標準，香港政壇分化為「建制」與「泛民」兩個派系。兩者之間的常態性對抗，成為了香港政治的結構性特徵。在這樣的政治環境中，譚耀宗作為「建制派」的中堅力量，不可避免地爭議纏身。在一系列涉及中央與特區關係的事務（如高鐵、修憲、一地兩檢等）上，他都與中央保持高度一致；他曾在公開場合表示，反對中國共產黨可能會被剝奪立法會議員資格，中國特色社會主義制度具有優越性，中國共產黨是堅決為人民的政黨，等等。所有這些，都使他遭受了來自政治反對派的強烈抨擊。事實上，回溯譚耀宗的從政經歷，我們會發現，他的行事風

格一直帶有相當鮮明的「建制」色彩 —— 八十年代，譚耀宗作為左派工人的新一代領導人，主張通過和平的協商方式解決勞資糾紛，而不是通過激進的社會運動維護工人利益。

譚耀宗的底層出身，他對歷史進程的參與，以及他身上所背負的種種爭議，都使他成為香港政壇上一個不可忽視的重要人物。帶着種種問題與困惑，我們找到了譚耀宗，希望他能與我們一起追尋「一國兩制」的初心，展望東方明珠的未來。然而，令我們感到詫異的是，在訪談過程中，譚耀宗並沒有過多強調自己的「建制派」立場，而是選擇了一種超脫於本土黨爭的視角，將重點放在了對基本法起草過程的回憶。順着他的回憶，我們得以穿越時間的河流，重溫那段波瀾壯闊的歷史。

一、「九七問題」是一個「大是大非問題」

　　1982 年的時候，我是香港工會聯合會的副理事長，也是當時港英政府下面的勞工顧問委員會的勞方代表。因為我是勞方代表，所以從那時候起，就開始參與社會事務。其後在 1985 年，我當上了當時港英政府立法局功能團體的勞工界議員。因為我有勞工界背景，所以基本上參與了整個過渡時期的工作。在 1984 年，我被邀請為觀禮團成員，去北京參觀了《中英聯合聲明》的簽署儀式。其後，在 1985 年 ，我被全國人大常委會委任為基本法起草委員會委員，直到 1990 年，基本法出台之後，我才結束了這項工作。我就是在這樣的情況下，參與到了香港回歸的歷史進程中。

　　香港回歸的問題，是港英政府自己首先提出的。當時的港督麥理浩，看到「新界租約」1997 年就會到期。到期之後，可不可以延續下去呢？特別是跟土地有關的契約問題，需要盡早解決。我估計，當時的港英政府認為，中國剛剛改革開放，很忙碌，有很多事情需要處理，因此香港問題可能不是他們最需要優先處理的問

題，甚至可能會做出一些讓步。我覺得當時的港英政府可能有過這樣的考量。

因為「九七問題」是一個歷史遺留問題，所以也是一個大是大非問題。鄧小平上台之後，這個問題其實是不容易解決的。一方面，改革開放需要香港。但另一方面，國家如果不處理這個問題，就沒辦法跟人民交代。這個問題如果處理不當，便會陷入兩難。就在這個時候，鄧小平構想出了一個很偉大、很有創造力的解決辦法，叫做「一國兩制」。當然，他有個前提是，要對我們的國家有信心，對我們的制度有信心。雖然香港保留了原有制度，但他並不擔心這樣會影響到我們的國家，影響到我們的社會主義制度。我覺得這是他很有自信心的表現。

在鄧小平先生對「一國兩制」的原初構想中，特別是在改革開放初期的歷史背景下，他怎樣設想中國內地主體的社會主義制度和香港所實行的不同社會制度之間的相互關係？

我剛剛也提到，鄧小平首先強調，要對社會主義制度有信心。他不擔心中國有一小部分地區奉行資本主義制度，會影響到主體的社會主義制度。不過，因為保留兩制是未曾有過的嘗試，沒有前人的經驗，所以要不斷去探索，找出解決問題的正確辦法。其實在中英談判的過程裏面，中國政府就作了很多公開承諾，強調保持香港原有的制度。

二、「五十年不變」是為了 「令大家安心」

　　我記憶當中應該見過鄧小平先生兩次，都是他會見基本法起草委員會全體委員的時候。最後一次是我們完成了起草工作之後，他出來講話，跟我們合照。據我所記，就有兩次。

　　其實回想起來，老實說，因為他說話帶着濃厚的地方口音，而且現場的音響器材也不是很理想，所以我當時掌握得不是很深入。後來我們翻看他講話的文字稿，才了解了更多。但我覺得，他當時總的精神，就是讓香港人放心。我印象最深的是，他說香港「五十年不變」，五十年之後也不需要改變。中央答應，「一國兩制」、「港人治港」、高度自治，這些政策五十年不變，五十年之後也無需改變。我想，他的目的就是令大家安心。他首先當然是希望減少大家的疑慮。另外，這句話還表明，他對「一國兩制」有信心 —— 如果香港發展很好，那就不需要變；如果國家發展得好，那也不需要變。所以我覺得，他是希望通過這句話，減輕人們的憂慮，並表明「一國兩制」是行得通的、可延續的。

在「九七」之前，香港人的疑慮其實分為兩個階段。
第一個階段，就是中英談判的那段時間。中英談判長達
兩年，大家當時都在想，究竟會談出什麼樣的結果呢？
如果兩邊談不攏，就會是一件很大的事。曾經有一次，
傳說談不攏了。突然間，港幣下跌，超級市場的貨物被
掃清。其後，中英談判結束，簽署了《中英聯合聲明》。
大家看了《中英聯合聲明》的內容，基本都是接受的，
都覺得是一個好安排。大家的情緒稍為穩定，普遍支持
香港在 1997 年回歸祖國。當時包括很多具有所謂「民
主派」思想的人，都同意回歸祖國。簽署《中英聯合聲
明》之後，就開始起草基本法。在起草過程中，不斷有
領導人出來講話，給大家信心；起草過程也盡量公開、
透明，成立了一個基本法諮詢委員會，廣泛收集香港市
民的意見。那段日子是很不錯的。

但到了 1989 年的時候，問題又來了。第二個階段，
就是「北京政治風波」之後的一段時間。這次事件對香
港社會產生了很大影響。原本比較平復的心態，又再次
出現擔憂。有部分人還因此而離開了起草委員會。這基
本上就是香港人在「九七問題」上的心態起伏。

三、「起草過程中，最難的是與中央有關的東西」

　　因為「一國兩制」的緣故，所以香港的制度有別於內地。如何能令大家安心呢？當時，他們的一個主要擔憂是，1997 年之後，中央會「控制」香港。所以在起草過程中，我們首先講明，《中英聯合聲明》中的內容，全部都會在基本法中有所體現。我們不能夠說，《中英聯合聲明》中的一些內容，在基本法中不再體現。所以《中英聯合聲明》中的所有內容，我們都基本體現到了基本法當中。其次，在起草過程中，我們盡量提高透明度。每次開完會，我們都要向記者介紹我們的討論內容。另外，我們還成立了一個由香港各界人士組成、近二百人參與的基本法諮詢委員會，廣泛收集市民的意見、心聲。在起草過程中，每當遇到一些有爭議性的問題，我們都會努力去尋找解決辦法。這就是起草過程的基本情況。

　　起草過程中，最難的是與中央有關的東西，總有很多不同意見。那好，我們就要在這些不同意見中找出解決問題的辦法，只強調一方是解決不了問題的。我自

己的感受就是，當時整個起草委員會，包括由魯平領導的秘書處，都在努力找出解決問題的辦法，而不是說只是想壓倒對方。雖然討論的時候，大家可能有不同的觀點，有很多的爭論，但是最後我們還是一起去想辦法解決問題。

比如，在政改問題上，就有很多不同意見。中央認為要循序漸進，不應該一步到位。經過討論之後，我們規劃了一個時間表，十年之後再檢討，檢討之後可以繼續發展，最後實現普選產生行政長官，普選產生立法會。我們還把普選行政長官的最終目標，寫進了基本法第 45 條，以令人們放心。

還有一個例子。全國人大常委會擁有對基本法的解釋權，這個權力是憲法賦予它的。它立的法，它當然可以解釋。但是，起草委員會討論這個問題的時候，有些人就嘩然，覺得如果日後全國人大常委會喜歡如何解釋就如何解釋，那我們的基本法豈不是沒用了？為了令大家安心，全國人大常委會在擁有解釋權的同時，將一部分權力下放到了香港法院。你看基本法第 158 條的安排，就可以知道這一點。第 158 條開宗明義，首先說全國人大常委會擁有對基本法的解釋權。但是，它又說，香港法院在審理一些案件的時候，如果需要解釋基本法，而相關條款又與國防、外交或中央和特區關係有

關，便要向全國人大常委會拿一個解釋，才可以作出最終判決；如果相關條款純粹屬於自治範圍內，就不需要請人大釋法，可以自行解釋。當全國人大常委會要行使它的解釋權的時候，會諮詢一個基本法委員會。基本法委員會由兩方面的人組成，有內地委員，有香港委員。其中，香港委員不只是由中央任命，而且是由終審法院首席法官、立法會主席和行政長官三方面提名。這個機制也是讓大家安心，相信人選不是亂來的。全國人大常委會在作出解釋之前，會徵求這個基本法委員會的意見。

其實全國人大常委會不會隨隨便便去釋法的。你看過去的五次釋法，事實上是有需要的，它幫助香港解決了香港本身未能解決的問題。而且，你看這五次釋法，有些是香港特區政府提出的，有些是終審法院提出的，不光是中央主動提出的。當然，香港的律師主要接受普通法的訓練，他們不明白或者不接受全國人大常委會按照憲法擁有這項權力，因為普通法裏面不是這樣安排的。但我們應當知道，我們現在奉行「一國兩制」，必須按照憲法與基本法辦事。而且我們還要看，釋法是否有利於香港。事實上，人大釋法是有依據的，而不是隨便的。人大不會無中生有地去解釋基本法條文。

四、「行政主導」是香港政制的
基本特徵

我們當初構思的時候，就覺得香港過去的政治體制是行之有效的，政府是很有效率的，所以希望能盡量保留不變，只是要加強市民參與的要素。但是，我們也注意到，回歸之前，政府的效率來源於「行政主導」。因此，我們在起草基本法的時候，一定要保留「行政主導」。因為從外國的經驗來看，「立法主導」是不行的，一定要「行政主導」。那麼，怎樣去體現「行政主導」呢？就是很多事情由政府去決定，比如政策的制定、財政預算案的制定、法案的提出，等等。

但另一方面，怎麼去制衡「行政主導」呢？立法機關就可以起到這個作用。因為立法機關有權通過法律，有權審議財政預算案，而政府需要向立法機關去解釋它的政策，所以會變相地起到一個制衡的作用。但是，如果政府不提出一些主張，立法會就做不了任何事情。如果政府提出一些主張，立法會不同意，不撥錢，政府也做不了這些事情。

立法機關之外，還有一個司法機關。司法機關要

看有沒有人違反基本法和本地法律，然後依照法律去處理。但特首有權任命法官 —— 當然也要經過一個程序。大家是有分工的。

在三者的關係上，我們當時的考量就是，要盡量保留原有的特色。其實當時鄧小平就說得很清楚，香港的制度不是三權分立。[1] 我們是行政機關去主導，立法機關、司法機關各司其職。大家既有相互制衡的一面，也有相互合作的一面。

關於行政長官的政治地位問題，其實我們在起草基本法的時候，也有很多的討論。特首要落實「一國兩制」，所以要向中央負責。特首雖然是選舉產生，但最後要中央任命，而中央有權選擇任命或不任命。不過，因為特首是選舉產生，所以又代表香港市民。特首就是這樣一個角色。我們不覺得這裏面有什麼矛盾，因為我們覺得，中央的利益和香港廣大市民的根本利益是不會有很大矛盾的。

有人說，「行政主導」在實踐中已經變形。某些事情

---

[1]　1987 年 4 月 16 日，鄧小平會見香港特別行政區基本法起草委員會委員，並發表講話。他在講話中指出：「香港的制度也不能完全西化，不能照搬西方的一套。香港現在就不是實行英國的制度、美國的制度，這樣也過了一個半世紀了。現在如果完全照搬，比如搞『三權分立』，搞英美的議會制度，並以此來判斷是否民主，恐怕不適宜。」參見鄧小平：〈會見香港特別行政區基本法起草委員會委員時的講話〉，《鄧小平文選》（第三卷），頁 220。

會給人這樣的感覺，但整體的架構設計不是這樣的，也不是每件事都是這樣的。為什麼會有這樣的感覺呢？比如，有些事情需要撥款，立法會就阻撓，那就變成像是「立法主導」。另外，特別是近期，多了很多司法覆核的案件。當事人認為特區政府沒有按法律辦事，就去法院尋求司法覆核，因為法院只能依法做出判決。在香港，法院做出了判決，政府就必須遵守。有時候，大家不太接受法院的有些判決，但法院有權做出決定，其他人就很無奈，於是得出了一個「法院主導」的印象。

五、政改問題,「關鍵在於香港自身」

在起草過程中,政制環節匯集了最多的不同意見。在立法會的普選問題上,這些不同意見基本分兩大類。有些人認為,立法機關要盡快由普選產生。他們當時用的名詞並不是「普選」——「普選」是內地的慣用字眼,香港一般都說「直選」。直選的意思是分區直選,即分地區直接選舉產生立法會議員。當時普遍認為,這是最直接、最民主的產生立法會議員的辦法。當時的香港社會,有一部分人對特區政府、中央政府的信任是不足夠的,他們擔心中央政府通過影響特區政府來控制香港。因此,有些人就試圖通過立法會來牽制政府 —— 這也是港英政府一直以來推動的事情。因為立法會議員產生於選舉,不管是直接選舉還是間接選舉,所以政府控制不了他們,但反過頭來,他們卻可以牽制政府。在這個背景下,有些人就希望盡快取消功能界別,達致分區直選,也就是基本法所說的普選。

另外一部分人就覺得,香港的政制不能走得太快。《中英聯合聲明》簽署之前,香港的立法局的成員都只

是委任的而已。《中英聯合聲明》簽署之後，港英政府才急不及待地開放立法局議席選舉，容許一些間接選舉的席位出現。有些人認為，因為我們過往都沒有直選這回事，我們不能一下子就讓立法會議員全部都由地區直選──或者說普選──產生。太大的變化會造成太大的衝擊。中央亦認為，普選應該循序漸進。

這兩種想法非常不同。我們搜集了很多不同意見，該怎麼處理呢？我們當時想了許多辦法，最後寫出來的方案，就是我們通常說的路線圖、時間表。我們是怎麼樣去體現這個路線圖呢？首先，我們對回歸頭十年，也就是 1997 年到 2007 年，做了政治發展上的安排，主要體現在選舉委員會的議席一直在減少，到第三屆立法會，功能團體選舉和分區直接選舉的議員各佔一半。到 2007 年以後，如果有需要，我們可以進行檢討。檢討之後，如果有變化，就要向全國人大常委會備案。通過規劃一個路線圖和時間表，我們解決了這些不同的意見。當時，這是一個大家普遍都認同的解決辦法。也就是說，不要急，十年後，我們去檢討，到時我們再決定怎麼做。

政制這個問題最難搞。當時我們也想過，要不要把一些東西寫死，他日就不必爭論。但當時我們又覺得，即使把一些東西馬上決定下來，也未必符合事情的發

展。因為事情會不斷發展，可能到了某個階段再處理才是正確的做法。所以我們就決定，將這個矛盾往後推。你說 2007 年之前的政制爭議較少，政制爭議主要發生在 2007 年之後，這是一個事實。因為在起草基本法的時候，我們就想，先有十年相對穩定的時期，這十年不必爭論，一步一步地分階段發展；十年之後，我們再做一個檢討。所以到檢討的時候，又把這個矛盾恢復了過來。但是，這次不能把矛盾再往後推了，就要處理，但在處理的時候就遇到了問題。

行政長官的普選問題，其實站在全國人大常委會的角度，已經是被放寬了。本來這是終極目標，現在剛到中期，就已經讓普選行政長官了。基本法第 45 條承諾了普選行政長官，但它同時規定了一個提名委員會。這相當於將已經存在的選舉委員會，變相為提名委員會。提名之後，再選舉產生，這是寫進了基本法的。站在中央的角度來說，中央覺得，基本法的規定如此，要繼續保留。另外，行政長官選出來之後，還要由中央任命，如果沒有這個提名程序，所有人都可以參選，最後要由中央去取捨，會令衝擊更加大。畢竟中央是有一個決定權的，它最後要做出任命，而它可以選擇不批准。所以中央就希望，通過一個提名委員會決定候選人，應該比較穩妥。但是，在香港，有一部分立法會議員是不接受這

個做法的，認為這個提名程序有篩選，變相地控制了候選人，就不算是「真普選」。當時，有人藉着這個問題在煽風點火，向全國人大常會委施加壓力，想去否定這個方案。好可惜，這個做法不被接納，無法在立法會通過。真的好可惜。

我覺得，政制發展問題的關鍵在於香港自身。全國人大常委會在做出「八三一決定」之前，也很小心，收集各方面的意見，包括兩次聽取香港立法會的意見，一次在上海，一次在深圳，最後才做出了那個決定。所以全國人大常委不是輕率地做出這個決定的。如果香港社會或者立法會裏面有共識的話，重新啟動政改才有意義。如果只是要求全國人大常委會推翻原本的決定，這可能並不是解決問題的方法。

六、「23條立法」問題的來龍去脈

　　基本法起草委員會裏面，分了五個專題小組，其中有一個小組叫做中央與特區關係專題小組。[②] 起草第23條的時候，我們有份去參與討論，因為這個屬於中央與特區關係的範疇，也就是基本法第二章的內容。當時我們就覺得，香港回歸祖國後，實行「一國兩制」，享有這麼多權利和自由，會不會有人利用這一點，去做一些對國家不利的事情？我們怎麼防止香港被一些外國勢力或者本土人士，變為一個顛覆國家的基地？另外，會不會有人想搞運動，將香港分裂出去？所以，我們就認為，一定要立法，來阻止這些情況出現。當時也有過一些爭論，但大家都認

---

② 「根據《第六屆全國人民代表大會第三次會議關於成立中華人民共和國香港特別行政區基本法起草委員會的決定》，第六屆全國人大常委會第十一次會議任命了起草委員。一九八五年七月一日，起草委員會正式成立並開始工作。在制定了工作規劃，確定了基本法結構之後，起草委員會設立了五個由內地和香港委員共同組成的專題小組，即中央和香港特別行政區的關係專題小組，居民的基本權利和義務專題小組，政治體制專題小組，經濟專題小組，教育、科學、技術、文化、體育和宗教專題小組，負責具體起草工作。在各專題小組完成條文的初稿之後，成立了總體工作小組，從總體上對條文進行調整和修改。」詳見姬鵬飛：〈關於《中華人民共和國香港特別行政區基本法（草案）》及其有關文件的說明〉，袁求實編：《香港過渡時期重要文獻匯編》（香港：三聯書店，1997），頁77-78。

同，「一國兩制」應該互相尊重，不容許也不應該讓香港成為一個顛覆國家的基地。

我們曾經查過，在 1997 年之前，香港有沒有相關的法例。我們發現，港英時代的《刑事罪行條例》，有一些條款是說叛逆罪的。當時，香港是殖民地，英國是宗主國。英國奉行君主立憲，所有人都是女皇屬下的臣民，所有土地在理論上都屬於女皇。因為不可對女皇造反，所以反對女皇就叫叛逆。這個法例現在依然有效力。[3] 但我們當時覺得，這個法例是不夠的。因為我們不止要禁止叛國，還要禁止分裂國家、煽動叛亂、顛覆中央人民政府及竊取國家機密的行為，以及禁止外國的政治性組織或團體在香港進行政治活動，禁止香港的政治性組織或團體與外國的政治性組織或團體建立聯繫。我們最後將這七個方面的訴求全部寫入了第 23 條，要求特區自行立法。

我們原本想將第 23 條寫得細緻一點，但考慮到基本法是一個方向性、根本性的文件，日後也要通過本地立法來實施，所以我們最後決定，在基本法裏面只寫入一

---

[3] 《香港法例》第 1 章《釋義及通則條例》規定，回歸之後，香港法律中的「女皇陛下、皇室、官方、英國政府或國務大臣（或相類名稱、詞語或詞句）」，須視具體情況，解釋為「中華人民共和國中央人民政府或其他主管機關」或「香港特別行政區政府」。

條大原則，然後要求特區自行立法。此外，我們在討論第 23 條的時候，也有人擔心這個立法可能會比較敏感，所以我們普遍認為，將這個立法工作放在香港，會令人比較安心。

基本法第 23 條規定，「禁止外國的政治性組織或團體在香港特別行政區進行政治活動，禁止香港特別行政區的政治性組織或團體與外國的政治性組織或團體建立聯繫」。要注意「政治」這兩個字，不是説任何組織都被禁止。民間的正常交往是沒問題的。香港是個國際性城市，我們有很多經貿的來往、文化的交流、人民的旅遊，這些都是沒問題的。但如果外國的政治性組織想在香港搞政治活動，或者香港的政治性組織和外國的政治勢力搞在一起，這就是一個問題了。既然我們是一個開放的國際性城市，就不排除有些國際性政治勢力想通過香港影響國家。我們這麼起草第 23 條，是有這個考慮的。

在香港回歸初期，特區政府很忙，有很多事情要做。到了第二屆政府開始的時候，也就是 2002 年，董建華先生就決定做這項工作。特區政府擬定了一個條例草案，拿出來諮詢大家。當時的保安局局長就負起了推銷的責任。但是我覺得，這項工作在當時是「生不逢時」。2003 年的時候，我們剛剛碰上了一個金融上的危機，對

香港的經濟造成了很大打擊。再加上沙士（SARS）突然
到來，死了三百多人，導致人心惶惶——人們不知道什
麼時候會輪到自己，因為找不出病的源頭。在這個雙重
打擊的時候，我們啟動了「23條立法」。初期的時候，
大家高喊「國家安全，人人有責」，情況還是可以的。
但由於經濟的低迷，還有沙士的衝擊，情況就開始有變
化。當時有點匆忙，因為立法會即將休會。特區政府希
望在2003年7月中旬，立法會休會之前，通過這個法
例。在這種情況下，社會上產生一種壓力，特區政府被
批評得很厲害。在立法會的建制派裏面，票數也不夠。
最終，特區政府就放棄了，直至現在也一直都沒有再
做。基本情況就是這樣。

七、「憲法是母法，基本法是子法」

　　憲法和基本法的關係問題，我們當年也討論過。簡單講就是，憲法是母法，基本法是子法，有母法才會有子法。但是在我們的宣傳中，其實一直都沒有強調憲法的內容，只是會提一下憲法第 31 條，即「國家在必要時得成立特別行政區」。我們主要還是將精力集中在如何起草好基本法上。當然，在今天看來，我們當時只是強調基本法，對憲法的重視程度是不夠的。這個問題，其實對於理解「一國兩制」很重要。「一國」的依據就是憲法，「兩制」的體現則是基本法。

　　中國憲法在香港當然有效。憲法裏面有很多內容，都是對事實的陳述，比如：國家的架構，人民代表大會的職能，以及國旗、國歌、國徽等。所有這些條款，香港都要遵守，所以不能說憲法與香港無關。最近中央領導人都強調，我們香港特別行政區必須嚴格按照憲法和基本法來辦事。不過，在「一國兩制」之下，我們香港要保留原來的制度。憲法裏那些屬於社會主義制度範疇的部分，香港可以另有安排。

八、「港人治港」要重視勞工階層

在 1997 年之前，香港是由港英政府管治，但在港英政府管治期間，有相當一部分職位，尤其是高層職位，其實都是由港英政府委任，或者是從英國派一些人來參與管治。所以，在談到回歸問題時，鄧小平就強調，因為已經回歸祖國，就是由香港人自己管治自己，而不再是由英國人管治。因為管治主體變化了，管治的人當然也應該變化，應該熱愛自己的國家和民族，熱愛香港。

我覺得，一方面，「港人治港」可以體現回歸之後出現的變化 —— 我們香港人可以當家做主了，可以自己管治自己了。另一方面，它也可以體現鄧小平對香港人有一份信任，即覺得香港人還是有能力管治好自己的。其實，「愛國」、「愛港」也沒有一個很嚴格的標準。總之，你如果「愛」，就不要去搞破壞，而要做一些對香港、對國家有利的事情。如果搞破壞，那就說不上「愛」了。我覺得，「愛國」、「愛港」的一個最基本的體現就是：支持「一國兩制」，支持基本法、擁護基本法、接受基本法。

如果以基本法起草委員會的組成來看，中央確實

是傾向於工商界的。香港的三十六個委員裏面，大部分來自工商界，另外有些來自專業界，但專業界和工商界也是關係密切的。真正的勞方代表只有我一個，或者再加上譚惠珠 —— 其實譚惠珠也未必算得上，因為她是個大律師，也是地區議員。勞方代表很少，這是一個事實。我相信，當時的一個主要考慮，就是令工商界增加信心。工商界如果沒有信心，就會離開香港，到外面投資，這是大家都不願意看見的事情。

但是，在起草過程中，我覺得勞工階層的意見還是得到了重視的。有什麼例子呢？你看，基本法第三章是「居民的權利與義務」，裏面規定了國際勞工公約的有效性，這一點在《中英聯合聲明》裏是沒有的。《中英聯合聲明》只講了兩個國際人權公約，並沒有提到國際勞工公約。另外，基本法第三章亦講到，「勞工的福利待遇和退休保障受法律保護」。當我們起草基本法的時候，港英政府是沒有退休保障制度的，但是我們把它寫進了基本法，明確了退休保障受法律保護。還有勞工常關心的結社、集會、罷工、組織和參加工會等自由，都在基本法第三章裏面有所體現。

唯一由勞工界提出但沒有被採納的建議，就是集體談判權。但是，在香港社會，這個集體談判權其實並不普遍，只有個別英資機構才有這個做法。起草委員會

討論這個問題的時候，那些內地委員都是認同的，都覺得集體談判權是合理的。但是香港委員都覺得，集體談判權不應該寫進基本法，因為它現在還沒有變成社會的共識。在起草基本法的時候，每一個條款都要經過起草委員會的投票，有三分之二的票數支持，才能放進基本法。關於集體談判權的條款，由於得不到三分之二票數的支持，最後就沒有放進去。

我相信，在八十年代的時候，國家搞改革開放，需要引進香港的投資和技術，所以當時對商界比較重視，亦希望令他們放心，不要因為回歸影響了他們在香港的投資、在內地的投資。至於剛才提到的勞工問題，我都同意。回歸之後，雖然香港關於勞工的法律有了增加，勞工的狀況也有點改善，但整體來說，工人薪酬的增長幅度還是不夠。雖然我們常常說，香港的工資已經很高，但是我們的生活費也很高，所以相比起來，工資也不高。

其實香港的勞工力量不算很強，工會有很多，但是比較分散，規模很小。但這裏面，就有各種不同的背景。有些工會和工聯會一樣，支持「一國兩制」和基本法，愛國愛港；有些工會是中性的獨立工會，比如公務員總工會；另外也有些工會是親民主派的。工會的數目不少，但是真正參與工會的勞工人數還不算很多——大

概六十萬。如果就政治地位來說，港英年代更不重視工會；回歸之後，工會才受到了更多的重視。有時候，勞工界的意見，政府也會正視。比如在輸入勞工問題上，如果勞工方面反對，政府也不敢做。

九、「泛民」要有底線，「港獨」沒有出路

　　在社會裏面，有不同的聲音、意見，是正常的。不同意見者組合起來，就變為了「泛民主派」，或者叫反對派。他們的主要思路是馬上進行「雙普選」，並認為進行普選之後，一切社會問題就會得到解決。但另外也有一批人，叫「建制派」，就不認同這個做法。他們就覺得，普選問題要循序漸進，逐步來做。一下走得太快，會帶來很大衝擊，政府未必能承擔，也無法再回頭。這是兩個不同的政制發展態度。

　　「佔中」之後，或者說「佔中」前後，反對派就出現了分裂，有些是傳統的、主流的溫和民主派，有些是激進民主派。後來，激進的一派要搞社會運動，甚至要搞本土獨立。所以反對派裏面也是有一些分化的。我覺得，有不同意見是沒問題的，但大家都要遵守一個前提，那就是「一國兩制」和基本法。如果連這個根本的底線都不接受，其他事情更無從談起，沒什麼好說的。另外，他們試圖用各種方式，去逼中央政府和特區政府就範。我覺得這是不會成功的。特別是中央政府不可能

就範，因為中央政府的原則性很強，有些底線是不容許挑戰的。如果他們試圖通過在立法會「拉布」等方式，使政府癱瘓，逼政府就範，我想市民是不會認同的。如果「泛民主派」，或者說反對派，可以理性一點、務實一點，我相信整個社會就會和諧一點，解決問題也會容易一點。

有些人一直覺得，在香港，沒人會這麼傻，搞香港獨立，因為沒有條件獨立。1997 年之前，沒有這樣的聲音。回歸前夕，也沒有這樣的聲音 —— 當時包括大學生在內，都是支持回歸的。為什麼到了 2014 年的時候，特別是「佔中」之後，就多了一些人討論「港獨」，還在示威的時候拿出「龍獅旗」？④ 我覺得，有些人到了某個時間點，覺得自己的意見不被接納，就開始走極端。這些人沒有接觸過港英政府的管治，對此毫不了解。雖然他們也明白「港獨」不可行，但他們還是試圖去挑戰中央政府和特區政府。就算你說不行，他們也要故意出來挑釁你，特別是有些人舉着言論自由、學術自由的理由去衝擊你的底線。香港就是有一批這樣的人，你愈說

---

④ 龍獅旗又稱「龍獅香港旗」，是所謂「香港自治運動」或「香港獨立運動」的代表旗幟，於 2011 年 5 月由一位香港網民從殖民時期的「香港旗」更改而來。

不行，他就愈要挑釁你。而且，他們做這些事、説這些
話，也不用付出任何代價，不會被檢控，背後更可能有
國際勢力的撐腰。這導致他們肆無忌憚。所以我認為，
「23 條立法」是有必要的。我希望可以通過立法，保障
國家安全，對「港獨」起到一些阻嚇作用。

十、回首二十載：變與不變

　　基本法在 1990 年頒佈，我們現在是 2018 年。現在回顧，我覺得，我們當年起草基本法的時候，有很多問題都考慮到了。因為當時社會上有許多不同意見，所以我們做了很多努力，來尋找折衷的辦法。我們有很多條款，其實並沒有寫得很細緻，而是預留了一些發展空間，特別是關於經濟的條款——因為我們都知道，我們在起草的時候，不能預想到往後哪些變化，不能讓基本法阻礙到將來的經濟發展。還有關於政制的條款，我們也預留了發展空間，容許它進一步發展。

　　我覺得，到今時今日來說，基本法並不會對我們的發展造成很大的障礙，而是會幫助到我們去解決發展中遇到的問題。所謂「變」與「不變」，都必須圍繞着基本法來展開。我們的「變」，並不是完全脫離基本法的，而是有其依據的。比如「一地兩檢」，我們並沒有寫進基本法，因為我們當時無法預計到國家發展如此快，會有高鐵。但我覺得，基本法也沒有阻止這件事，它還是可以做到的。通過與廣東省簽署協議，並得到全國人大常委會的批准，我們也可以使「一地兩檢」獲得法律基礎。

當然，我們的基本法也是可以變的。如果他日發覺真的有必要修改，不改不行，我們就可以修改。但我們也不希望有太多的修改，因為太多的修改可能讓人感覺基本法的尊嚴性不夠，而且修改的時候會引起很多的紛爭。

　　香港回歸以來，我覺得國家的很多大原則，譬如「一國兩制」、「港人治港」、高度自治，嚴格落實基本法，都是沒有變的。相比之下，國家的經濟發展水準有了很大的變化。在我們起草基本法的時候，也就是 1985 年到 1990 年，內地的經濟還很落後。我們當時回內地起草基本法，條件是比較差的。飛機的班次很少；只有北京和廣州的酒店設備稍微好點，其他地方的酒店設備都比較差；通訊也比較差。這些年來，內地在經濟層面的變化很大。另外，國家現在依法治國的觀念也變強了。

十一、改革開放與香港

　　國家的改革開放是一個轉折點，從強調政治，到強調經濟發展。有很多政策吸納香港人去內地投資，將原來一個小廠，變成一個中型的廠，將原來一個中型的廠，變成一個大廠。在這個過程中，我們領悟到，香港人在內地有很大的發展空間，這解決了香港當時的經濟轉型問題。我們將香港原有的工業搬回了內地，然後就升級轉型。我們也派了很多技術人員去內地。所以在那段日子裏面，香港去內地發展的人，都得到了紅利，這是一個事實。與此同時，香港回歸也配合和促進了內地的改革開放政策。所以我覺得，在那段日子裏，大家慢慢地從一段憂慮中走了出來，因為內地搞改革開放，大家看得見國家未來的發展，同時也在參與過程中得到紅利，所以就覺得國家正在進步。

　　改革開放之後，內地有很多東西都有所改變，香港在這方面充當了一個重要角色。香港向內地提供的支援，可以概括為硬件和軟件兩個方面。在硬體方面，香港參與了很多工程建設，建了很多高樓大廈。在軟體方面，香港帶來了很多專業技術、管理技術，然後內地可以利用廉價的

土地、豐富的人力資源來發展經濟。

　　內地現在發展得很快，硬件也很不錯，但軟件方面還有問題需要解決。我覺得，香港還存在一些有別於內地的地方。香港的法治比較健全，大家的守法觀念很強，執法的水準也相對穩定，司法也有自己的特色，這些都讓人們有信心。在金融方面，因為人民幣還沒有國際化，香港在國際市場的融資和股票都比較成熟。即使在貿易方面，我們與外國的交往也比較多，外國人對香港人也比較信任，合作上相對容易一點。在這些方面，我們還有別於內地，並且是較強的。所以，我們下一步要想，如何去加強合作，以我們所長，予國家所需，大家取長補短，配合起來，去開拓未來。有一個說法叫「拼船出海」，我們不是純然在內地取得好處，我們還可以一起去外面發展。

十二、新時代的香港青年要目光長遠、抓住機遇

　　我覺得，香港的很多青年，因為他們一出生，香港就已經回歸祖國，成立了香港特別行政區，所以他們沒法把過去與現在進行比較。他們沒有經歷過港英管治的時代，不知道過去究竟是什麼樣的 —— 那時是否真的比現在好？我們當時為什麼會受到打壓？他們也沒有經歷過戰爭的洗禮，沒有感受過中國以前是如何的艱難，如何的落後。他們一出生，香港就已經回歸了，就已經很穩定了。他們沒有這樣的對比，生活很安逸，就像溫室的花朵一般。

　　在這種情況下，當他們聽到「港人治港」、高度自治，他們對於特區政府的期望是很高的。這一點與港英統治的時候很不一樣。那時候，我們不會對港英政府有什麼期望，我們要靠自己，因為港英政府不是為你服務。但現在不同了，現在的特區政府想事事照顧，事事幫助，但愈是事事幫助，有些人愈覺得幫助不夠 ——我想要樓，政府沒能給我一所；我想上大學，政府又沒能給我一個學位⋯⋯而且，我們以前家境貧困，兄弟姐妹眾多，大家的日子是熬出來的。現在的青年並不是這

樣。他們家中兄弟姐妹很少，一個起，兩個止，家裏的照顧特別多，依賴性也更強。另外，我們的教育也出現了問題。他們對國家沒有什麼認識，更說不上感情。這些原因加起來，形成了今天的情境。香港的青年不願意離開香港，因為去到外面，很多事情沒有依賴，要靠自己的努力去打拼，而他們又不願意過太艱苦的日子。他們不願意離開自己的家，離開自己的一群朋友，離開一個比較舒服的環境，所以發展的空間有限。

不過，我也同意，經濟全球化令工人的增值減少。因為很多東西已經電子化，不需要那麼多人，你能夠發揮的作用有限，所以工資也有限。香港工人的福利雖然較差，但工資卻相對較高。這主要是因為我們的工時長，更為拼命。內地的工時沒有那麼長，工人的工資就會較低。所以香港年輕人不願意去內地做工人。

那麼，未來怎麼辦呢？首先，我希望，香港的青年能夠務實一點，看清今後的發展趨勢，不要受人誤導，對社會、國家太多怨氣。埋怨不是出路，看清香港未來的發展方向，努力使香港與內地融合起來，才是出路。另外，我也希望，香港的教育可以讓學生對中國的歷史、對國家的發展，多一點認識和了解，這可能會對年輕人多一點幫助。

用一句話去概括我的寄語，有一點難度。但我想就是：眼光要看遠一些，準備好自己，機會是給有準備的人的。

第八章

專訪
譚惠珠

從起草基本法開始，就對國家有信心

英國是一個島國，卻一度建立了一個橫跨全球的殖民帝國。英帝國的建構，很大程度上依賴於一種被稱為「間接統治」（indirect rule）的政治技術。

英國對香港的管治，即深得「間接統治」之精髓。港督由英國政府委任，作為女王的代表，是香港的權力中心。港督之下，設有行政局和立法局，作為港督的諮詢機構。香港的華人精英，往往會被吸納為「兩局」議員，利用他們與華人社會之間的紐帶關係，發現和消解社會矛盾，維護管治秩序。換言之，英國通過直接統治華人精英，來間接統治全體華人。而很少有人注意到，「間接統治」理論的提出者，英國人弗里德里希‧盧嘉德（Frederick Lugard），正是第十四任港督、香港大學的

創立者 —— 香港人稱之為「盧吉爵士」。

然而，世殊事異，英帝國終於走到了曲終人散的一刻。當香港回歸已成定局，港英政府的華人精英，乃至香港社會的華人精英，亦走到了人生的十字路口。個人的命運，以一種前所未有的方式，與歷史的進程緊密地聯繫在一起。有人出於對香港前途的憂慮，選擇「急流勇退」、「明哲保身」，就此消失在公眾視野中。有人則以堂吉訶德大戰風車的姿態，逆流而行，最終被時代大潮所淹沒。當然，更多的人積極擁抱自己的中華民族認同，參與到香港回歸與「一國兩制」實踐的歷史進程中，繼續活躍在回歸後的時代舞台上 —— 譚惠珠即是這一群體的一個代表人物。

譚惠珠是香港政壇上一位十分活躍的傳奇人物。她祖籍廣東中山，1945 年生於香港。她早年赴英國修讀法律，取得大律師執業資格。1974 年，譚惠珠返回香港，在律師樓工作。1979 年 4 月，她當選為市政局議員。1981 年，她被委任為立法局非官守議員。1983 年 4 月，她被選為中西區區議會議員，同年 8 月又被委任為行政局非官守議員，年僅三十九歲。至此，譚惠珠兼行政局、立法局、市政局和區議會議員於一身，被稱為「四料議員」，深受港英政府器重。

長期的議員生涯，使譚惠珠得以深入了解香港的民

情，這為她參與香港回歸與「一國兩制」實踐打下了堅實的基礎。1985 年，譚惠珠作為港方代表，被委任為基本法起草委員會委員。在接下來的五年中，她利用自己的法律專業知識，參與了基本法起草過程中幾乎所有重大問題的討論，為許多政治爭議提供了法律上的解決方案。1992 年，譚惠珠被聘為「港事顧問」。1993 年，她當選為第八屆全國政協委員。回歸之後，譚惠珠長期擔任港區全國人大代表、全國人大常委會香港基本法委員會委員，並於 2018 年被任命為全國人大香港基本法委員會副主任。在人大釋法、「雙普選」與「23 條立法」等一系列重要問題上，她都會站在法律專家的立場，發出理性的聲音——她亦因此而爭議纏身。

總而言之，對於近三十年的香港政治，無論是港英管治、基本法起草、過渡期工作還是「一國兩制」實踐，譚惠珠都是一個重要的親歷者。也正因此，在香港回歸二十年後，我們探訪了至今依然公務繁忙的譚惠珠。

在訪談過程中，譚惠珠沒有迴避自己在港英時代的從政經歷，並為我們講述了英國對香港的「間接統治」的諸多細節。她亦坦言，在中英談判之初，自己一度對香港前途心懷憂慮，並為此四處奔走呼喊。當然，作為一個法律專家，譚惠珠談得最多的，還是基本法的起草與實踐——她屢次強調，「一國兩制」事業若想良性發展，「遵

守基本法」是一個必不可少的前提條件。跟着她的生動講述，我們重溫了隱藏在基本法背後那一幕幕扣人心弦的博弈。

不過，整場訪談最令人感觸深刻的，或許是譚惠珠本人作為港英政府的華人議員，在回歸前後的心路歷程。從最初的懷疑和憂慮，到「對中國有信心」，個中滋味，外人或許很難完全體會。然而，當她説出「我想放心地做一個中國人」的時候，我們似乎理解了她這些年的堅守。雖然我們未必同意她的很多觀點，比如「國比黨重要」、「中國共產黨不是香港的執政黨」，但我們毫不懷疑她是一個真誠的「愛國者」。鄧小平先生曾説，「凡是中華兒女，不管穿什麼服裝，不管是什麼立場，起碼都有中華民族的自豪感」。在譚惠珠身上，我們看到了這種身為中華兒女的「自豪感」。正如一首詩所説：

> 夢繞邊城月，
> 心飛故國樓。
> 思歸若汾水，
> 無日不悠悠。

一、政治生涯的起點：為「非法移民」維權

　　我最開始當的是市政局議員。當時的市政局，是由政府資助和支持的社會福利機構，負責提供文娛康樂設施。市政局由委任議員和民選議員組成，每方十二位，各佔一半。在英國人統治的大部分時期，市政局都是唯一可以有民選議員的公共機構，而立法局和行政局都只有委任議員。

　　1972年，我在英國取得了律師執業資格。應該是1974年，我回到了香港。那個時候，我其實沒有什麼去當議員的想法。因為我接受的是法律職業訓練，可以做大律師，而我有很多中學同學當時已經在私人機構 —— 比如很多社會福利機構 —— 裏面辦事，所以他們就要求我幫忙做一些與法律有關的工作。比如，他們要簽合約，或者是處理與僱員之間的關係等，就需要法律意見。機構的委員會裏面如果有一個學法律的人，會對他們有幫助，所以我就做了義工。1979年，他們跟我說：「香港有很多人的家裏沒有書，沒有地方可以游泳，也沒有地方可以運動。我們身為社會工作者，要為市民提供

一些他們在家裏面沒法獲得的服務，而市政局就有這些服務和設施。不如你去試試參選市政局議員，我們幫你組織助選團。」也就是在 1979 年，我被選為市政局議員。

當時，市政局選舉不分區，議員由整個香港選出，也沒有成立新界市政局。雖然我是律師，但是市政局的所有委員會裏，並沒有一個專門的法律委員會。所以我進了市政局後，主要參加的就是圖書、文化、食品、發酒牌、衛生等方面的工作，這些工作都需要懂法律的人來參與。在市政局裏面，有不少關於民生方面的辯論。在這個過程中，我開始學習怎麼在「議局」裏面辦事。但市政局和立法局還是有很大差別的。

我成為市政局議員後不久，1980 年 10 月 23 日，港督麥理浩宣佈取消「抵壘政策」。根據抵壘政策，從內地偷渡來香港的人，雖然屬於非法入境，但只要他們能夠走到市區，或者接觸到他們的家人，就不會被遣返。但是，隨着過來的人愈來愈多，到 1980 年，麥理浩就覺得，香港沒辦法負擔這麼多從內地過來的人，於是忽然在 10 月 23 日宣佈取消抵壘政策。

有一個工作天，早上八點到八點半之間，我正在我的大律師寫字樓辦公 —— 這個地方叫「荷蘭行」，就是現在的皇后大道中 9 號。我那天是準備去打官司的。突然間，有人敲我的門。我打開門，門外有男有女，共

二十個人左右，都在哭。他們在取消抵壘政策以前，已經到了香港，本來可以享受抵壘政策的待遇，但由於沒有去領身份證，現在忽然就變成非法移民了，就來請求我幫助。因為作為市政局議員，我要接見市民，所以就有一些表格，用來填市民的姓名、位址、聯繫方式和申訴問題。我把這些表格 —— 大概有五百張 —— 給了他們，然後對他們説：你們去把細節都填上來，我現在沒有時間跟你們談話，我一點鐘退庭之後，去找你們。我讓他們去香港大會堂的一個海邊的地方等我，因為市政局是在那個地方開會。

我打了半天官司後，中午還沒吃午飯，就跑到那個地方見他們。香港大會堂外面坐滿了人，男女老少都有。他們告訴我，他們要去港督府示威。我説，你們千萬不要這樣做，因為香港人不一定同情你們。我告訴他們兩點。第一，你們不可以再犯法，不可以在香港搞什麼遊行抗議。第二，我現在知道了你們的情況，政府有酌情權，是可以允許一些人留下的。你們要把能證明你們的家庭情況、在香港逗留時間的證據，比如水電費的收據、女兒的出生證等，都拿出來。我需要這些證據的副本。

之後，我就繼續回去打官司了，那個官司兩天就打完了。我有一個朋友，生意做得不大好。我就跟他説，

我要租你的寫字樓。這個地方在駱克道的一個叫東城大廈的閣樓。我暫時不再打官司，就在這裏專心處理這件事。那些所謂的「非法移民」裏面，有些是受過教育的，我就讓他們做我的助手。然後我打電話給政府說，你們別抓人，抓人的話，就全亂了。政府就沒有抓人。我這裏成了登記中心，登記他們的資料，把他們的資料分類：單身的，有家庭的，有身份證明的，沒有身份證明的，等等。沒有身份證明的怎麼辦？可以叫他的鄰居來發誓。我一直在提供意見，政府也沒有來抓人。但是，反而有一些賣假身份證明的人，跑到我的中心來找生意，我就追出去，但是我沒辦法追到他們。我只能夠告訴我的助手：你們要小心，這些人一來就報警。

到了 12 月 24 日，聖誕節要到了，政府來抓人了，我也沒辦法了。我們對着哭了整個聖誕。從內地或者澳門偷渡來的人當中，在香港待了三年以下的都要走，但待了三年以上的基本都留下了；有孩子的、有配偶的也都留下了。事情辦完後，我就把所有的記錄都一把火燒掉了，從此再也沒有人知道誰是「非法移民」。

市政局裏面有一個傳統，就是有一到兩位民選議員，可以被委任為立法局議員。這件事過去以後，1981年，麥理浩把我委任為立法局議員。進入立法局大概一年多以後，1983 年，港督又把我委任為行政局議員。

二、擔憂香港前途，但相信中國政府

　　1982 年 9 月，我在擔任立法局議員。當時，中英雙方已經開始談判了，但我在立法局裏的消息並不是太靈通。我當時就想，如果有事情發生，我還是要做好自己的工作。當時，香港的前途很不明朗，我跟其他香港人一樣，都有一些憂慮。進入行政局之後，我才知道香港回歸已經成為定局。1979 年，麥理浩到北京會見鄧小平，鄧小平那時已經明確告訴他，中國要收回香港了。麥理浩回來之後做的第一件事，就是在公開講話中說，鄧小平叫「香港投資者放心」。這句話一出，香港的股票就下跌了。

　　香港投資者可以放心，但如果不是投資者又該怎麼辦？當時，麥理浩雖然已經知道香港要回歸，但他在公眾面前絕口不提這件事。跟他一起訪問北京的，是行政局首席非官守議員簡悅強。回來後不久，簡悅強就辭職了。[①]

---

① 詳情可參見鍾士元：《香港回歸歷程：鍾士元回憶錄》（香港：香港中文大學出版社，2001），頁 22。

麥理浩回來後不久，就於 1980 年推出了《綠皮書：香港地方行政的模式》，開始設立區議會。這是英國從殖民地撤退之前，所謂「還政於民」的一貫手法，即推行代議政制。區議會建立之後，我當時還不知道它的特殊性，就於 1983 年當上了區議員。當時，中英談判已經進行了一年，我發覺談判已經走到了一個地步 ——「以主權換治權」有困難。我記得，我進入行政局不久，香港匯豐銀行的董事會主席就帶我去見許家屯。事前，行政局的資深議員已有一些做游說工作的想法。我記得當時說中國收回香港是不利的。

　　那個時候，我根本不知道什麼是政治。因為我剛進入行政局不久，是唯一的民意代表，而在行政局裏面，談的是「以主權換治權」，所以我就去發言了。那是我第一次體會到「談判」是怎麼一回事。

　　當時，我們把行政局的工作內容分為兩部分，一部分是香港本身的事務，另一部分是中英談判的事務。當時的行政局裏面，有駐港英軍三軍司令，有英國政府的政治顧問和法律顧問，所以整個議程是與倫敦緊密聯繫的。我們有時可以通過電報，了解到中英談判的內容。從 1983 年 9 月開始，往後每一階段的談判內容，都是從這裏了解到情況的。

　　當時行政局裏亦有「以華治華」的英資發言人，出

主意引導我們的策略。因為中國不允許談判出現「三腳凳」，只能由中英雙方解決主權問題，所以香港本身沒有直接參與的權力，基本只能通過行政局和立法局提出意見。[2]

我當時確實有非常大的憂慮。我知道中英談判一度不是很順利，也知道香港人很擔心。因為香港不可介入中英談判，所以也不可公開徵求民意。我做「四料議員」時，主要工作就是與各級議員和民間團體保持密切聯繫，以探索他們對於香港前途的看法。我就問他們，假如英國人離開，你們擔心什麼？他們擔心最多的問題當然是，1997 年以後，香港是一個什麼樣的制度和生活方式？自己的人身安全、自由和財產受不受影響？他們擔心的都是這些問題。當時，中英雙方還不許用「麥克風

---

[2] 英國政府一度要求，中英談判香港前途問題時，還應有所謂的「香港民意代表」以第三方身份參加，以加強英國在談判中的地位。中國政府堅持，這是中英兩個主權國家間的談判，決不允許第三方參加。後來，中國政府的這一立場被英國政府接受。1984 年 6 月 23 日，在會見鍾士元、鄧蓮如和利國偉時，鄧小平明確表示：「中英的談判你們是清楚的，這個問題我們會和英國解決，而且這些解決不會受到任何干擾，過去所謂三腳凳，沒有三腳，只有兩腳。」參見《鄧小平年譜》（下），頁 983；鍾士元：《香港回歸歷程：鍾士元回憶錄》，頁 73。

外交」（microphone diplomacy）。③ 我雖然知道中英談判的一些詳情，但並不能給他們透露任何資訊，哪怕是一點線索。我只能說，我們會爭取盡量不變。當時，我其實還不懂得用「不變」這個詞，只能說「盡量不要改了」。我聽了鄧小平的談話後，才知道了「不變」這個詞。

中英談判期間，我的壓力很大。我不停地跟社團和各級議員接觸，一輪一輪地了解情況。在這個過程中，我長胖了大概十磅左右，都是因為社交性質的吃飯所導致的。我還進了兩次醫院，因為哮喘和晚上睡不着。為什麼晚上睡不着？因為壓力很大 —— 香港市民都在看着我們。大部分人比較憂慮，認為我們應該努力爭取「不變」。但也有少部分人比較樂觀，所以會質疑我們的努力。

不過，我當時雖然有擔憂，但對中國政府還是有信心的。很多人問我，要不要移民？我說，你自己決定。

---

③ 麥克風外交，是指兩國之間存在分歧時，通過在國內和國際的場合進行公開演講或發表談話，就對方的一些政策和做法發出質疑或指責。1982 年 9 月，英國首相戴卓爾夫人訪華，揭開了中英關於香港問題的談判的序幕。這一談判持續了整整兩年，可以分為兩個階段：第一，「秘密磋商」階段，即 1982 年 9 月到 1983 年 6 月，主要解決「基礎」問題，即「議題」和「程序」問題；第二，「正式會談」階段，即 1983 年 7 月到 1984 年 9 月，主要解決過渡期安排和「協議」擬訂問題。在第一階段，談判一度由於主權與治權問題而陷入僵局，但由於雙方採取了「秘密磋商」的形式，所以並沒有將分歧公之於眾。詳見齊鵬飛：《鄧小平與香港回歸》（北京：華夏出版社，2004），頁 83－158。

我有一個同班同學，他在一個美國銀行做副經理。銀行對他很好，讓他全家搬去加州，給他工作和綠卡。他問我，應不應該去？我跟他說，現在大風大雨，你可以走，但我在這裏打着傘等你回來。他問我，你為什麼這麼有信心？我說，中國政府如果想整死香港，根本不需要那麼長時間，一字一句地慢慢討論——關掉東江水，香港就完蛋了。我看了很多電報，知道中英雙方經歷了很多討論。我覺得，中國政府希望了解香港是怎麼一回事，並且在認真思考如何處理日後的問題。我的這位同學，後來也全家回來了，兒女在內地和香港做專業人士的工作。

印象中我一共見過五次戴卓爾夫人。在香港應該是兩次，在英國好像是三次。我記得，剛當行政局議員不久，我就要飛去倫敦，向英國國會爭取一個好的談判結果。我們還沒有下飛機，英國政府就已經放出聲音，說這批人想要英國打開國門，讓香港人都進來。英國報紙也開始刊登這種觀點。所以我們還沒有到英國，英國人就已經對我們百分之百地敵視了。這一點都不奇怪。二十世紀七十年代，肯尼亞獨立，當時拿英國護照的肯尼亞人都有權直接到英國定居，但英國最後還是關門了。英國肯定不會讓二百多萬香港人湧進英國，所以你還沒來，它就已經關門了。

我們見到英國議員的時候，他們就說，你們不是選舉產生的，怎麼代表香港的民意？我們就說，你們委任我們進入兩局，說明你們覺得我們代表民意啊，現在怎麼又說我們不代表民意？我們都很氣憤。另一方面，鄧蓮如、鍾士元和利國偉去見了鄧小平。然後就又傳來北京方面的聲音，批評我們兩局議員是「孤臣孽子」。但這句話並不是鄧小平說的，而是另一位領導人說的。[④]

1989 年發生了「北京政治風波」，但香港回歸已成定局。某位女士 —— 我就不說名字了 —— 就提出，為了保證香港的政府、高端服務業以及其他關鍵領域的重要人士不會離開，應當為他們爭取英國的居留權。最後，英國給了三萬多人「居英權」。獲得「居英權」的人，會獲得一個密碼，這個密碼在英國手中，不在香港手中。當時，我是行政局議員，為了平穩過渡，我同意了這個計劃，但我個人主動放棄了「居英權」。那個時候，我拿的是英國公民護照，有百分之百的「居英權」，但我在 1996 年就放棄了這個護照。我只有香港特區護照。

[④] 這句話是許家屯說的。據許家屯回憶，鍾士元等三人會見鄧小平之後，「為了配合我們的輿論，我利用向青年經理午餐會發表演講的機會，批評某些要求英國繼續管治的人，用了『殖民主義的孤臣孽子』這個詞，試圖對他們心理加壓，改變他們的想法。後來聽到社會上負面反映，感到用詞確實重了一點，以後就吸取教訓，注意講話用詞盡可能照顧港人的心態和情緒」。參見許家屯：《許家屯香港回憶錄》（台北：聯經出版公司，1993），頁 96。

三、「很多事情，要放在平穩
回歸的大環境下看」

中英談判當中，最容易的是經濟問題，最困難的是政制問題，也就是選舉問題。當時，英國提出，特區的行政長官應由選舉或者協商產生。大家對此並無異議。但是，立法機關怎麼產生？英國認為，如果中國政府將來要干預香港政治，它會經過特區政府；如果要制衡特區政府，就需要一個由直接地區選舉產生的立法機關。所以，英國就提出，「立法機關由直接地區選舉產生」。

中國的看法是，特區的立法機關可以全部由選舉產生，但不可以全部由「直接地區選舉」產生。於是，中國就做了兩件事。第一，在「選舉」一詞之前，刪去了「直接地區」四個字。第二，在英文本中，「選舉」（elections）用複數。這樣一來，將來立法機關的選舉辦法，就可能是包含多種模式的選舉，功能組別也可以存在。這就是《中英聯合聲明》附件一的「香港特別行政區立法機關由選舉產生」這句話背後的故事。[5] 總而言

---

[5]　亦可參見鍾士元：《香港回歸歷程：鍾士元回憶錄》，頁 82–83。

之，在中英談判過程中，政制問題最難以解決，而經濟問題 —— 比如新機場問題 —— 就比較容易解決。

中英談判期間先後出現了三種策略。第一種觀點認為，香港最好不要回歸。這種觀點的基礎是「三個條約有效論」。這三個條約，是晚清政府與英國政府簽訂的三個不平等條約 ——《南京條約》、《北京條約》和《展拓香港界址專條》。1982 年 9 月，戴卓爾夫人第一次見鄧小平時，就使用過這一招。當時，戴卓爾夫人說，「如果中國宣佈收回香港，就會給香港帶來災難性的影響和後果」。但是沒用。鄧小平說，主權問題不可討論，假如真的會帶來災難性的影響和後果，我們也要勇敢地面對。[⑥]這樣一來，主權問題就沒得談了。戴卓爾夫人出來之後心情沉重，就在人民大會堂台階上摔了一跤。

主權問題不可討論，英國就開始主張「以主權換治權」，但中國也不同意。本來一開始，新聞公報都說中英

---

⑥ 鄧小平的原話是：「至於說一旦中國宣佈一九九七年要收回香港，香港就可能發生波動，我的看法是小波動不可避免，如果中英兩國抱着合作的態度來解決這個問題，就能避免大的波動。我還要告訴夫人，中國政府在做出這個決策的時候，各種可能都估計到了。我們還考慮了我們不願意考慮的一個問題，就是如果在十五年的過渡時期內香港發生嚴重的波動，怎麼辦？那時，中國政府將被迫不得不對收回的時間和方式另作考慮。如果說宣佈要收回香港就會像夫人說的『帶來災難性的影響』，那我們要勇敢地面對這個災難，做出決策。」參見鄧小平：〈我們對香港問題的基本立場〉，《鄧小平文選》（第三卷），頁 12－15。

雙方的會談「有益」和「有建設性」。但由於英國不願意放棄這個主張,新聞公報變得只說會談「有益」,但沒有「有建設性」四個字。再後來,新聞公報連「有益」二字都刪掉了,只說中英雙方「進行了一次會談」。這導致市民和投資者對香港前途很憂慮,香港的股票又一次嚴重下跌。

後來,英國不再堅持「以主權換治權」。然後就有人提出,我們建立一個財團,叫「香港公司」(Hong Kong Cooperation),來管治香港。這當然是不行的,但當時確實有人提出過這個方案。我並不清楚太多細節,但我覺得原因很好理解 —— 香港人擔心前途,不知道未來會怎麼樣。未來的制度和生活方式是什麼樣的?自己的人身安全、自由和財產還有沒有保障?很多人想移民,也是因為這個理由。一走了之的代價很大,但不走的代價可能也很大。香港的人心就這樣浮來浮去,誰都不能給大家一個答案。1982 年到 1984 年是很痛苦的幾年。

《中英聯合聲明》發表之後,大家都很滿意。《中英聯合聲明》寫得很好,附件也很詳細。鄧小平就說,《中英聯合聲明》是中國、英國和香港「三方面都能接受」的解決方式。那麼,緊接着要問的就是,《中英聯合聲明》由誰執行,怎樣執行?是由中國執行,英國執行,

還是中英雙方一起執行？

當時，行政局議員每次去英國，講什麼內容，誰負責講，完全都是提前分配好的。大家也很齊心一致行動。我當時不知道英國國會的議事規則，行政局卻給了我這個任務。我就去問，既然《中英聯合聲明》已經有了，英國可不可以每年發佈一個有關香港的報告？某家本地報紙就拿這件事來批判我。其實，我們當初提這個建議，完全是為了增強香港人信心。在那個時候，平穩回歸是最重要的任務。但中英談判沒有「三腳凳」，我們不能跟中央政府要求什麼；當時還沒有制定基本法，我們不知道《中英聯合聲明》該怎麼落實。所以我們只能對英國人說，你們不要拍拍屁股就走了，要做這個，要做那個。我們都是為了香港，不是為了英國。很多事情，要放在平穩回歸的大環境下看。但香港人還是很擔心。很多人問，《中英聯合聲明》是否有在聯合國登記？有什麼法律效力？當然，《中英聯合聲明》後來被送交聯合國登記備案了。隨後，中國就開始起草基本法。

四、「五十年不變」是為了推動 改革開放

我應該見過鄧小平兩次，都是他接見基本法起草委員會委員的時候。第一次是基本法起草期間，他講了「五十年不變」。第二次是基本法起草完之後，他講了這部法律很有意義。

鄧小平對「草委」講話時，我作為「草委」的一員，是在場的。那是我第一次聽他講「五十年不變」，但我當時並沒有完全聽清他說話。後來，我拿到了文字稿，才明白了「五十年不變」的意義。雖然他很早就講了「五十年不變」，但因為中英談判沒有「三腳凳」，所以行政局當時每天開會，討論的都是與英國相關的事務，並沒有討論過「五十年不變」的涵義。

讀了鄧小平的講話之後，我就搞清楚「五十年不變」是怎麼一回事了。鄧小平對「草委」說，我們要在本世紀末達到小康，再過五十年，人均 GDP 要翻兩番。在這個過程中，香港的最大作用，就是幫助內地達到小康社會。香港實行資本主義制度，是一隻「會生金蛋的鵝」，經濟才是香港的命脈。《中英聯合聲明》關於經濟的部

分，也清楚地體現了這一點。中央給了香港五十年的穩定期，五十年之後不變也沒有問題。香港可以搞民主，但香港的第一要務是搞好經濟，而不是做什麼「民主的先鋒」。所以我跟記者說，香港的命脈就是香港的經濟，對於我們香港人來說，這是永恆的真理。中國的改革開放一天不變，香港的作用就不會變；只要香港能扮演好這個角色，「一國兩制」就不會變。

當時，百分之九十的香港人，包括兩局議員在內，都不明白「一國兩制」是怎麼一回事。英國外交部可能明白得多一點。因為大家還沒有看見「一國兩制」的細節（details）。雖然「一國兩制」已經成為對台灣政策，而解決香港問題的十二條基本方針政策也已經制定了出來，但我們並不知道「一國兩制」具體怎麼運作。

參與基本法的起草之後，我就知道了，「一國兩制」的運作，靠的是基本法，不是《中英聯合聲明》。基本法和《中英聯合聲明》的最大區別是什麼？《中英聯合聲明》當中，除了一句「收回香港地區……對香港恢復行使主權」之外，其他內容都是講「兩制」，而不是講「一國」。因為「一國」這個框架的運作，涉及中國自己的中央與地方關係，不能跟英國討論。在基本法的制定過程中，中央反覆跟香港討論，我們應該怎麼處理中央與特區之間的關係？不過，中央從一開始就很清楚，中央擁有什

麼憲制權力，以及香港扮演什麼角色。

　　基本法出台之後，香港政府編了一本書，把基本法與《中英聯合聲明》的對應之處，都一條一條列了出來，讓我們可以了解基本法的具體內容。比較一下，你就會發現，基本法給了我們更高的保障。《中英聯合聲明》沒有寫明「普選」，基本法則承諾了「雙普選」。在居民的權利和自由方面，基本法也給了我們更細緻的保障。此外，《中英聯合聲明》附件一所載中央政府對香港特別行政區具體實行的政策和制度，是中方的十二條基本方針政策的內容，都已寫入基本法。

五、基本法起草的最大難題在於中央與特區的關係

基本法起草之前，我的一位朋友來找我。他是香港人，當時擔任全國政協委員。他問我，假如中央委任你為基本法起草委員會委員，你會怎麼辦？我說，《中英聯合聲明》的每個字，我都看了好多次，如果擔任「草委」，我會完成一個任務，就是看《中英聯合聲明》的內容是否都被寫入了基本法。我又說，如果有機會，我很願意去學習，但我要先去徵求一下港督尤德⑦的意見。然後，我就跟尤德說了這件事。尤德說，好啊，你去吧。我就跟我的那個朋友說，港督同意了。於是，我就參加了基本法起草委員會。

在基本法起草過程中，最難解決的是政治問題，尤其是中央與特區的關係問題。基本法起草委員會一共五個專題小組，我參加了兩個，分別是中央與特區的關係

---

⑦　尤德（Edward Youde，1924－1986），英國外交官員，曾任英國駐華大使，在 1982－1986 年間出任第二十六任香港總督，任內見證了中英兩國於 1984 年簽署《中英聯合聲明》。1986 年 12 月 5 日，尤德在訪問北京期間心臟病發猝死於英國駐華大使館，成為唯一一位於任內逝世的港督。

專題小組和政治體制專題小組。在中央與特區的關係方面，第一個重大問題就是，中國憲法是否適用於香港？在香港，基本法是否代替了憲法？有了基本法，我們是否就不用再理會憲法？

基本法第 11 條處理的就是憲法與基本法的關係，我可以告訴你這一條背後的故事。當時，內地「草委」和幾位跟內地比較熟悉的香港「草委」都說，憲法對香港有法律效力。因為中國是一個單一制國家，作為一個整體，版圖上不能有某個角落，可以不適用憲法。但有一位香港「草委」卻說，那不行，中國憲法有「四項基本原則」，有很多社會主義要素，如果適用於香港，豈不是與「一國兩制」相衝突嗎？他認為，要寫一個清單，列明憲法中的哪些條款，可以在香港適用，同時又不損害「兩制」。為了解決憲法在香港的適用問題，我們幾個法律專家，包括上面提到的這位「草委」，就坐在一起，對憲法進行了分析。我們發現，有些條款適用於香港，比如中央政府架構、國旗、國徽、首都；有些條款不適用於香港，比如「四項基本原則」。我們把打印好的憲法塗了五個顏色，作為區分，但發現還是解決不了問題。因為有些條款比較複雜，第一句適用，但第二句不適用。這種情況就不好處理。

最後，我就說，我們別用這個辦法了，用另外一個辦法吧。我對基本法第 11 條提出了三句表述：第一，

「根據中華人民共和國憲法第三十一條」；第二，「香港特別行政區的制度和政策」；第三，「均以本法的規定為依據」。當然，「香港特別行政區的制度和政策」之後，還有「包括社會、經濟制度，有關保障居民的基本權利和自由的制度，行政管理、立法和司法方面的制度，以及有關政策」，這就是「集體智慧」的產物了。後來，有基本法起草委員會內部工作人員在香港演講時，說這是「譚惠珠方案」。但報紙上沒有說，我也沒有提起過。

憲法作為一個整體，對香港百分之百有效力。中國的少數民族自治區，也享有一些特別的自治權力。這屬於憲法給少數民族的特別安排，並不意味着憲法作為一個整體，對少數民族自治區不是百分之百有效。在香港，對任何高度自治範圍內事務的處理，都得依據基本法第 11 條。但根據憲法第 31 條，以及第 62 條第 14 項，全國人民代表大會有權決定特別行政區的設立及其制度。因此，如果一個問題可以依據基本法來解決，中央都不會去多管。但是，如果一個問題不能依據基本法來解決，中央就有權依據憲法來解決。所以，中央在做出一些決定，比如通過「人大釋法」確立「政改五部曲」時，行使是憲法賦予的權力，而不是基本法賦予的權力。

在中央與特區的關係方面，第一個爭議很大的問題，就是憲法與基本法的關係問題。第二個爭議很大的問題，

就是「授權」的定義問題。「授權」不是「分權」，未授予的權力依然屬於中央，香港沒有「剩餘權力」。授權是一次性的，還是反覆做出的？基本法第2條規定，「全國人民代表大會授權香港特別行政區依照本法的規定實行高度自治，享有行政管理權、立法權」。這裏的授權是一次性的。但是，由於香港沒有「剩餘權力」，香港如果需要「高度自治權」之外的其他權力，依然需要請求全國人大的授權。所以基本法第20條規定，「香港特別行政區可享有全國人民代表大會和全國人民代表大會常務委員會及中央人民政府授予的其他權力」。最後，授權也是受監督的。

中央對香港的這種監督權確實沒有明確寫進基本法。但在普通法（common law）中，假設我授權地產經紀出租我的房子，經紀就不能超越我授權的條件和範圍，因此我是可以監督他的。那麼，中央具體應該怎麼監督特區呢？首先，中央對立法會是有監督的。基本法第17條規定，「香港特別行政區的立法機關制定的法律須報全國人民代表大會常務委員會備案」。與中央事權有關的法例如抵觸基本法，中央可將其發回，被發回的法律立即失效。不過，這種監督並不會影響到特區的立法權，因為中央只會監督涉及中央和特區關係的法律；並且，中央雖然可以發回法律，但不會進行修改，也不會干涉特區之後的立法。其次，中央對行政長官是有監督的。基本

法第 43 條規定,「香港特別行政區行政長官依照本法的規定對中央人民政府和香港特別行政區負責」。「負責」就意味着監督。中央如果不能監督,行政長官怎麼對中央負責?其實,基本法沒有寫明一件事,那就是:中央既然可以任命,當然也可以罷免。基本法只寫了立法會可以對行政長官提出彈劾,並「報請中央人民政府決定」。但基本法並沒有規定,中央覺得行政長官有問題,就可以直接罷免。這個問題雖然很敏感,但在理論上,罷免權確實是中央的權力。比如,香港的局長由行政長官委任,他出了問題,儘管立法會沒有發起彈劾,行政長官也可以辭退他,由中央免職。[8] 最後,中央對司法機關也是有監督的。基本法第 105 條規定,香港特區法院在審理案件時,如需對基本法有關中央事權的條款進行解釋,而該條款的解釋又影響到案件的判決,全國人大常委會可以進行釋法。所以,中央一方面對特區進行授權,另一方面也對特區進行監督。

起草基本法的時候,並沒有用到「全面管治權」這個詞。但在當時,這個問題是不需要討論的,因為大家

---

[8] 2012 年 6 月,麥齊光被任命為香港特別行政區政府發展局局長。2012 年 7 月 12 日,因其早年任職港英政府工程師時,與現職路政署助理署長曾景文互租對方單位並申領房屋津貼,雙雙被廉政公署拘捕。半小時後,麥齊光提出辭任發展局局長。同年 7 月 30 日,國務院決定免去其發展局局長職務。

已經接受了由中央行使主權。「授權」的前提是「有權」，授權既可以監督，也可以收回。當年，中央不同意「以主權換治權」，主權與治權當然都屬於中央。中央授權特區實行「高度自治」，並有權監督特區的行政機關、立法機關和司法機關對自治權的行使。中央如果沒有「全面管治權」，又怎麼授予特區「高度自治權」？

內地法律一般沒有附件，只有香港和澳門的基本法有附件。這也是我們當年討論的結果。基本法的附件比正文更容易修改。附件的修改程序，可參照基本法第18條第三款的規定，由全國人大常委會在徵詢基本法委員會和特區政府的意見後作出增減。因為附件的修改程序比較簡便，所以可用於處理一些容易引發爭議的問題。比如，基本法第18條處理的是中央與特區的關係問題，其第2款規定，「全國性法律除列於本法附件三者外，不在香港特別行政區實施。凡列於本法附件三之法律，由香港特別行政區在當地公佈或立法實施」。將在香港特區實行的全國性法律列入附件三，便於我們根據形勢的變化，而做出相應的調整。

基本法第18條第四款規定，「全國人民代表大會常務委員會決定宣佈戰爭狀態或因香港特別行政區內發生香港特別行政區政府不能控制的危及國家統一或安全的動亂而決定香港特別行政區進入緊急狀態，中央人民政府可發佈命令將有關全國性法律在香港特別行政區實

施」。這一條主要基於兩個考慮。第一，回歸之前，港督是享有緊急立法權的，隨着英國人離開，這方面出現了一個法律空白。基本法第 18 條第四款規定全國人大常委有權宣佈特區進入緊急狀態，其實是填補了這個法律空白。第二，香港最主要的治安力量是警隊，當警隊無法維持治安時，肯定需要中央來解決問題。根據基本法第 18 條第四款，中央可以處理香港發生的影響國家安全和統一的動亂。如果香港和加泰羅尼亞一樣，搞分裂獨立，中央就可以宣佈香港進入緊急狀態，然後讓有關全國性法律在香港實施。不過，我們當時並沒有討論，這些全國性法律是由解放軍實施，還是由特區政府實施。這個問題要看有關法律的規定。

老實說，除了與經濟相關的條款之外，我想不到基本法中有哪一條，在起草過程中沒有發生過爭論。但是，關於政治體制的爭論是最多的。因為香港人的意見本身就是分裂的，所以我們當時要處理大概五十個不同的方案，來特別困難地尋找共識，發生了非常多的爭論。相比之下，在第 18 條第四款上，大家雖然也有過爭論，但還是比較容易達成共識。因為如果情況已經影響到了國家的安全和統一，中央就必須出手。

最後，基本法第 19 條也是關於中央與特區關係的一個重要條款。第 19 條規定，「香港特別行政區法院對國防、外交等國家行為無管轄權」。關於這一條，我們當時

爭論的主要問題是，究竟什麼是「國家行為」？普通法當中有很多「國家行為」的情況，但這些情況未必完全適用於中國。當時，我們有過討論，但還是沒有搞得很清楚。後來，直到「剛果（金）案」的人大釋法，大家才最終弄清楚什麼是「國家行為」。[9] 基本法起草過程中圍繞中央與特區關係而發生的爭議，大體就是這些。

---

[9] 　2008 年，中國中鐵股份有限公司同剛果（金）政府訂立了一項合作協議，中方以在該國的基建投資，換取雙方合資開採當地礦產。合資者包括中鐵在香港註冊的三家子公司。然而，一家美國基金公司 FG 以剛果（金）欠款為由，在香港高等法院對剛果（金）提起訴訟，要求截取中鐵集團對當地 1.02 億美元基建投資費，以償還債務。香港高等法院邵德煒法官批准了 FG 的申請，下令中鐵子公司停止向剛果（金）支付部分款項，並出庭聽審。

接到傳票後，剛果（金）政府以享有主權豁免，香港法院沒有管轄權為由，要求原訟庭中止邵法官的命令。原告律師主張，香港法院應遵循普通法判例，對主權國實行「限制豁免」原則。所謂「限制豁免」原則，指只對國家的公法行為進行豁免，對國家的私法行為（尤其是商業行為）則不予豁免。中國外交部駐香港特派員公署則為本案致信香港政制及內地事務局，表示「我國的一貫原則立場是，一國國家及其財產在外國法院享有絕對豁免，包括絕對的管轄豁免和執行豁免，從未適用所謂的『限制豁免』原則或理論」。

幾經曲折，此案最終被上訴到香港終審法院。2011 年 6 月 8 日，終審法院做出判決，指出在本案中，香港法院應否採取中央政府的國家豁免原則，涉及中央管理的事務或中央和香港特區的關係，依據基本法第 158（3）條的規定，提請全國人大常委會解釋基本法第 13（1）條和第 19（3）條。這是終審法院成立以來首次提請人大釋法。8 月 26 日，全國人大常委會對基本法上述條款做出解釋：（1）管理與香港特區有關的外交事務屬中央人民政府的權力，中央人民政府有權決定在香港適用的國家豁免規則或政策；（2）香港特區，包括香港法院，有責任適用或實施中央人民政府決定採取的國家豁免規則或政策，不得偏離上述規則或政策，也不得採取與上述規則或政策不同的規則；（3）基本法第 19 條第 3 款規定的「國防、外交等國家行為」包括中央人民政府決定國家豁免規則或政策的行為。

2011 年 9 月 8 日，終審法院根據全國人大常委會第四次釋法做出終局判決，宣佈香港法院對於第一被告剛果（金）沒有司法管轄權，原告敗訴。

六、「居港權」問題的緣由

接下來，我講一下基本法第 24 條背後的故事。這一條是和「吳嘉玲案」捆綁在一起的，它規定了誰有權利做香港居民。因為基本法是按照憲法的基本框架來寫的，所以我們要把《中英聯合聲明》的內容進行分類，然後讓不同內容體現在基本法的不同地方。《中英聯合聲明》附件一第 14 部分第一段定義了香港的「永久性居民」，這一部分內容就體現在了基本法第 24 條第二款。但《中英聯合聲明》第 14 部分第四段規定了對內地人進入香港的管理辦法，這一部分內容就體現在了基本法第 22 條第四款。

《中英聯合聲明》附件一第 14 部分第四段規定，「對中國其它地區的人進入香港特別行政區將按現在實行的辦法管理」。「現在實行的辦法」，就是 1984 年實行的辦法。1984 年，中國政府每天批准一定數量的「單程證」，獲得「單程證」的人，可以持證進入香港。這裏説「按現在實行的辦法管理」，意思就是需要中國政府批准。我們起草基本法的時候，魯平對我們説，不能夠寫「按現在實行的辦法管理」，因為沒有人知道「現在實行的辦法」究竟是什麼。於是，我們就寫了基本法第 22 條第四

款，用來管理進入香港定居的人。「中國其他地區的人進入香港特別行政區須辦理批准手續，其中進入香港特別行政區定居的人數由中國人民政府主管部門徵求香港特別行政區政府的意見後確定」——這其實就是對「現行辦法」的表述。

不只我一個人，當時好多人都說，在內地人的「居港權」問題上，特區政府應該有控制權。最近，很多立法會議員也這麼說。在制定基本法的時候，很多香港人都認為，這個問題應該由特區政府決定，外地人不可以隨便來香港定居，因為怕來的人太多。但是中央政府說，香港是中國的一部分，戶口控制權應該屬於中央政府，由中央政府決定誰可以進入香港。這個問題當時確實引發了爭論，但爭論很快就結束了，因為「現行辦法」擺在那裏，沒辦法改。

當時的「現行辦法」，已經存在「單非」的要求。只有當爸爸或媽媽在子女出生時，已經是香港的永久性居民，他們的子女才能獲得「居港權」。那麼，沒有「單程證」的「單非」兒童，能不能獲得「居港權」？「吳嘉玲案」就屬於這個問題。終審法庭當時判定為可以，最後引發了人大釋法。其實早在 1996 年，特區籌委會就通過了一份明確的意見，說明「無證兒童」沒有「居港權」。1999 年的人大釋法，亦採納了這個做法，用基本法第

22 條第四款所規定的審批權,來管住第 24 條。

現在有很多人認為,「單程證」制度給香港社會造成了很大負擔。這其實不是基本法本身的問題,而是行政長官面對的問題。其實,現在有很多香港人,反而是希望進入內地之後,可以得到「國民待遇」。世界的變化就是這樣快。

「吳嘉玲案」之後,全國人大常委會在釋法的時候說,基本法第 24 條第二款的立法原意,已經體現到了1996 年的籌委會意見中。籌委會意見其實也說了「雙非」問題,明確指出「雙非」兒童不能獲得「居港權」。很多人說「莊豐源案」[⑩]符合基本法的規定,那是因為他們沒

---

⑩　莊豐源的祖父莊曜誠於 1978 年從內地到香港定居,父母莊紀炎夫婦均居住於廣東省汕尾市,未獲居港權。1997 年,莊紀炎夫婦在去香港探親期間誕下莊豐源。同年 11 月,莊紀炎夫婦返回中國內地,莊豐源則留在香港與祖父母同住。按當時的香港《入境條例》,莊豐源不是香港永久性居民,屬非法留港,故入境事務處於 1999 年發信通知莊曜誠,莊豐源沒有居港權並將被遣返。莊曜誠遂代表莊豐源申請法律援助,入稟香港高等法院提出司法覆核,質疑《入境條例》違憲。香港高等法院原訟法庭裁定莊豐源一方勝訴,指《入境條例》相關條文違反基本法。因為基本法第 24 條第 1 款規定,「在香港特別行政區成立以前或以後在香港出生的中國公民」屬於香港永久性居民,所以莊豐源是香港永久性居民。香港特區政府不服判決,此案最終上訴到香港特區終審法院。2001 年,終審法院五位法官一致維持原判。
　　此案例,加上 2003 年實施的港澳自由行,造成大量無居港權的內地孕婦赴港產子,由此造成的資源分配問題引發香港社會強烈不滿。2012 年,梁振英當選香港特別行政區行政長官後,推動「零雙非」政策,要求所有私立醫院停止接受「雙非孕婦」在 2013 年 1 月 1 日或以後的預約分娩。2013 年以後,「雙非孕婦」赴港產子的數目大幅下降。

有看過籌委會的意見。所以「莊豐源案」判決明顯違背了立法原意，本來也應該提請人大釋法的。但在當時，特區政府已經很難再去提請一次釋法了。

全國人大常委會後來發表了一個聲明，說「莊豐源案」的判決「與全國人大常委會的釋法有不盡一致之處」。但在「莊豐源案」中，法院卻說，籌委會的意見在普通法上已經沒有法律效力了。它在普通法上是沒有法律效力了。但當時特區政府如果提請人大釋法的話，問題就解決了。「吳嘉玲案」之後的那次人大釋法，已經明確表示籌委會意見體現了基本法第 24 條第二款的立法原意。根據立法原意，「雙非」兒童的「居港權」實際上是違反基本法的。所以，最終其實是要不要再次提請人大釋法的問題。但是，特區政府還是決定不再提請人大釋法。

七、香港政制一直以來都是「行政主導」

　　起草基本法時，我們的基本思路是，香港原有制度中行之有效的部分，我們都盡量保持不變。在政治體制問題上，有人說要「行政主導」，有人說要「立法主導」。最後我們分析香港的實際情況，認為香港原有的政治體制就是「行政主導」，那我們就排除有殖民色彩的部分，保留行之有效的部分。不過，香港的政治體制雖然是「行政主導」，但整部基本法中都沒有「行政主導」這四個字。我們當年本來是想寫入「行政主導」的，但因為有人反對，所以最後就沒寫成。不過，基本法起草完之後，姬鵬飛在全國人大對基本法草案進行說明時就表示，特區的政治體制「要從香港的法律地位和實際情況出發」，「既保持原政治體制中行之有效的部分，又要循序漸進地逐步發展適合香港情況的民主制度」。吳邦國在一次講話也明確指出，「香港特別行政區政治體制的最大特點是行政主導」。

　　基本法中雖然沒有「行政主導」的表述，但如果比較行政機關和立法機關的職權，就會發現明顯的「行政

主導」特徵。比如，立法會的表決程序中，「政府提出的法案，如獲得出席會議的全體議員的過半數票，即為通過」；相反，立法會議員的個人動議，則要採取「分組點票」，「均須分別經功能團體選舉產生的議員和分區直接選舉、選舉委員會選舉產生的議員兩部分出席會議議員各過半數通過」。

這個「分組點票」怎麼來的？當時，我有一位朋友叫羅德丞，他的政治團體叫「新香港聯盟」。[⑪] 羅德丞提出了一個方案。他說，立法會是一個社會的縮影，要兼顧各個利益；為了保證立法會通過的所有決議，都經過了社會同意，所有的法案和議案，都要在立法會的兩部分議員中，分別得到過半數支持，才能通過。我跟羅康瑞表示反對。我們說，香港的政治體制是「行政主導」，政府的提案應該採取「簡單多數」（simple majority），議員個人的動議才能實行「分組點票」。大家在這個問題上吵了兩年，最後用了我們的方案。這就是體現「行政主導」的一個關鍵性條款。

雖然都是「行政主導」，但港英政府的總督制與特區

---

⑪ 羅德丞（1935－2006），香港社會活動家和愛國人士，中國人民政治協商會議第九、十屆全國委員會委員，原香港基本法諮詢委員會副主任委員、香港事務顧問、香港特別行政區籌備委員會預備工作委員會委員、香港特別行政區籌備委員會委員。

政府的行政長官制之間，是有區別的。總督由英國政府委任；行政局裏有駐港英軍三軍司令，有英國的政治顧問和法律顧問，亦由英國政府委任。行政長官由選舉產生；特區政府裏也沒有中央政府委任的駐港三軍司令、政治顧問和法律顧問 —— 軍事、政策、法律，這三點都很關鍵。

八、基本法「23 條立法」的爭論

　　基本法第 23 條起草過程中，確實發生了非常大的爭議。當時，內地的刑法裏還有「反革命罪」。香港還沒回歸以前，有一個「叛國罪」，主要內容就是對英國女王本人以及她的後裔、國土、國會的侵犯。回歸之後，這個罪名肯定就不適用了。這樣一來，在國家安全方面，我們就有了一個很大的法律漏洞，需要以特別的立法來填補。但為了讓香港人安心，就讓香港人自己立法。「第 23 條立法」是一個義務，不是一個權利。但在當時，這是最敏感的政治問題，吵得翻天覆地。比如，什麼是叛國？什麼是分裂國家？什麼是煽動暴亂？大家都很難達成共識。民主派不喜歡中央管那麼多事。他們的最大憂慮就是，當時內地有「反革命罪」，香港在立法的時候，怎麼爭取最大的自由？

　　究竟什麼是「叛國」，當時沒有講得很具體。但港英時代就有「叛國罪」，所以很多人應該都知道「叛國」這個概念是怎麼一回事。一個人如果做了對中國不忠的事，比如做間諜竊取國家機密，幫外國人在中國做一些損害國家利益的事，都屬於「叛國」。鼓吹「港獨」是想分裂國家，也屬於「叛國」。

九、落實「一國兩制」，關鍵要「明白基本法」

　　基本法規定「雙普選」，這是香港社會的要求，想要「以民主保護自由」。但香港社會的政治矛盾是從七十九天的「佔中運動」開始走向激烈化的。在此之前，矛盾一直處於醞釀當中，但還沒有到必須解決的時候，所以沒有那麼清楚的不同意見。直到「八三一決議」出台，矛盾就到了不能迴避的地步。其實，在起草基本法的時候，我已經預料到將來要發生大問題。哪一個地方，在從無到有建立普選制度的過程中，能夠不發生爭議？問題僅僅在於矛盾會不會失控。

　　在起草基本法的時候，我心目中實現普選的時間肯定不是 2014 年，也不是 2017 年。我覺得，香港回歸才二十年，從委任到普選，不可能在這麼短的時間內完成。尤其是，我們還沒有把基本法教育和國民教育，放在我們的教育體系裏。只有經過十幾年的教育，有兩三代年輕人都明白普選是怎麼一回事了，香港才可以搞普選。這些事情都還沒有做，行政長官就出來說怎麼搞普選，肯定是有問題的。你可以嚮往自由民主和西方價值觀，但你看看各

殖民地獨立之後的歷史，那些簡單移植了西方的平面式民主的地方，哪一個沒有出現問題？在我心目中，回歸三十年乃至三十五年之後，才能搞普選。回歸二十年就搞普選，實在太早了。沒有打好基礎，房子肯定要垮。

基本法和香港的法律都沒什麼問題，但其解釋和實施總會存在爭議。基本法的一些條款其實寫得很清楚，比如第 45 條明確規定行政長官選舉要先由提名委員會提名，但依然會有爭議。基本法還有一些條款寫得比較簡略，也可能引發爭議。但鄧小平說基本法「宜粗不宜細」，這是有道理的，因為你根本不知道哪些東西應該寫得很細。比如，起草基本法的時候，我們只考慮了保留公務員制度，根本沒有討論過「高官問責制」，沒有想到後來會發生這麼大變革。1984 年的時候，我們不能預見 2014 年或者 2017 年的實況。

我只是覺得，如果基礎教育先搞二十年，年輕人能更明白選舉政治到底是怎麼一回事，情況肯定會比現在好。在最低限度上，他們必須知道為什麼選舉委員會應該保持「均衡參與」，為什麼不能在第 45 條之外再增加一個「公民提名」方案。到那時候，再搞普選，才不容易引起爭議——爭議都在過去的二十年中被解決了。現在就搞普選，實在太早了。

什麼是「均衡參與」？我們的行政長官選舉不能有政

黨政治，所以就需要一個載體。這個載體怎麼組成？一人一票肯定不行。因為在香港，每一個階層都對社會有貢獻，都有自身的利益要保護。選舉委員會和提名委員會，就屬於這種載體。只有當各階層通過「均衡參與」，把一個社會的縮影放到一個委員會裏面，誰也不能吃掉誰，再由他們選舉或提名行政長官，才能保障各階層的利益。

白皮書其實沒有新東西，只是把基本法關於中央與特區關係的內容完整地講了一次。為什麼要這麼做呢？其實也是因為普選。在普選引發的爭議中，有人開始脫離基本法。當時還沒有發生「佔中」，但中央已經看到了問題，知道不出聲不行了。你出聲，他們罵你；你不出聲，他們又壓你。綜合考慮之下，肯定還是要出聲的，畢竟「五十年不變」不是「五十年不管」。白皮書說清楚了中央應該怎麼管香港。「佔中」之後，中央開始落實白皮書講的東西，也就是「全面管治權」。

總體來看，我覺得「一國兩制」已經做得很好了。最重要的是香港人要明白基本法。無論是「一國兩制」、「港人治港」還是「高度自治」，都是明確寫進了基本法的。開車需要考執照，考執照需要學交通規則，比如紅燈停車。學基本法，就好比學交通規則，你要知道哪裏是紅燈。「港獨」的事就不要再想了，遇到紅燈必須停車。大家都遵守基本法，就可以繼續走下去。

十、地產霸權是香港發展的一大阻礙

　　起草基本法時，我們沒有想過針對任何一個財團。基本法為所有投資，包括英國人的投資，都提供了法律保護。當時因為很多人都移民了，所以樓價也比較便宜，地產財團還沒有取得今天這樣的位置。

　　但在今天，房地產當然是大問題了。資本主義不能只有地產，還應該有中小企業，有科技產業。政府現在要扶持中小企業，要扶持創業，為什麼？因為不能把所有資源都放在個別行業。香港現在的發展傾向性實在是太大了。

　　香港現在是寡頭式發展，不是財經就是地產，沒有工業，沒有農業，沒有科技。年輕人只能做零售，或者專業人士。做專業人士其實沒有什麼大問題，尤其是高端行業的專業人士，但不是每個年輕人都能進入高端行業。在這種情況下，房價不停漲，薪金卻沒有漲，年輕人肯定覺得沒有希望。

　　香港的產業結構是大問題，但產業結構和土地有關係。假設你要創業，你一定要有一個辦公室。就算你在

家裏發明了一個東西，當它被投入生產的時候，你依然需要一個工廠。所有這些，到最後都需要土地。當然，現在有一些服務業，與土地沒有什麼關係，比如客服電話的接線員可能根本就不在香港。但請注意，香港有一半人口從事的是零售業，比如喝茶、賣衫、按摩，不是高端服務。如果沒有地方，他們怎麼做？

曾蔭權曾經提出要發展六大產業，哪一個實現了？有一個人，叫林奮強，做過行政會議成員，講得已經很清楚了。他說，香港的各種問題，到最後都是土地問題。土地成本高，小生意做不了，供樓供不了，外國公司在香港設立總部的成本也高。如何把土地資源更均衡、更合理地分配，是一個很重要的問題。香港很多問題解決不了，就是因為土地本來應該是必備品，現在變成了奢侈品。整個產業結構都向地產傾斜，這是不對的。

十一、擔任人大代表是香港居民參與國家事務的一種途徑

　　擔任人大代表，是香港居民參與國家事務的一個途徑。港區全國人大代表的主要任務不是反映香港的聲音。其主要任務是對中國政府工作報告、全國人大常委會工作報告、財政預算報告、兩高報告和全國性法律草案進行審議。在這個過程中，港區代表可以從香港的角度，來談一些事情。比如，我們會從香港的經驗出發，對內地的司法、經濟、醫藥、衛生等方面，提出一些改革建議。香港自身的問題，除非涉及中央和特區的關係，比如香港和內地的互動，我們一般不會拿到全國人大去討論，而是給特區政府自行解決。

　　另外，香港的永久性居民在內地受到委屈或遇到困難，我們可以替他們提出申訴。我們可以向香港人傳輸中央的方針政策，介紹內地在政治、經濟、文化、外交等方面的發展現狀，以及兩地在經濟、社會、民生、法律方面的合作。

十二、中國從未有過如此大舞台，但年輕人要做好準備

　　我對國家有信心。但我並不是在中國成為世界第二大經濟體的時候，才對中國投了信心票。我在起草基本法的時候，就對中國投了信心票。在此之前，我看到，國家是一個字一個字地討論《中英聯合聲明》，而不是關掉東江水，讓我們立刻投降。當時我就說，中央是有誠意的。接下來的五年，我參加了基本法起草委員會。在很多敏感問題上，大家都吵得天翻地覆，最後還是找到了一條中間路線。這個過程是很痛苦的，每個月做五天，我做了五年。基本法起草完之後，中央高度肯定，大部分香港人也能接受，英國國會也認為它是好的法律。基本法起草完之後，我就離開了港英政府。因為我覺得，我不能繼續留在英國人的政治架構裏面，而應該淨化自己（purify myself），回歸路人甲。我想放心地做一個中國人。

　　所以，我不是因為中國現在是太平盛世，就過來給中國投信心票。我是在還有很多困難、很多不明朗的時候，就給中國投了信心票。我覺得，我的選擇是不容易

的，也是對的。因為這個，我被罵得很厲害，現在還在被罵，三十年前的事被拿出來罵，沒有發生的事也被拿出來罵。但我沒有遺憾，沒有後悔，因為中國現在是太平盛世——尤其是十九大以後。世界上五分之一的人口可以富強，這是一件很偉大的事。

我想對香港青年說，機會只會給有準備的人。我覺得這句話很合理。餅來了，但是你牙疼，就沒有辦法吃，所以你自己首先要健康。面對挑戰，你需要有競爭力；如果你沒有競爭力，就只能靠別人對你的善意。如果這個世界 99% 的人都不會對你特別有善意，你就很麻煩了。所以人一定要靠自己，不能靠別人。

綜觀中國的歷史，從來沒有過像現在這麼大的舞台。中國的經濟體制愈來愈開放，以前主要依靠國企，現在開始支持民企。除了與國家安全相關的產業，中國的其他產業都在加強國際合作，向全世界招募人才。我們的十九大報告中，還出現了很多新的東西，比如大灣區建設。

另外，中國的國際影響力也愈來愈大。我們可以看到，中亞、中東的很多國家，人民都一窮二白了，沒有自由，沒有安穩的生活，一些人甚至變成恐怖份子。如果可以讓這些國家的人民安居樂業，是不是可以解決很多問題呢？中國的「一帶一路」建設，就正在幫助中亞

地區發展經濟。如果這些地區的人民能生活好一點，就不會流離失所，也不會憤世嫉俗。從這個角度看，「一帶一路」是一個非常偉大的構想，習主席不僅是為了中國的發展，也是為了世界的長治久安。

在時代的大舞台上，留給香港人的機會實在太多了。一個有本事的香港人，很容易就能找到表現的平台。所以，關鍵在於，香港的年輕人能不能把自己的眼光放長遠一點，看清楚中國從來沒有過一個這麼大的舞台。

第九章

專　訪

張祥霖

我所經歷的「一國兩制」和香港回歸

1949

年 10 月 1 日，毛澤東主席在天安門城樓上向全世界莊嚴宣告了中華人民共和國的成立。同年 10 月 14 日，解放軍成功進駐廣州，並繼續揮師南下，兵鋒直指香港。然而，就在港英當局坐立不安之際，毛澤東主席作出了「暫時不動香港」重大決策，解放軍奉命勒馬深圳河。

毛澤東曾向斯大林的使者米高揚詳細解釋這一決策的理由。他指出，在領土問題上，「海島上的事情就比較複雜，需要採取另一種靈活的方式去解決，或者採用和平過渡的方式，這就要花較多的時間了。在這種情況下，急於解決香港、澳門的問題，也就沒有多大意義了，相反，若利用這兩地的原來地位，特別是香港，對

我們發展海外關係、進出口貿易更為有利一些。總之，
要看形勢的發展再作最後決定」。

由此可見，雖然直到 1997 年，香港才回歸祖國的
懷抱，但早在新中國成立之初，中央已經對香港作出了
深謀遠慮的戰略部署。在改革開放之前的三十年裏，中
央一直根據「長期打算、充分利用」的方針處理香港問
題。香港亦不負眾望，成為中國打破外交封鎖、加強對
外聯繫的一個重要通道。

張祥霖在香港生活和工作逾半世紀，親歷和見證了自
中華人民共和國成立以來，香港發生的一系列重大事件，
以及中央對港澳工作方針的調適與變遷。他曾先後擔任原
新華社香港分社社長辦公室秘書，政策研究室、綜合辦公
室副主任及顧問室顧問，並曾調任國務院港澳辦副司長。

在長期從事港澳工作的過程中，張祥霖不但親歷了
1967 年的「反英抗暴」鬥爭，亦參與了香港、澳門回歸
祖國的歷史進程。在香港前途問題浮現之際，他參與了
研究制定解決香港問題的基本方針政策和具體方案。在
中英兩國政府關於解決香港問題的談判期間，他作為中
英聯合工作小組中方成員之一，參與了《中英聯合聲明》
的談判和起草工作。在香港基本法的制定過程中，他作
為基本法草委會秘書處成員之一，參與了基本法的研究
和起草工作。在香港回歸前的過渡時期，他研究撰寫了

《香港過渡時總體工作規劃大綱》及《香港過渡時期後半段總體工作規劃大綱》，並參與制定了 1997 年香港政權交接及首屆特區政府籌組方案。此外，在澳門問題上，他曾執筆起草解決澳門問題的報告，並出任中葡土地小組首任中方組長暨中葡聯合聯絡小組中方代表。

在工作之餘，張祥霖亦筆耕不輟，以筆為劍，捍衛「一國兩制」的歷史偉業。他以「岱旭」為筆名，針對不同時期和不同形勢下對港工作中出現的問題和面臨的挑戰，先後寫作並出版了《一國兩制 —— 新挑戰與新課題》（香港鏡報文化企業有限公司，2004 年）、《「一國兩制」的嶄新課題 —— 攀上最高峰，開拓新境界》（同上，2007 年）兩本書。在這兩本書中，他結合自己的親身經歷，從一個側面為香港回歸和「一國兩制」的歷史進程留下了珍貴的歷史記錄，並對香港特區的建設與管治提出了深入的見解。

老驥伏櫪，志在千里。張祥霖先生如今已有九十高齡，但談起香港問題時依然精神矍鑠、鞭辟入裏。他和我們說：「『一國兩制』和基本法是一門深奧的學問。但只要結合實際工作和鬥爭，用心學習，潛心思考，這門學問是可以被領悟和把握的。」他亦很喜歡魯迅先生的一句名言：「戰鬥正未有窮期。」在他身上，我們深刻感受到了老一輩港澳工作者的風采與情懷。

一、「一國兩制」科學構想產生的時代歷史背景及戰略思考

　　1960 年初，我由香港華潤公司調到原新華社香港分社（現中聯辦前身）社長辦公室工作。自七十年代末八十年代初香港和澳門問題提出後，我先後直接參與解決香港、澳門問題的基本方針政策及具體方案的研究擬訂工作，參加中英兩國關於解決香港問題的聯合聲明的談判起草、香港特別行政區基本法的草擬和香港過渡時期總體規劃的研究制定、香港特區的籌組等工作。收回香港問題的報告，是集體討論研究後，由魯平同志起草。收回澳門問題的報告，是集體討論研究後，由我本人執筆起草。我還參加了《中英聯合聲明》的正式簽署儀式和《中葡聯合聲明》的正式換文儀式，並見證了香港和澳門的首屆特區政府的成立慶典。所以說，我親歷和見證了從「一國兩制」基本方針政策的研究制定，到香港、澳門回歸祖國這一歷史進程的全過程。

　　「一國兩制」是中國改革開放的總設計師鄧小平建設中國特色社會主義理論和習近平新時代中國特色社會主義思想的基本理論和實踐的重要構成部分之一，亦是國

家的社會主義現代化建設和中華民族的偉大復興「中國夢」的重要構成部分之一；是一個史無前例的偉大創舉和治國理政的嶄新課題，亦是一項需要幾代人全力以赴才能取得最終勝利和完滿成功的歷史偉業。

香港回歸祖國，是中國人民和中華民族一百多年來愛國反帝、民族民主革命的繼續和最終完成。自 1840 年英帝國主義發動侵華鴉片戰爭、清王朝割讓香港開始，到 1997 年香港回歸為止，中華大地發生了翻天覆地的巨變。香港回歸為這一歷史進程畫上了完滿的句號。香港回歸祖國，標誌着一次革命性的深刻變革，一座彪炳史冊的歷史豐碑。

我先談一下「一國兩制」科學構想和戰略決策產生的時代歷史背景。1978 年 12 月 18 日至 22 日在北京舉行的中國共產黨第十一屆三中全會，做出了把全黨的工作重心轉移到社會主義現代化建設上來、實行改革開放的重要戰略決策。此後，鄧小平又提出了建設中國特色社會主義理論和社會主義初級階段基本路線。所謂「基本路線」，概括而言就是：以經濟建設為中心，堅持四項基本原則，堅持改革開放。

在改革開放的歷史新時期，中國共產黨和國家負有雙重歷史任務：第一，實現國家的社會主義現代化；第二，實現國家統一和民族復興。香港問題和這兩方面都

有關係。首先，香港作為一個高度發達的國際性、現代化、多功能大都市，可以對中國的社會主義現代化建設發揮重要支援作用；其次，香港曾長期處於英國殖民統治之下，香港回歸本身也是國家統一和民族復興的必然要求。

在這個大的時代歷史背景下，我簡要回顧一下「一國兩制」科學構想的形成過程。1981 年 9 月 30 日，全國人大常委會委員長葉劍英發表關於大陸和台灣實現和平統一的九條方針政策，是「一國兩制」戰略構想的雛形。1982 年 9 月 24 日，鄧小平會見英國首相戴卓爾夫人，在談到中國對香港問題的基本立場時指出：「香港現行的政治、經濟制度，甚至大部分法律都可以保留」，「香港仍將實行資本主義」。1984 年 6 月 22 日、23 日，鄧小平在會見香港工商界訪京團和知名人士鍾士元等的談話中，正式提出了「一個國家，兩種制度」的戰略方針。鄧小平不僅是中國改革開放的總設計師，也是「一國兩制」科學構想的總設計師，對制定及落實「一國兩制」戰略決策發揮了關鍵作用。

我認為，要想正確理解和貫徹落實「一國兩制」科學構想和戰略決策，必須明確和堅持三個「根本點」。

首先是「根本出發點」。在理解和落實「一國兩制」科學構想的過程中，我們要從整個國家、中華民族和包

括香港同胞在內的全體中國人民的根本利益、整體利益和長遠利益出發，思考和處理問題。

其次是「根本立足點」。「一國兩制」實踐要有利於對香港恢復行使主權並保持長期繁榮穩定，有利於實現國家社會主義現代化和國家統一與民族復興。

最後是「根本着力點」。我們要堅持馬克思主義辯證唯物論和方法論的統一。第一，實事求是，調查研究，一切從實際出發；第二，既考慮香港的歷史與現狀，也考慮它未來的長遠發展；第三，既考慮大陸同胞的利益，也考慮香港同胞的利益，同時照顧外國投資者的利益。

在參與香港回歸和「一國兩制」的過程中，我聆聽過三次鄧小平同志的講話。第一次是 1975 年，我參加了港澳同胞國慶觀禮團，在北京的國慶招待會上見到了鄧小平同志。以前的國慶招待會都是周恩來總理親自出席並發表講話，但那次卻由鄧小平同志代為講話。我們後來才知道，當時周恩來總理已經身患重病。

第二次是 1987 年，鄧小平同志會見香港基本法起草委員會委員。當時在人民大會堂北大廳，他沒什麼架子，見到大家以後說很高興，然後就開始發表講話。他沒有準備什麼稿子或提綱，就同大家侃侃而談。這次講話後來以「會見香港特別行政區基本法起草委員會委員

時的講話」為題發表，是一篇很重要的歷史文獻。

第三次是 1990 年，鄧小平同志會見出席香港基本法起草委員會第九次全體會議的委員。他發表了簡短的即席講話，對香港特區基本法給予了高度評價。他說：基本法是「一部具有歷史意義和國際意義的法律。說它具有歷史意義，不只對過去、現在，而且包括將來；說國際意義，不只對第三世界，而且對全人類都具有長遠意義。這是一個具有創造性的傑作」。為什麼呢？因為基本法貫徹落實了「一國兩制」科學構想，這個方法和思路，可以用來解決國際上類似的爭端。

另外，我還聆聽過周恩來總理三次講話，都是在 1967 年。聆聽這兩位國家領導人講話的共同感受是：思路清晰，邏輯嚴謹，入情入理，出口成章（均無講稿）。不過，他們兩人的講話亦有一些差異。在我的印象中，周恩來總理較威嚴，鄧小平同志較親切 —— 這也可能是由於所講主題、對象、場所及氛圍不同所致。

二、中英雙方關於香港問題的
　　談判和鬥爭

　　所謂「九七大限」，有幾種不同含義。一是所謂「新界租約」年期的限制，這是英國殖民者畫了押的「歷史大限」；二是中國對香港恢復行使主權，雖然保持原有的資本主義社會經濟制度和生活方式不變，但一般市民仍然存在忐忑驚恐的心態，這是可以理解的；三是港英當局有意製造恐慌，一方面對中方施加壓力，另一方面則利誘一些對它有用或認為可能有用的人移民英國，或簽署正式居英權確認書，這是港英當局最後撤退戰略部署的重要舉措之一。

　　鄧小平不但是「一國兩制」的總設計師，對中、英兩國政府談判解決香港問題所以能取得預期的結果，也起到關鍵作用。鄧小平 1982 年 9 月 24 日會見英國首相戴卓爾夫人時，所宣示的中國政府對解決香港問題的基本立場，主要有三點。第一，主權問題「不可以討論」，中國決定 1997 年收回整個香港（包括香港島、九龍及新界），要在這一前提下和基礎上，舉行中、英兩國磋商。第二，如果在「過渡時期內香港發生嚴重的波動」，「中

國政府將被迫不得不對收回的時間和方式另作考慮」，「如果説宣佈要收回香港就會像夫人説的『帶來災難性的影響』，那我們要勇敢地面對這個災難，做出決策」。第三，希望中、英談判在兩年內完成，屆時，「中國政府就要正式宣佈收回香港這個決策」。上述三點宣示，對於中、英兩國政府的談判，起到了指引和規範的決定性作用。

中、英兩國政府就香港問題進行的談判可分為兩個階段。第一階段從 1982 年 9 月英國首相戴卓爾夫人訪華至 1983 年 6 月，雙方主要就原則和程序問題進行會談，核心是圍繞「三個不平等條約有效論」的鬥爭。第二階段從 1983 年 7 月至 1984 年 9 月，兩國政府代表團就具實質性問題進行了二十二輪會談。這二十二輪會談可以細分為：第一至六輪（1983 年 7 月至 10 月），主要是圍繞「以主權換治權」展開鬥爭；第七至十二輪（1983 年 12 月至 1984 年 4 月），主要是討論中國政府關於解決香港問題的基本方針政策，以及香港特區「高度自治」的實質內容等問題，如英方一再以所謂「最大程度的自治」來取代「高度自治」，並要求在香港派駐「英國專員」代表機構等；第十三至二十二輪（1984 年 5 月至 9 月），主要是討論香港過渡時期的安排和有關 1997 年政權交接的基本設想，包括成立中英聯合聯絡小組，和討

論解決國籍、民航、土地和幾個政策性和技術性比較具體的問題。

從 1984 年 6 月起，另外成立中英聯合工作小組（1984 年 6 月至 9 月）。中英聯合工作小組的工作與政府代表團的談判雙軌並進，專責談判起草《中英聯合聲明》，先後舉行會議共八十多次。

如上所述，號稱鐵娘子的英國首相戴卓爾夫人 1982 年 9 月訪問北京會談香港問題，在聽了鄧小平的三點宣示後，精神恍惚，走出人民大會堂時在台階上跌了一跤。又經過中、英兩國政府近十個月的較量，她不得不放棄「三個不平等條約有效論」；再經過兩國政府代表團約四個月的談判鬥爭，英方又不得不放棄「以主權換治權」的幻想。由此可見英國人比較「老實」即務實的一面。

在負責談判起草《中英聯合聲明》的中英聯合工作小組方面，總體而論工作進展還算順利，但從一個「小動作」（其實是大動作）來看，英國人仍然是很狡詐的。聯合工作小組中、英雙方原來商定，《中英聯合聲明》定稿文本一字不可更改。但在雙方小組最後互換文本時，發覺英方將所有香港「原有法律」（指 1984 年《中英聯合聲明》正式簽署時通行的法律）一詞，通通偷換成「現行法律」（指 1997 年政權交接時通行的法律）一詞，連

完全不需要加上這一措詞之處也加上了，共有數十處之多。這一詞之改，等於中方開了一張空白支票，港英當局在過渡時期想怎樣塗改法律都行。這一「小偷」動作，當然不能輕易過關。但由此可見，英帝國主義和殖民主義狡詐成性，不可不察。

末代港督彭定康作為英帝國主義和殖民主義的代表人物，尤其狡詐。彭定康和港英當局推行最後「光榮撤退」戰略部署的過程中，做出了種種背信棄義、倒行逆施的行徑。1992年7月，彭定康就任港督。同年10月，他發表第一份施政報告，推行所謂「政改方案」的實施綱領。1994年10月，他又發表第三份施政報告，大體勾劃了港英當局所謂「光榮撤退」的總體部署。總體而言，其部署包含以下幾點。

第一，強行推行「三違反」的所謂「政改方案」，建立一套權力植根於當地的所謂「民主代議政制」，把香港變成獨立、半獨立或變相獨立的政治實體。他認為，1997年不是把香港交還給中國，而是「還政於民」，交權於香港市民。

第二，大肆篡改香港原有的或現行的法律，編造一套以所謂《人權法案條例》為核心的法律體系，並建立相應的司法體制。其目的很明確：架空基本法，削弱和搞亂香港的法制秩序，為反華亂港勢力提供合法的「人

權」保障，使未來特區政府難以實現有效管治，為未來特區社會動亂埋下禍根。

第三，大力培養扶植一批高舉「民主」旗號，並與外來政治勢力相勾結的親英抗中、反華亂港勢力，為未來搞亂香港，顛覆特區打下社會政治基礎。

第四，破壞中、英雙方原來商定的1997年政權交接的「直通車」安排，妄圖將港英一套政府架構和人事班子原封不動地跨越「九七」，即將港英的「管治權力及威信」延續至「九七」之後，實現「沒有英國人的英國管治」。

面對英國在撤退前的戰略部署，中方進行了有理、有據、有節的鬥爭。時代歷史洪流最終把帝國主義和殖民主義，連同末代港督彭定康及其一切如意算盤，統統掃進歷史博物館，令他們遺恨千古！

三、香港特區的憲制基礎和法制原則

　　國家主席習近平去年（2017年）「七一」視察香港時明確指出：「中華人民共和國憲法和香港特別行政區基本法共同構成香港特別行政區的憲制基礎。」首先，香港特區是根據憲法第31條的規定設立的；其次，香港基本法是根據憲法制定的，憲法是香港特區制度的法律淵源，憲法與基本法是「母法」與「子法」的關係；再次，香港特區的高度自治權是中央政府通過憲法和基本法授予的，絕非所謂「權力來源於當地」或香港「居民授權」。我們絕不允許任何人動搖或篡改香港特區的憲制基礎和憲制秩序。

　　根據上述原則，應當正確認識和處理以下幾個關係。第一，兩種制度的關係，應當是共存互鑑、共謀發展。第二，主體與局部的關係，應當是相輔相成、共求繁榮。第三，中央全面管治權與特區高度自治權的關係，應當是授權與被授權、管轄與被管轄，管轄權即包含管治權。中央的權力主體不僅擁有通過制定香港基本法，規定在香港設立「一國兩制」的特別行政區和授予

特區高度自治權的權力，還擁有對基本法的修改權、解釋權，對特區行政長官和立法會產生辦法修改的決定權，對特區立法機關制定的法律修改的監督權，對特區施行緊急狀態的決定權，以及對香港特區作出新授權，向特區行政長官發出指令的權力，等等。這裏不存在所謂「剩餘權力」或「權力真空」的灰色地帶，香港特區更不是一個獨立、半獨立的政治實體或「獨立王國」。

人大釋法問題涉及香港特區的法制原則。在這裏，我着重談兩個問題。第一，基本法與普通法的關係。「一國兩制」下的香港特區是基本法管轄區、普通法適用區。按照基本法第 8 條和第 18 條的規定，基本法凌駕於普通法，並規範普通法的適用範圍。普通法和基本法不是平起平坐，更不能主次顛倒。所謂以「普通法原則」來解釋基本法，不是認識誤解，就是有意曲解，即通過所謂以「普通法原則」進行「解釋」，實際是曲解或有意歪曲基本法，來達到不可告人的政治目的，是別有用心。人們如不健忘，在特區成立之初，就有人試圖以「普通法的概念和原則」來「解釋」基本法，因而引發一場所謂「憲制危機」的軒然政治風波。

第二，司法獨立與所謂「法官治港」或「法理港獨」的關係。香港特區的司法獨立，基本法第 2 條及第 8 條有明確規定，主要有兩層含義：一是特區享有獨立的司

法權和終審權；二是特區法院獨立進行審判，不受任何干涉。此外，再無任何超越特區政府之上或之外的權力。

司法獨立與「法理港獨」或「港獨」本來是根本對立的。但在香港特殊的社會政治生態與複雜的政治鬥爭環境中，卻往往容易交織在一起。上述引發所謂「憲制危機」的政治風波，就是一個突出和典型的案例。在香港特區成立後，首屆終審法院在 1999 年初有關「無證兒童居留權案」的終局裁決的判詞中，根據它所謂對基本法和普通法的理解，提出特區終審法院擁有只有主權國家的權力主體才能擁有的「憲制性管轄權」，從而得出結論：「在合適的案件，特區法院可以有管轄權，審理影響特區的（全國）人大法律和行為。」這顯然是違憲和違法的。最後，終審法院不得不發表聲明做出澄清：「特區法院的司法管轄權來自《基本法》」，「不能質疑」「全國人大及人大常委會依據《基本法》的條文和《基本法》所規定的程序行使任何權力」。至此，這場政治風波才告結束。

司法機關和司法人員在執行其職責時應當得到尊重，但這完全是建基於其對法律和司法公正的忠誠與堅守；偏離了這一點，就無任何尊嚴與尊重可言。人們反對向司法人員作粗鄙無理的人身攻擊，更不允許進行威嚇恐嚇的人身威脅。但是對於涉及重大憲制性和法制原

則的司法案件，完全可以進行合法合規和合理合情的評論和監督，因為真理，包括法理在內，總是愈辯愈明的。由此可見設立人大釋法制度的必要性和重要性。

四、香港特區政治體制和政制發展的指導原則

香港特區政治體制和政制發展的主要指導原則是：行政主導，均衡參與，循序漸進。香港特區政治體制的設計是，在確保中央對香港特區直接管轄和全面管治權的前提下，行政長官負責，行政主導，立法制衡，司法獨立，行政、立法、司法三者各司其職又相互配合，既非「三權分立」，更非立法主導或司法主導，使特區政府能有效依法管治，沿着「一國兩制」和基本法規定的正確軌道健康前進。香港特區的唯一權力來源是全國人大授權；特區行政長官在當地由協商或選舉產生，經中央人民政府任命（見基本法第 2 條）。

「行政主導」是反對派炒起來的問題，實際上是不成問題的問題。首先，全世界絕大多數國家、地區乃至城市，都是靠行政來運作，一刻都不能停頓。西方很多國家，表面上是選舉產生議會，議會再組織內閣，但議會實際上是受政黨控制的，要貫徹政黨的路線、綱領、主張，行政首腦亦由多數黨黨魁擔任。這就是實際上的「行政主導」。由此可見，「行政主導」是西方國家的政治體

制的一個普遍客觀規律。

其次，二十世紀七十年代以後，香港逐漸發展為一個國際性、現代化、多功能的大城市，必須二十四小時無休止地高速運轉，社會分工亦愈來愈精細和專業化，這使得「行政主導」成為一種客觀需要。在經濟全球化時代，金融、貿易都是全世界聯動，靠的就是「行政主導」。很多事務都需要迅速做出決策，而這些決策的專業程度又很高，我們不可能指望一切決策都必須經過立法或司法程序才能作出。這往往會費時誤事，是不可行的。1997 年的亞洲金融危機期間，行政長官董建華和特區政府相關官員馬上決定反擊國際炒家對香港股票和金融市場的衝擊，而中央亦大力支持。結果東南亞各國都被打敗了，香港不僅沒有被打敗，還打勝了。一個重要原因，就是香港實行「行政主導」，不需要把方案拿到立法會和法院審議，沒有耽誤時間。當時如非當機立斷，後果可能完全兩樣。在香港這個地方，更需要行政主導，這是一個客觀需要。

最後，行政主導還有一個意義，就是充分體現中央的全面管治權。行政長官不僅是香港特區政府的首長，同時亦是香港特區的首長。這裏的「香港特區」，不僅包括特區政府，還包含立法會和法院。這說明，行政長官的政治地位要更高。行政長官由中央政府任命，因此，

香港特區實行「行政主導」的政治體制，亦可體現中央政府的意志和要求。

所謂「均衡參與」，就是要兼顧香港社會各階層的利益。香港實行資本主義制度，不是無產階級專政，所以要照顧資產階級的利益。但香港也不是資產階級專政，不能只單方面照顧資產階級的利益，同時還要兼顧中產者、專業人士和基層的利益。特區政府應當有各階層的代表，讓各階層聯合參與管治，全面照顧香港社會各階層的利益。

五、香港特區政權建設的核心課題是「愛國者治港」

　　香港特區管治所面臨的主要矛盾，是「一國兩制」的基本理論與實踐的重要或核心課題之一。正確認識和妥善解決這一主要矛盾，是開創「一國兩制」新局面的首要前提和確保「一國兩制」行穩致遠、取得最終勝利與完滿成功的根本問題。因此，加強特區政府的政制和政權建設，提高特區政府有效依法管治的能力和水平，是一個亟待解決的重要課題。

　　香港特區政權建設的核心問題，是堅決堅持和貫徹落實「愛國者治港」的基本原則。這是由於香港回歸祖國，具有愛國反帝、民族民主革命最終完成的歷史性質，並負有支援祖國實現社會主義現代化和國家統一、民族復興的時代使命。如非一代又一代勇敢堅定的愛國者做出堅持不懈的努力，絕不可能勝利實現以上歷史任務和時代使命，最終完滿完成「一國兩制」這一歷史偉業。「一國兩制」的總設計師鄧小平明確指出：「港人治港有個界線和標準，就是必須由以愛國者為主體的港人來治理香港。未來香港政府的主要成分是愛國者」；「什麼叫愛國者？愛國者的標準是，尊重自己民族，不損害

香港的繁榮和穩定。」

為要堅定貫徹執行鄧小平所定上述基本原則，必須從認識和實踐上正確理解和解決以下兩個主要問題。第一，「愛國者」和一般所謂「港人」的原則區別。總體而論，「港人」是指香港人，即中國人。毛澤東說：「香港人就是我們中國人。」鄧小平也說：「要相信香港的中國人能治理好香港。」但就「一國兩制」的具體實踐而言，從香港回歸和特區成立二十多年來的發展歷程來看，在同樣是黃皮膚、黑眼睛的香港人中，總有一小部分人，缺少一顆中國心和中華民族魂，對祖國、對特區一直持對立、對抗甚至敵對的態度和立場，妄圖顛覆特區，進行復辟。特區的管治權當然不能落入這部分人的手裏。

第二，「盡忠職守」與所謂「政治中立」的原則對立。基本法第 99 條明確規定：「公務人員必須盡忠職守，對香港特別行政區政府負責。」這裏規定的「盡忠」和「負責」的核心問題是對「一國兩制」和基本法效忠及負責。而所謂「政治中立」，原是港英殖民當局為「拒共（共產黨）、防蔣（國民黨）」以及防止其他外國勢力對公務員隊伍的滲透影響所劃的一條防線，目的在加強對公務員隊伍的控制，鞏固其殖民統治。現今如果仍然有人藉口「政治中立」，而放鬆或削減其對「一國兩制」和基本法的效忠及負責，甚至站在特區政府的對立面，這是與公務員的身份不相稱，是不能被允許的。

六、香港特區的主要矛盾和反對派的出路

香港回歸二十多年來，取得了舉世矚目的成就和眾所公認的成功，「一國兩制」從科學構想變成了生動現實，基本法也得到了貫徹落實。這是難能可貴的，應當充分肯定。雖然經歷了 1997 年亞洲金融危機和 2008 年全球金融危機，但香港依然保住了國際金融中心的地位。這亦很不簡單。中央政府和全國人民都大力支持香港特區的建設和發展。總體來看，香港特區正在穩步向好的方向發展。

但是，由於歷史與現實和客觀與主觀等原因，特別是內外敵對勢力對特區政治體制的嚴重歪曲和衝擊，以及對特區政府施政的極力搗亂和對抗，香港特區的管治亦面臨一系列問題和挑戰。

何謂香港「反對派」？從香港反對派產生的社會、歷史和政治背景來看，他們完全是國際反共反華敵對勢力和港英殖民當局所着力培養扶植的政治代理人，是潛伏在香港社會內部的「政治別動隊」或「第五縱隊」，其政治本質和目的是「反共抗中」、「亂港反華」。香港回歸

二十多年來，反對派在特區政制問題上採取的破壞性舉措主要有三。

第一，篡改特區和特區政府的權力來源。反對派反對行政主導原則，力圖改為立法主導或司法主導，藉口選舉是「市民授權」，要求「民主自決」和「還政於民」。這是公然抗拒「一國兩制」和基本法，篡改特區和特區政府的權力來源，是不冠名「港獨」的赤裸裸的「港獨」。

第二，篡改特區政府政權的性質。反對派藉口「高度自治」，要求「高度自主」，推行政黨政治，由勝選者執政組閣，實行議會制或所謂「港式部長制」，妄圖把特區政府變成一個獨立、半獨立或變相獨立的「政治實體」。

第三，篡改特區政制發展的路徑和目的。反對派反對循序漸進的原則，反對全國人大有關香港特區政制發展的路線圖和時間表，要求實行所謂「真普選」，進行「全民公投」或「公民自決」，甚至策動非法「佔中」運動，妄圖顛覆特區政府，篡奪特區管治權。

我覺得，「建制」與「泛民」之間的對抗性充分體現了「一國兩制」下香港特區的主要矛盾。香港回歸二十多年來的風雨歷程和當前的現實政治鬥爭充分說明，貫穿香港特區發展進程的主要矛盾，是以十四億中國人民為後盾的香港廣大愛國同胞，同以國際反華敵對勢力為

靠山的香港反對派之間的對抗性矛盾。

這一主要矛盾鬥爭的核心問題，是恪守還是反對「一國兩制」和基本法；鬥爭的實質是分裂（即「港獨」）與反分裂、顛覆與反顛覆、復辟與反覆辟；焦點是爭奪特區管治權；關鍵是特區的管治權是否掌握在真正愛國者手裏。這一主要矛盾鬥爭，將貫穿於香港特區存在與發展的全過程，影響和關係到香港特區的發展進程、發展方向和「一國兩制」的最終成敗，是兩條對立發展道路和兩個對立發展前途的決鬥。

中國對香港恢復行使主權以後，按照「一國兩制」基本國策和基本法，成立特別行政區，保持原有的資本主義社會經濟制度和生活方式不變。但是，政權的更迭和管治權的轉移，是具有革命性的深刻變革，必然會觸動美國霸權主義者為首的國際反華敵對勢力及其香港代理人的重大政治、經濟利益。他們不甘心退出香港的政治歷史舞台，始終敵視社會主義中國的崛起復興和「一國兩制」在香港的成功實現，總是千方百計地進行對抗、搞亂、破壞、分裂和顛覆活動，妄圖恢復他們在香港以至整個中國大陸「失去的天堂」。

2014 年秋冬之際發生歷時七十九天的非法「佔中」或所謂「雨傘運動」，就是上述主要矛盾的突出體現。它以所謂「爭取民主命運自主」為核心主題，以癱瘓香港

（非法「佔中」）、顛覆特區政府（要「特首下台」）和對抗中央（要全國人大「收回八一三決定」）為政治口號，以雨傘及黃絲帶為行動標誌，是一場有綱領、有預謀、組織的香港版「顏色革命」的試演，最終以失敗告終。

反對派將向何處去？他們目前正站在歷史的十字路口，面臨兩條道路和兩個前途的抉擇：一是迷途知返，回到「一國兩制」和基本法的正確軌道；二是執迷不悟，繼續與包括香港同胞在內的全國人民對抗到底，這最終只能走向絕路。這正如毛澤東主席所說：「搗亂、失敗、再搗亂、再失敗，直到滅亡——這就是帝國主義和世界上一切反動派對待人民事業的邏輯，他們絕不會違背這個邏輯的。這是一條馬克思主義的定律。」

七、「23 條立法」爭議的政治本質和背景

　　周恩來總理曾經說過:「香港是個國際階級鬥爭的場所。」不但在香港回歸前是這樣,回歸後仍然是這樣。鄧小平同志也曾明確指出:決不允許「香港變成一個在『民主』的幌子下反對大陸的基地」。周恩來和鄧小平對香港政治生態的科學論斷,是基本法第 23 條的重要政治背景和客觀依據。圍繞「23 條立法」的爭論,實際上就是我前面講的香港特區管治的主要矛盾的體現,是包括愛國愛港的香港同胞在內的全國人民和國際及香港本地反華亂港敵對勢力之間的嚴峻鬥爭。

　　香港回歸祖國後,一方面要繼續對祖國的改革開放和國家統一做出貢獻,另一方面亦要防止國際反華敵對勢力和香港反華亂港勢力的滲透、顛覆和破壞,不能使香港成為對內地進行政治顛覆活動的基地。這是香港特區必須長期肩負的雙重任務。基本法第 23 條的本地立法,是香港特區完成以上雙重任務的必要措施,是香港應盡的憲制責任,亦是「一國兩制」行穩致遠、香港特區繁榮穩定的重要保障。

八、香港青年要把「中國夢」、 「香港夢」與「青春夢」 結合起來

新陳代謝是自然界和人類社會發展的普遍客觀規律。青年一代,既是家庭和長輩的希望及未來,也是國家和民族的希望及未來。

當前,世界正面臨百年來未有之大變局,處於大變革、大調整和大博弈的歷史轉折期。世界經濟全球化與逆全球化、前進與倒退、和平與戰爭、人類命運共同體和「唯我優先」及「唯我獨霸」兩種潮流、兩條路線、兩股力量和兩個前途正進行着激烈的較量和博弈。

2019 年是中華人民共和國成立七十週年。新中國成立以來,尤其是改革開放以來,經過十幾億全國人民幾代人的艱苦奮鬥,以幾十年的實踐走完西方國家二三百年走完的路程,由窮變富再變強,從世界舞台的邊緣走向中央,並正在向中華民族偉大復興的「中國夢」闊步邁進,創造了人類有史以來的罕見奇跡。

面對以上世界大變局和時代大背景,香港青年一代將向何處去?應如何善自抉擇?我殷切希望,香港廣大

青年一代，都能遵循人類社會發展的客觀規律，順應時代發展的主要潮流，把握中國近現代以來歷史發展的基本趨勢，在應付百年難得一遇的世界大變局的挑戰和機遇中，認真思考並確立個人的理想追求與奮鬥目標，把中華民族偉大復興的「中國夢」、「一國兩制」的「香港夢」和個人的「青春夢」有機統一起來，志存高遠，開拓胸懷，擇善而從，迎難而進，實現人生的真正價值。

另外，我還有一些話，想送給香港大學的學生。香港大學是中國近現代偉大革命先行者孫中山先生的母校，是他的愛國反帝、民族民主革命思想的啟蒙地與發祥地。孫中山先生上述愛國反帝、民族民主革命的思想和精神，是港大廣大師生應予繼承並發揚光大的寶貴精神財富，是「港大人」的「港大魂」。也正因此，「港大人」應該自覺擔負起愛國愛港的使命和責任。

第十章

專訪

費斐

國家觀念，香港情懷，
國際視野

對於香港回歸祖國的歷史進程而言，以費彝民先生和費斐女士為代表的費氏家族兩代人是不可忽視的重要親歷者。

費彝民祖籍蘇州，1908 年生於上海。1925 年，費彝民畢業於北京高等法文學堂，後任職於隴海鐵路總會所。1930 年，費彝民出任《大公報》駐瀋陽通迅員。1931 年「九一八事變」後，費彝民南下天津，正式加入《大公報》，歷任經濟課主任、編輯部書記。1936 年，上海《大公報》創刊，費彝民前往滬館工作，擔任主筆。1937 年上海淪陷後，《大公報》南遷，費彝民留守。次年，《文匯報》在上海創刊，費彝民擔任主筆。1945 年抗戰勝利後，費彝民出任上海《大公報》副經理、社評

委員。1948 年,香港《大公報》復刊,費彝民前往港館工作,出任經理。1952 年起,費彝民擔任香港《大公報》社長,直到 1988 年去世。新中國成立後,費彝民歷任第四、七屆全國人大代表,第五、六屆全國人大常委,第二至五屆全國政協委員。

費彝民赴港之際,正值新中國成立前夕。當時,以毛澤東為首的中共第一代領導集體,在醞釀新中國的外交政策時,早已考慮到香港問題。為了保留一個對外聯繫的國際通道,中央做出了「暫時維持現狀不變」的戰略決策,制定了「長期打算、充分利用」的對港方針,中國人民解放軍因而勒馬深圳河。在此背景下,費彝民作為《大公報》社長,以無黨派人士的特殊身份,活躍於新中國對港工作第一線,受周恩來接見五十餘次。在英國治下的香港,他致力於增強新中國的對外聯繫,聯絡和團結海外同胞,對新中國的外交事業和統一戰線工作做出了巨大貢獻。

費彝民的愛國愛港情懷,自然而然地感染了他的女兒費斐。費斐於 1942 年生於上海,六歲即隨父母移居香港。據費斐回憶,費彝民熱愛中國文化,積極推動香港與祖國內地之間的文化交流,這使得費斐有機會結識很多內地藝術家。在此過程中,費斐的內心逐漸萌生了一個在當時略顯「大膽」的念頭:北上求學。1963 年,

費斐進入北京外國語大學英文系就讀，成為當時全校唯一的港澳學生。大學畢業後，費斐於 1973 年進入外交部工作，先後擔任翻譯室翻譯員及美洲大洋洲司美國處二等秘書，多次陪同國家領導人出國訪問和會見外賓。

1985 年，費斐回到闊別二十一年的香港，協助時任人大常委、香港基本法起草委員會副主任委員、《大公報》社長的父親從事社會工作，就此參與到香港回歸和「一國兩制」實踐的歷史進程中。1988 年，費彝民在香港養和醫院病逝，終年八十歲。鑒於其特殊貢獻，中共中央統戰部和國家民政部特別批准，在北京八寶山革命公墓院內立碑紀念。

父親去世後，費斐繼承了父親遺志，積極投身於未來香港特區的籌備工作。1996 年，費斐被任命為香港特別行政區籌備委員會秘書處香港辦事處副主任，並曾任香港特別行政區第一屆政府推選委員會委員。香港回歸祖國之後，費斐連任第九、十、十一屆港區全國人大代表，積極參與國家事務。此外，費斐還熱心於社會公益事業，積極維護婦女權益，在中國宋慶齡基金會、中華全國婦女聯合會、香港婦女基金會等多個婦女組織擔任要職。

從北上求學，到返回香港，費斐的人生連接起新中國的「兩個三十年」。這一頗具傳奇色彩的經歷，使她成

為「中國故事」的一位重要講述者。今天，費斐雖已淡出政壇多年，但「愛國愛港」情懷不減，欣然應允了我們的訪談邀請。在訪談過程中，費斐深情地回憶起了父親費彝民先生的教誨、周恩來總理的關懷以及香港回歸的歷史細節。歷史大幕在我們面前緩緩拉開，我們被費氏家族兩代人發自內心的「愛國愛港」情懷所深深感動。

國家觀念，香港情懷，國際視野 —— 這是父親留給費斐的教誨。費斐希望把父親的教誨贈予香港青年。她說：「我不認為他們是失落的一代，我們可以幫助他們比較客觀地認識國家。」畢竟，兩岸三地的中國人，都有一個共同的名字，那就是：炎黃子孫。

一、父親費彝民的言傳身教

　　我的父親費彝民是一位非常盡責的父親[①]。在我的記憶中，他工作繁忙，經常早出晚歸，很少和我們一起。也許為了彌補，父親常給我們買玩具。父親還刻意幫助我們從小養成讀書習慣，不斷為我們購買各類圖書，包括五十年代內地流行的小人書，如《三國演義》、《水滸》、《三國演義》、《紅樓夢》。到我們上中學的時候，父親又給我們買了很多中外名著，比如《安娜·卡列尼娜》、《傲慢與偏見》，還包括一些進步文學，比如《青春之歌》、《林海雪原》、《苦菜花》。從小到大，父親源源不斷滿足我們物質和精神上需求，「運輸大隊長」是我

---

① 　費彝民（1908－1988），中國著名新聞工作者。1925年，費彝民畢業於北京高等法文學堂，曾在北京隴海鐵路總公所工作。1930年後，費彝民出任天津《大公報》駐遼寧通訊記者。1945年後，費彝民出任上海《大公報》副經理兼社評委員。1948年，費彝民赴香港參加香港《大公報》復刊工作。1952年至1988年，費彝民出任香港《大公報》社長。在此期間，他還擔任第二、三、四、五屆全國政協常務委員，第五、六屆全國人民代表大會常務委員，第七屆全國人民代表大會法律委員會副主任委員，中華全國新聞工作者協會副主席，香港特別行政區基本法起草委員會副主任委員。1988年5月18日，費彝民因病在香港逝世，享年八十歲。鑒於費彝民的特殊貢獻，經中共中央統戰部和國家民政部特別批准，在北京八寶山革命公墓院內立碑紀念。

們給父親起的第一個綽號。

我是家裏的書蟲，小學六年級開始閱讀中外名著。父親常給我佈置閱讀計劃。他覺得，我們多看一點書，可以少一點出去胡鬧。所以我讀中學時，印象中只去過兩個同學的聚會，而且這兩個同學都是我父親朋友的孩子。別的同學的活動，我一概沒有去過。別人和我說，你好像關在鳥籠裏頭的金絲雀，沒有見過世面。

但是，我去北京外國語學院讀書之後的第一個暑假，父親讓一個年輕的記者陪我去看木屋區，說要給我補補課。[②] 因為當北京的同學問起香港的情況時，我不能好像不食人間煙火似的，什麼也不知道。現在的年輕人應該看不到木屋區了。木屋條件非常簡陋，都是鐵皮、木板、鐵絲搭建成的。另外，父親還讓我去看籠屋。[③] 我當時涉世未深，很受震撼。父親雖然沒有在我們身上花

---

② 木屋又稱寮屋、鐵皮屋，在香港指非法佔地而建的臨時居所，其建築通常相當簡陋，大多以鐵皮及木板等搭建而成。寮屋在 1940 年代末的香港開始增多。一個原因是原有房屋在二戰時大多受到破壞，另一個原因則是中國內戰期間有大量難民湧入香港。港英政府當時並未提供任何公營房屋計劃，難民便在市區邊緣和山邊建造寮屋。寮屋區十分擠逼，衛生惡劣，更經常發生火災意外。1953 年 12 月 24 日的石硤尾大火燒毀該處的寮屋區，令近五萬人無家可歸。之後，港英政府才改變房屋政策，興建公營房屋安置居民，寮屋在香港的數量才受到控制。

③ 籠屋又稱「床屋」，分佈在深水埗等地舊樓，其中床位被鐵絲網團團圍住，猶如一個個籠子。籠屋居民被稱為「籠民」，多為社會底層人士。

很多時間，但他的這些言傳身教卻令我們受用終身。

父親的另外一個綽號是「聯絡員」。大學後，我們五個孩子分隔四方，大哥在法國，三弟在英國，四、五弟在加拿大，我在北京。父親工作再忙，都會細心閱讀我們每一封家信，並及時通報我們每一個人的情況，從未間斷過。二十多年裏，父親一手在我們之間架起了一座聯繫的橋樑。

父親為維繫一個和諧和充滿愛的家庭付出了許多心血。父親經常教育我們，要愛家庭。所以我們費家整個大家族，都很重視家庭。父親兄弟情深。十七歲踏入社會後，一直幫助祖父負擔兩個弟弟上大學的學費。父親的長兄是我國著名電影導演費穆。[④] 伯父英年早逝，去世時四十出頭，遺下七個遺孤，最小的還在繈褓之中。喪夫後，伯母帶着子女返回上海定居。父親一直照料長嫂和遺孤的生活，每月從香港匯款，年復一年，直到孩子們長大成人。父親對我們，對他的兄弟的孩子，都起到了一個很好的示範作用。

父親對我們要求非常嚴格。他沒有太多時間和我

---

④　費穆（1906－1951），中國著名電影導演、編劇。1932 年，費穆執導了批判現實的劇情片《城市之夜》，由此受到關注；1935 年，執導了電影《天倫》，於中國電影史上首次以民族樂器配樂；1948 年，拍攝了中國第一部彩色電影《生死恨》。1951 年 1 月 31，費穆因心臟病突發辭世，享年四十五歲。

們講大道理。但他通過言傳身教，讓我們明白，作為一個中國人，首先要有根，要有國家觀念。作為中國人，要熱愛自己的祖國。我中學入讀聖士提反女子書院，受的是殖民教育。但受父親影響，我從小已經有了強烈的國家觀念。父親還經常教育我們，要有香港情懷。因為我六歲來到香港生活，去北京讀書的時候已經過了二十歲，在香港生活了很長一段時間，所以也算是香港人。香港人要「愛國愛港」，當然要有香港情懷。另外，父親還教導我們要有國際視野，要了解外面的世界。

如今我已是七十多歲的老人了，對香港年輕人，尤其是中學生，我想提三條建議，也就是上面講到的三條。第一，要有國家觀念。無論對國家有多大不滿和不理解，都要主動去了解它，認識它的過去和現狀，再加以分析，從而作出正確判斷。第二，要有香港情懷。第三，要有國際視野。這是父親給我的最重要的教育。

在為人處事方面，父親也是我們的表率。父親熱愛國家，在最困難的情況下也從未動搖過；父親熱愛自己的事業，在香港《大公報》整整服務了四十年。父親一生光明磊落，樂於助人，不忘本，不追逐名利。

父親一生經歷過的人與事，知道的人很少。多年前，《人民日報》報道，根據國家檔案館公佈資料，周恩來總理接見父親，有文字記錄的有五十九次，但沒有留

下一張兩人合影照片。

那時，我們家住港島中半山羅便臣道和干德道之間的一座公寓。樓宇的「看更」—— 也就是門衛 —— 反映，門前經常有一位挑着擔子賣橙的小販，每天一早坐在公寓門前賣橙，但從未見過他叫賣。此人每天清早到來，傍晚離去，形跡可疑。我們懷疑他是港英當局派來監視父親的便衣。父親猜想，此人的任務一是掌握父親的活動，二是了解和父親來往的人。父親還開玩笑說：「也不排除是暗中『保護』我，免得一旦出事，不好向當局交待。」

我於 1966 年到北京讀書，但頭兩年的寒、暑假，我都是回來過的。聽母親和兄弟反映，1967 年間，情況非常緊張。那時，我父親不能住在家。因為只要在家，他就可能接到傳票。一旦接到傳票，他就要去法庭。父親每天上下班，均由兄弟輪流駕車接送，每天選擇不同的路線，以防途中被攔劫。後來，父親乾脆搬到位於灣仔雲西街的新華社香港分社宿舍，一住半年有多。

二、北上求學之旅

　　我六歲就隨父母移居香港。上世紀六十年代，香港和內地之間的文化交流非常頻密，不少內地藝術團體，以及青年音樂家、京劇、越劇、粵劇知名演員，都經常受邀到香港訪問演出，父親是接待方，本身又是文藝愛好者（父親七歲以票友身份登台演出京劇），每次都參與接待工作。當時，父親經常帶我在身邊，我因此結識了不少青年藝術家，被他們清新的形象和氣質吸引，逐漸萌發了北上求學的念頭。

　　當我向父親表明有意去北京求學時，父親不敢相信自己的寶貝女兒居然下了這麼大的決心。但沒料到父親同意了我的選擇，並着手安排我去北京參加全國高校統一考試。北上前一週，幾乎每一個夜晚，我都徹夜難眠，經常偷偷在被窩裏哭，後悔自己作出的決定，但又沒有勇氣面對父親。我想，既然北上求學是我自己作的決定，如果反悔，不僅丟自己的臉，也讓父親為難。

　　1964 年夏天，我在北京外國語學院入學，很快融入了校園生活。那時生活很清苦，大學生膳食費每人每月十五元，學生飯堂沒有椅子，學生們都是站着用膳，人

手一個唐磁缸子，大小猶如一個小面盆。文革發生後，膳食費降至每人每月十三元。學生宿舍廁所地下終年積水，如廁要足踏大小不一的磚塊方能出入。學生輪值清洗廁所，但沒有清潔工具，只有一把爛掃把。

1966 年，我在北京上學時，正好趕上「文革」，受過一點衝擊。我可以舉一個例子。那一年夏天，我身着一條自己裁製的普通花布裙，上身一件軍外套，腳踏一雙塑膠涼鞋，在校園遠觀群眾批鬥大會。一幫中學紅衛兵，衝上前，攔着我去路，向我揮舞《毛主席語錄》，口中高喊「革命不是請客吃飯，不是繪畫繡花……」。當時，我和他們激烈爭辯，引來一大群圍觀者，場面非常混亂。同年級的同學怕我出事，急忙過來向他們解釋，並護送我返回宿舍。之後兩天，我都絕食抗議。

1970 年，北京外國語學院南遷湖北農村以後，紅衛兵一度要為我辦學習班，試圖把我隔離。當時學院還傳聞，我是香港最大資本家的女兒，又懷疑我藉 1965 年至 1966 年間寒暑兩度假返港休假期間從事間諜工作。當時，駐校軍宣隊來自中共中央警衛團，即 8341 部隊。⑤因為周總理經常接見我父親，所以他們很熟悉周總理和

---

⑤　中國人民解放軍中共中央警衛團，代號為「8341」，是中華人民共和國成立後組建起來的一支保衛黨和國家領導人的特殊部隊。

我父親的關係，故特別找我談話，要我鎮定，相信政府，不要在威迫下承認所謂的指控。

另外，十多年前，外交部駐港特派員公署官員向我透露，文革期間，周總理有一次接見北京外國語學院紅衛兵時，曾向他們打聽一位姓費的女孩子。他們一聽，覺得我有「特殊背景」，就再也不敢對我下手了。由於周總理的關照，以及 8341 部隊的保護，我的生活逐漸恢復了正常。

三、為周恩來擔任翻譯的經歷

我從北京外國語大學畢業後，進入外交部工作。事後獲知，這也和周總理的過問有關。我於 1964 年入學，但在學校一直待到 1973 年。那個年代，大學生畢業，每人都可以填寫一份志願書，報三個志願。我的第一志願是新華社，一心想當一名記者，「子承父業」。外交部並不在我考慮之列。我們這一屆，分到國務院各部委的不多，分到外交部的更少。後來，有人告訴我，周總理曾過問此事。

進入外交部後，我的第一份工作是翻譯室英文翻譯員。1973 年 11 月，時任加拿大總理皮埃爾·特魯多（Pierre Trudeau）—— 也就是現任加拿大總理賈斯廷·特魯多（Justin Trudeau）的父親 —— 訪問中國。他當時是加拿大自由黨的黨魁，是一個非常有名望的政治人物。在當時錯綜複雜的政治背景下，特魯多總理率領龐大的政府代表團對中國進行國事訪問，需要極大的勇氣。為此，中方也給予他最高規格的禮遇。身患重病的周總理親自參與接待工作，多次會見特魯多夫婦，一起共進午餐，並親自陪他去河南洛陽參觀龍門石窟。

我很幸運地參加了這次接待工作，並作為代表團的一名譯員，擔任國宴翻譯。當時我入外交部還不到半年，沒有見過世面，更沒有工作經驗，但總理敢於起用新人，說明他愛護年輕人，並對年輕人寄予厚望。

　　在接待過程中，有許多有趣的插曲，我至今還記憶猶新。印象最深刻的一次是，國宴結束後，步出宴會廳，周總理走在前面，我們跟隨在後。周總理忽然問我：「小費，緊張吧？」總理和藹可親，我大膽地回應「是」。這是周總理最後一次參加接待工作。作為一個「初生牛犢」，我感到無比幸福。

　　之後，周總理住院接受治療，再沒有出現在公共場合。直到 1974 年，周總理出來主持國慶招待會。全場轟動，當時我也在場。只見在場的很多人，包括各國駐華大使，都不顧儀態地站在椅子上，爭取看看總理的容貌。全場熱烈鼓掌，很多人激動地流下了眼淚。我在外交部十二年，再也沒見過這樣感人的場面。

四、跟隨鄧小平出訪美國

　　1979 年，我跟隨鄧小平先生出訪美國。我先簡要講一下中美建交的背景。1972 年 2 月，以反華出名的共和黨尼克松總統訪華，引起國際高度重視，被譽為一次「破冰之旅」。隨後，中美進行了長達七年的艱苦談判。1975 年，雙方在對方首都互設聯絡辦事處。1978 年，雙方發佈《中美建交聯合公報》，宣佈雙方自 1979 年 1 月 1 日起互相承認並正式建立外交關係。同年 1 月，鄧小平先生對美進行國事訪問，雙方簽署了一系列合作協議。

　　我有幸作為工作人員，隨同鄧小平先生對美進行國事訪問。他當時是以國務院副總理的身份出訪美國，但美國給予了國家元首級最高規格接待。冀朝鑄[6] 是訪美團的主要翻譯，我是鄧夫人卓琳女士的翻譯。鄧小平先

---

[6]　冀朝鑄（1929－2020），外交部國際司、美大司前副司長，曾任中國駐斐濟、瓦努阿圖、基里巴斯、英國等國大使以及聯合國副秘書長。冀朝鑄親歷了「日內瓦會議」、「萬隆會議」、中美建和談、尼克松 1972 年訪華、中美發表「上海公報」談判等一系列重大事件，曾為毛澤東、周恩來、鄧小平等黨和國家領導人擔任翻譯。

生訪美期間，有兩件事令我印象深刻。第一，鄧小平先生受到美國舉國上下空前的熱烈歡迎，之後在美國掀起一股「中國風」。第二，鄧小平先生向卡特總統宣佈，我們要對越南發動自衛反擊戰。美國沒想到我們會這麼做，嚇了一跳。

提到中美建交，我還想起了一段小插曲。中美建交時，雙方簽署了《中美文化交流協定》，規定中國外交部每年派四名外交官赴美進修。我作為第二批外交官，被派往在美國素有「外交官搖籃」之譽的塔夫茨大學弗萊徹法律與外交學院（Fletcher School of Law and Diplomacy at Tufts University）。我的指導老師倫納德‧昂格爾（Leonard S. Unger），中文名叫安克志，是美國最後一任駐台灣地區「大使」。[⑦] 他曾對外透露，1978 年 12 月 15 日半夜，他接到美國國務院電話通知，要他親自告訴蔣經國，中美將於 16 日上午 10 時同時宣佈建交。接過電話後，他大發脾氣。當時，美國駐台「大使館」的全體人員，在他率領下，舉着標語在館內遊行抗議。

---

⑦　倫納德‧昂格爾（Leonard S. Unger, 1917－2010），中文名安克志，美國外交官，歷任美國駐老撾、泰國大使和美國最後一任駐台灣地區「大使」。他在冷戰期間出使過動亂前線的東南亞，並參與過美國政府對越南戰爭的決策研究。

五、參與特區籌備工作，努力消除港人疑慮

1985 年，我返回香港，主要是協助時任全國人大常委、香港基本法委員會副主任、《大公報》社長的父親費彝民從事社會工作。1988 年，父親去世。1990 年，我離開《大公報》。我深知，像我這種背景，一般人不敢聘用我，很多地方我也不方便去、不應該去。最後，我選擇去一個航運集團，擔任主席特別助理，協助他處理內地事務。

1996 年，當時的新華社香港分社外事部長推薦我出任第一屆香港特別行政區籌備委員會秘書處香港辦事處副主任。集團主席非常惋惜地對我表示：「我不便和國家搶人，國家需要你，你就去吧。」然後，我接受了由原國務院港澳辦主任魯平先生簽署的委任書，參與到了香港特區的籌備工作中。

在一年的任期內，我盡最大努力完成好自己的本職工作。我沒有參與決策工作，主要職責之一是負責對外聯絡和宣傳，應付記者詢問和接聽市民電話。因為香港實行資本主義制度，內地實行社會主義制度，所以很多

香港人對香港前途缺乏信心。不少人關心其內地子女能否回香港與家人團聚，有人疑問持有外國護照的同時可否領取特區護照，也有人查詢茶杯或 T 裇印有國旗圖案是否違法，等等。我則要努力化解他們對內地、對國家的疑慮，讓他們不要畏懼。

我每天接很多電話，二三十個不止。有時候一拿起電話就被人罵。記得有一位男士，經常打電話來，開口第一句就稱我為「共產妹」，也許是因為我說話略帶口音吧。即使如此，我亦耐心地給他做工作，後來他的態度發生了變化。

香港回歸祖國以後，在一次酒會上，國務院港澳辦一位原副主任特地走過來舉杯對我說：「你對香港特區順利回歸做了很大的貢獻，謝謝你。」簡單的一句話，使我非常感動！

六、毛澤東時代的戰略佈局為
　　香港回歸祖國奠定基礎

　　我覺得，中國收回香港不只是為了推動改革開放，而是從國家長遠利益出發做出的決定，關乎到國家的前途命運和長治久安。雖然從文獻上看，以毛澤東為核心的黨和國家第一代領導集體應該沒有明確提出要在 1997 年收回香港，但我覺得，毛主席作為新中國的奠基人和偉大的戰略家，高瞻遠矚，運籌帷幄，香港前途問題早已在他的通盤考慮之內。一方面，「新界租約」將於 1997 年期滿，到時候怎麼辦？這是一個必須面對的現實問題。另一方面，香港是一隻「生金蛋的鵝」。所以中央當時提出了「長期打算，充分利用」的「八字方針」。如果沒有毛澤東、周恩來等領導人的戰略佈局，中國不可能有今天的局面。

　　中國回歸聯合國不久，1972 年 3 月，就通過駐聯合國代表黃華致信聯合國非殖民化特別委員會主席，聲明：「香港、澳門屬歷史遺留下來的帝國主義強加於中國的一系列不平等條約的結果，香港和澳門是被英國和葡萄牙當局佔領的中國領土的一部分，解決香港、澳門問

題完全是屬中國主權範圍內的問題，根本不屬通常的所謂殖民地範疇。因此，不應列入殖民宣言中適用的殖民地區的名單之內。」因為新中國不承認香港是殖民地，香港也沒有被聯合國納入殖民地名單，所以美國等西方國家都知道反對中國收回香港是沒有依據的。

在毛澤東時代，中國外交工作的一個重點，是處理與美國的外交問題。美國也很精明，它讓日本打頭陣，探探風聲。1972年，中日建交。同年，尼克松訪華。尼克松是最反共的一位共和黨總統，但他識時務，知道美國的老路走不下去了，就來訪問中國。尼克松訪華是中美關係的破冰之旅。中美關係的正常化，為香港回歸祖國營造了一個比較有利的國際環境。所以我覺得，香港回歸祖國不只是改革開放的重要成就，更是一個連續的過程。

七、「一國兩制」有利於國家的 長遠和根本利益

　　我覺得，在香港問題上，鄧小平先生居功至高。誰也未曾料到中國會提出用「一國兩制」的方式解決香港問題。我其實對「一國兩制」方針的由來並不了解。在這裏，我想細說一下 1981 年我在美國進修時的一段經歷。當時，美國人故意為中國政府的三名外交官和中國台灣「外交部」的三名外交官（其中一人為 2018 年台北市市長候選人丁守中）安排了同一個導師，即我前面提及的美國資深外交官昂格爾。丁氏曾私下和我談及香港問題。自 1979 年調離翻譯室，到 1985 年離開外交部，我一直在美洲大洋洲司工作，但香港事務歸西歐司管。外交部各業務司各司其職，不得過問工作範疇外事務。所以我當時真不知道該如何回答，只簡單回應了一句「不會這麼快吧」。我又開玩笑説，「香港是一隻會生金蛋的鵝」。言下之意是，香港可能會維持現狀。然而，當年我並未考慮到「新界租約」即將於 1997 年期滿的問題。事後，我才了解到，1979 年 3 月，時任港督麥理浩訪問北京，在會見鄧小平時，已經提出了新界土地契約能否延續的

問題。

中央領導人很早就開始考慮香港前途這個現實問題。鄧小平先生經過深思熟慮，提出了「一國兩制」構想，並以這種方式處理香港回歸問題。中英關於香港問題的談判經歷了漫長而艱巨的過程。現在回頭看，鄧小平先生看得很遠。他深知，在當時的歷史條件和外部環境下，中國必須韜光養晦，以經濟建設為中心，努力改變國家貧窮落後面貌，提升綜合國力。中國將充分利用香港的國際金融、航運和旅遊中心地位，健全的法律體制，優秀的人才，以及廣泛的國際網絡，大力引進外資，並協助國內企業走出去。當然，中央在構想「一國兩制」的過程中，亦考慮到了台灣問題，希望「一國兩制」在香港的實踐能夠為和平解決台灣問題提供經驗。因此，我覺得，「一國兩制」有利於國家的長遠和根本利益。

在實踐中，「一國兩制」主要面臨兩方面困難。一方面，由於兩地的制度差異，一些香港人擔心香港回歸祖國以後，原有的社會制度和個人權利得不到保障。但問題是，香港人必須明白，我們享有的言論自由等權利，是有限度的。一旦超越紅線，將被視為違法。社會一定要有規範、有約束，大家必須遵紀守法。不只香港特區如此，西方國家亦如此。「高度自治」不是「絕對自治」。

另一方面，由於歷史因素的影響，一些香港人對共產黨心懷恐懼。香港的人口結構中，有相當一部分人是內地「三反」、「五反」等歷次運動的受害者及其後代，以及 1949 年前後移居香港的國民黨殘餘部隊的後代。由此帶來的恐懼和對立情緒，恐怕要經過幾代人才能逐漸消弭。

　　鄧小平先生當年提出「五十年不變」，就是要香港人放心，「一國兩制」是中央的基本國策，並非權宜之計。不過，隨着五十年期限的臨近，這一問題將成為國內外關注焦點。由於它涉及多方面問題，包括巨大經濟利益，必將考驗中央的智慧。

　　我個人覺得，「五十年不變」的一個基本前提，是這一制度設計有利於國家的長遠和根本的利益。換言之，香港的局面不能失控，不能讓中國「後院起火」。只有香港不亂，「五十年不變」才有保障。

　　因為兩地的制度不同，所以很多香港人都希望，香港回歸祖國以後，原有的社會、經濟制度不變，生活方式不變。通俗一點講，就是「馬照跑，舞照跳」。為了消除香港人的疑慮，中央決定實行「一國兩制」、「港人治港」和高度自治。

　　但是，「港人治港」中的「港人」，應當是政治觀點持平者。鄧小平先生說，「港人治港」就是「愛國者治

港」。首先，香港人應當承認自己的國民身份。香港經歷
了 150 年的殖民統治，可能至少需要四代人甚至更長的
時間，才能完全擺脫殖民統治的影響，實現國民身份認
同的轉變。但香港人首先應當承認自己是中國人，主動
去認識中國的過去和現在，看到中國的進步。

　　對於香港人而言，「愛國」不等於「愛黨」，所以「愛
國者」的範疇很廣泛，涵蓋各階層、各界別人士。但香
港人亦必須承認，中國是一個單一制國家，中國共產黨
是領導國家的執政黨。我們必須承認這個國家，承認這
個政權。更何況，香港作為中央政府之下的一個地方行
政區，級別比一般省還要高一點，行政長官的級別比一
般省長還要高一點。這是一種很高的榮譽，我們要珍惜。

八、高度自治不是「撒手不管」

　　香港是中央政府管轄的地方行政區，憲法賦予中央政府對香港行使「全面管治權」。香港的「高度自治」不是無邊際的，而是有限度的「自治」，比如不能搞「港獨」。如果超越限度，中央就必須出手。《「一國兩制」在香港特別行政區的實踐》白皮書其實就是要把香港問題講清楚。

　　1998 年，我當選第九屆全國人大代表。我認同「井水不犯河水，河水不犯井水」的提法。但我認為，正確的做法是有所為、有所不為，但不能無所作為。當然，2012 年的中共十八大以後，局勢已經扭轉過來了，正在向好的方向發展。

　　另外，我們必須認識到，香港地處中國南端，與深圳一河之隔，被視為中國的「南大門」。在歷史上，香港從來都是各國收集中國情報的重要據點。包括英美在內的西方國家，從未停止利用香港對中國發動「顏色革命」，只是這麼多年都沒有成功。香港問題不只是簡單的地方政治問題，而是關乎國家的主權、領土安全和經濟發展利益。香港如果出問題，必定影響大局。從這個意

義上講，中央根據憲法賦予的權力對香港實行「全面管治」很有必要。

對於「普選」問題，我有一些不同的認識。在很多國家和地區，普選都不是解決政治問題的有效方式。比如，美國被視為民主國家的鼻祖，卻選出了特朗普這樣一個人來當美國總統；馬克龍才四十歲出頭，沒有什麼政治閱歷，就當選法國總統；在剛剛結束的巴西大選中，被稱為「巴西特朗普」的極右翼候選人博爾索納羅當選為巴西總統，巴西政壇以後恐怕會大亂。這些都是關於普選的反面例子。

不同國家和地區的實踐說明，選舉並非只有一種模式，「普選」更非放諸四海而皆準的真理。在政治發展問題上，我們應該採取更謹慎務實的態度。各國應按照自己的國情、歷史和現實，選擇適合本國的政治體制。作為一個中國人，我希望有一個強有力的政治領袖，在這個驚風駭浪的大時代，敢於站出來捍衛國家主權和經濟發展利益，完成統一大業，實現國家復興夢。

另一個問題就是「港獨」。我認為，「港獨」之所以發生，主要有三點原因。首先，我相信，150 年的殖民教育必然對青年人的思維方式和價值觀產生深遠影響，而一些人對國家歷史和文化的無知亦對此問題起了重要催化作用。其次，「港獨」目前以組織形式活動，必然要

尋求資金支援，所以「港獨」背後有某些外部勢力支持的說法，是符合客觀事實的。另外，在香港回歸初期，我們講「兩制」多，講「一國」少，這亦使「港獨」等錯誤思潮很容易在年輕人中間蔓延。

我們不能容許「港獨」變成政治口號，不能容許「港獨」組織與中央叫板和對抗。美國、英國等西方國家以前沒有通過「顏色革命」把中國搞垮，現在一定希望抓住機會把中國搞亂。另外，在中美貿易摩擦不斷升級的背景下，香港更是不能亂。研究一下春秋戰國或者三國的歷史，對於我們理解這個問題會有幫助。所以在香港問題上，中國一定不能掉以輕心。

九、港區全國人大代表的主要
　　作用是「下情上達」

　　新中國成立之初，就有香港人擔任全國人大代表。當時，香港人大代表並未獨立成團，而是附屬於廣東省代表團，參與全國人大相關工作。1954 年召開的第一屆全國人民代表大會，就有香港人徐四民老先生以緬甸華僑身份出席。[8] 五十年代初，父親被委任為政協委員，然後歷任第二至五屆全國政協委員，第五屆全國政協常委。七十年代，他又當選全國人大代表，然後歷任第四、五、六、七屆全國人大代表，第五、六屆全國人大常委，第七屆全國人大法律委員會副主任委員。父親的情況比較特殊，他曾同時擔任政協與人大常委，後來父親上書中央，辭任政協常委，保留人大常委。

　　以上事例説明，建國之初，國家在設計人大和政協制度時，已經考慮到香港和澳門，因為香港和澳門從

---

[8]　徐四民（1914－2007），緬甸華僑，1954 年當選第一屆全國人大代表，歷任第一至第七屆全國政協委員，第八、九屆全國政協常委；香港回歸前任港事顧問、香港特區預委會及籌委會委員及基本法諮詢委員會委員；1997 年獲香港特區政府頒發大紫荊勳章。

來都是中國不可分割的部分，必須在國家權力機關中有自己的代表。但香港回歸祖國以前，港區人大代表一直附屬於廣東省代表團。香港回歸祖國以後，港區人大代表才獨立成團。但由於兩地實行不同制度，《中華人民共和國全國人民代表大會和地方各級人民代表大會代表法》並不在香港實施。因此，我們不能像內地人大代表一樣，為便於接觸市民，而在香港成立全國人大代表辦事處。

在我看來，港區全國人大代表的主要職能是「下情上達」。我們也可以說，港區人大代表是國家的「耳目」，是中央政府聯繫香港市民的橋樑。我們也會處理不少涉及港人在內地經商或生活的刑事或民事案件，這也可以理解為一種「為民請願」吧。有些案件涉及經濟糾紛，人大代表很難介入。有時即使勝訴，亦不一定能得到賠償。目前來看，港區全國人大代表在閉會期間的履職，還有待進一步改善。

香港回歸祖國後，我連續擔任了三屆港區全國人大代表。我始終理解：港區全國人大代表不得干涉特區政府施政。這一點和內地全國人大代表的履職有極大區別。在內地，人大的性質是很清楚的，全國人大是最高國家權力機關，地方各級人大是地方權力機關。但香港的政治體制與此不同。為了避免香港出現另一個「權力

中心」，港區全國人大代表不可避免要受到制約。

但是，港區全國人大代表可以就香港民生、經濟和其他事務，向特區政府提出建議。特首每年發表施政報告和列席三月全國人民代表大會前，都會就政府工作諮詢人大代表意見。這已經成為一種機制。特首也非常重視人大代表的建議。特區政府在推行重大舉措或處理涉及兩地關係事務時，也非常願意聽取人大代表的意見。但人大代表不得主動以人大代表身份，要求特區政府接見，或對特區政府官員進行問責。

十、「男女平等是一個永恆的 課題」

　　其實，我從事社會公益，比我當港區全國人大代表早了足有十年。1985 年，我在老同學的引薦下，加入了一個國際婦女組織。之後，我先後擔任四個婦女組織的會長，同時還擔任了第三屆中華全國婦女聯合會執委。目前，我出任「香港婦女基金會」會長。「香港婦女基金會」成立於 1992 年，為非牟利慈善團體，宗旨是推動安老服務、婦女發展及青少年教育。1993 年獲社會福利署全額資助，營運中西區一間鄰舍中心，向區內長者提供多方位服務之餘，更組織長者義工隊服務區內外有需要的長者，尤其是隱蔽長者。

　　在社會公益領域，我尤其關注婦女問題。我想，男女平等是一個永恆的課題。現任香港特區行政長官首次由一位女士出任，這本身就是社會的一大進步。這是一件振奮人心的大事，說明我們的政府和社會重視婦女問題。總體而言，我是比較滿意的。香港政府很早就參與了《消除對婦女一切形式歧視公約》，並建立了平等機會

委員會。⑨ 香港回歸祖國之後，特區政府還成立了婦女事務委員會，當時我們一些人作為婦女代表，都獲邀去發表意見。⑩

香港是一個傳統的華人社會，長期受中華傳統文化的影響和束縛，「男尊女卑」的道德觀念依然具有一定影響力。若想從社會觀念中消除對女性的歧視，可能還需要長期的工作。很多事情的做法，亦不夠公允。真正意義上的男女平等，仍需婦女不懈努力去爭取！

我擔任了三屆全國婦聯執委，前後十五年，2008年退休。1998年的中國婦女第八次代表大會，朱鎔基總理出席。2018年的中國婦女第十二次全國代表大會，習近平主席等七位常委出席並講話。這說明中央很重視婦女

---

⑨　1981年，英國成為《消除對婦女一切形式歧視公約》成員國。1995年，香港宣佈該公約適用於香港。1997年，香港回歸祖國，而中華人民共和國政府亦為該公約的締約國，故其將繼續適用於香港。香港就該公約向聯合國的報告，會納入中華人民共和國的報告內。

平等機會委員會成立於1996年5月，是香港的一個法定機構，負責執行《性別歧視條例》、《殘疾歧視條例》、《家庭崗位歧視條例》及《種族歧視條例》。委員會致力消除基於性別、婚姻狀況、懷孕、殘疾、家庭崗位及種族而產生的歧視。此外，委員會亦致力消除性騷擾及基於殘疾和種族的騷擾及中傷行為，促進男女之間、傷健之間、有家庭崗位和沒有家庭崗位人士之間及不同種族人士之間的平等機會。

⑩　香港特別行政區政府於2001年1月成立婦女事務委員會，作為一個高層次的中央機制。委員會由香港特區行政長官委任，專責就婦女事務的宏觀策略提出建議，並制訂長遠目標和策略，確保婦女可盡展所長。委員會亦會就婦女關注的政策和措施向政府提供意見，並發揮促進婦女權益、啟發新思維和催化改變，以及動員社區資源等策略性功能。

工作。近年來，香港和內地婦女團體之間的往來也比較多，比如研討會、互訪等。毛澤東時代有一句話：「婦女能頂半邊天」。[11] 我覺得，一方面，我們要充分重視婦女的作用，因為從人數上講，婦女佔了人口的一半，是一個不能忽視的社會力量；另一方面，婦女也是需要我們去培育、服務和幫助的一個群體。

---

[11] 「婦女能頂半邊天」是毛澤東時代一句廣為流傳的口號。據考證，這個口號源於湖南農村俗語「婦女是半邊天」。新中國成立後，在社會主義改造時期，這一口號由地方婦女群眾提出，經過國家領導人和全國婦聯推廣，轉化為一種關於婦女解放的國家話語。這一口號傳到西方後，被女權運動所吸收。在 2017 年初的反特朗普大遊行中，很多美國民眾打出了「婦女能頂半邊天」（Women hold up the half sky）的標語。

十一、香港青年應具備國家觀念、香港情懷、國際視野

　　記得 2003 年，時任特首董建華先生在飛赴北京的航班上對我一個好友講，你們要做好青少年的工作。從那年開始，我直接參與了青少年教育工作。我對香港青少年的寄語，還是父親給我的三點勉語：國家觀念，香港情懷，國際視野。

　　第一，要有國家觀念。我覺得，我們不應太過責怪時下的香港青年人。他們這一代人，沒有經歷過港英的殖民管治時代，不知道當年港人遭受的不公平對待。從上小學開始，父親為免我們受到歧視，在學校文件的家長名一欄，一直填的是鮮為人知的別名。上中學時，我偶爾帶了一本描述五四運動的小說《青春之歌》返校，卻被校方指為禁書而沒收。一些愛國學校校長、知名文化人士和演員，因愛國而被港英當局無故逮解出境。今天的香港可能發生類似的事情嗎？時下的香港年輕人沒有經歷過那個時代，因此可能不太容易理解香港回歸的意義。很多人有疑問，為什麼一些香港年輕人雖然沒有經歷過港英時代，卻認為過去比現在好？我以為，受西

方價值觀和輿論的影響，再加上我們的教育體系還不夠完善，年輕人有這種想法一點都不奇怪。

我不認為他們是失落的一代，我們可以幫助他們比較客觀地認識國家。要想認識國家，就要看看它的歷史。歷史裏的好東西，你要接受；不好的東西，你要研究一下它為什麼不好。中國社會的結構性變遷，也要去了解。只有認識了中國的歷史，才能首先承認自己是中國人。香港年輕人不要迴避認識中國，有機會一定要多去內地走走。

第二，要有香港情懷。作為一個香港人，愛香港，就要承認香港是中國的一個特別行政區，不要去想「港獨」這種違反「一國兩制」的事情。香港搞不好，香港人亦有責任。

第三，要有國際視野。香港是一個國際大都會，因此香港年輕人應該有國際視野。我年底就七十六歲了，這麼大年紀，每天早上還要花兩個鐘頭看各種報紙。尤其是跟中國有關係的各種國際新聞，如朝鮮問題、美國大選等，都要特別關注，因為這些都會牽動乃至影響整個世界的格局。另外，我覺得，香港人有一個傳統觀念：英文講得好不好，是他們看人的一個重要標準。這個觀念一時半會還改變不了。所以我覺得，香港年輕人應該把英文學好。

後記

「一個國家、兩種制度」的政治構想及其在香港、澳門的率先付諸實踐，是中國近現代史上的大事件，也是人類歷史上的大事件。以和平談判的形式處理香港和澳門問題，解決歷史遺留下來的領土問題，推進國家的完全統一，這是人類歷史上少有的成功實踐，也是對盛行於二十世紀的霸權主義、強權政治的有力反駁，是愛好溫、良、恭、儉、讓的中華民族對建立新型國與國關係所做出的重要貢獻。

　　以「一國兩制」的形式解決不同社會制度、不同文明體系之間的相互關係，更是構建人類命運共同體的重要探索。從哲學層面講，在二十一世紀構建人類命運共同體，根本上是要解決「同」和「異」之間的辯證關係。在這個星球上居住的人類，各有不同的身份認同、歷史糾葛、制度特徵、語言文化、價值取向、實際利益等等，但也有共同的命運、關注和作為人的本質屬性，因此如何處理顯著的「異」而探求本質的「同」，是構建所有人的共同體的關鍵所在。「一國兩制」重要構想中所蘊涵的哲學道理是解決「同」和「異」之間緊張關係的一把金鑰匙。

　　2018 年春，當筆者與團隊成員一道，開始走訪曾深度參與「一國兩制」和香港回歸全過程的重要親歷者，親身走進「一國兩制」與香港的故事，也走進這群故事

書寫者的心路歷程之時，我們所深深感受到的是他們作為愛國者既清澈和柔、細緻包容，而又嫉惡如仇、強大如斯的初心與力量。

在訪談中，我們深切感受到，「一國兩制」的初創者、實踐者，他們所見者遠、所圖者大，其着眼點並非是在於一城一地、一針一線、一飯一粥的得失，而是在於如何在錯綜複雜的人類歷程中，找出人們之間和而不同、和而有異、求同存異的解決之道。「大音希聲，大象無形」。「一國兩制」這個包容性極大、團結面極大的制度設計，在無形中滋潤萬物，蘊育新猷，卻又寂然無聲。它既無處不在，又無跡可尋，於無聲處聽驚雷，但也正是如此才奏出時代的最強音符之一。

「一國兩制」的構想，經過在香港二十四年的實踐，如今已經進入到一個新的時代。在新的時代裏，進一步深化「一國兩制」實踐，要解決的關鍵問題則從平衡「同」與「異」之間的辯證關係發展為統籌「破」與「立」相結合的行動方案。而實現這一切的起點，正應該是二十世紀八十年代中共中央制定「一國兩制」方略時的原初構想。以「一國兩制」的形式把一個經受外國殖民統治一個半世紀的中國土地重新融入到國家治理結構和發展圖景之中，這並不是一項輕而易舉的工作；經過二十多年的實踐，人們也逐步認識到，這工作更不是一

個簡單靠「速凍」式的「一切不變」就可以完成的任務。「變」與「不變」相輔相成，「破」與「立」相得益彰。

當歷史進展到 2021 年，隨着香港回歸過程的完成，如何建立在「一國兩制」下香港新的、以憲法和基本法為基石的憲制和政治秩序成為要務。在維護香港社會經濟制度、生活方式不變、法律基本不變的前提下，怎樣破除舊有的殖民主義秩序、牢牢把握住「愛國者治港」這個根本原則，如何有效落實中央對香港特別行政區的全面管治權，如何有效維護憲法和基本法確立的憲制秩序，如何有效解決香港面臨的各種深層次問題、實現香港的長治久安，成為當前需要破解的重大命題。這本訪談錄，也是為了通過第一手材料和當事人的講述，全景式展現「一國兩制」實踐的最初創作者們，對一系列重大歷史、現實問題的回答，從而為社會各界的思考提供必要的素材，令香港各界的認知趨向共識。

在完成本訪談錄過程中，我們得到了國務院港澳事務辦公室、中央人民政府駐香港特別行政區聯絡辦公室、香港特別行政區政府、全國港澳研究會、中國人民大學、香港大學等部門及單位的大力支持，謹在此向他們表示衷心感謝。當然，本書中尚存的錯漏之處，均由編者完全負責。

1929 年 1 月，為了打破國民黨對井岡山根據地的第

三次「圍剿」，毛澤東帶領紅四軍主力南下贛南，牽制來犯敵軍。2月11日，在大柏地取得紅軍離開井岡山之後的第一次重大勝利，全殲贛軍劉士毅所部。後來，毛澤東重臨大柏地戰場，有感而發，寫下了著名的「菩薩蠻·大柏地」一詞，回望當年、展望未來，充溢對戰鬥歲月的懷念和對美好未來的期許。他寫道：

赤橙黃綠青藍紫，
誰持彩練當空舞？
雨後復斜陽，
關山陣陣蒼。

當年鏖戰急，
彈洞前村壁。
裝點此關山，
今朝更好看。

謹以此，獻給所有為在香港全面、準確踐行「一國兩制」偉大構想而付出智慧、汗水和年華的人們。

閣小駿
2021 年 2 月於香港薄扶林

年華裏的初心

香港回歸與「一國兩制」重要親歷者訪談錄

香港大學中國制度研究中心叢書

閻小駿、康向宇　編著

責任編輯　黎耀強
裝幀設計　吳丹娜
排　　版　楊舜君
印　　務　劉漢舉

出版

中華書局（香港）有限公司
香港北角英皇道四九九號北角工業大廈一樓 B
電話：（852）2137 2338
傳真：（852）2713 8202
電子郵件：info@chunghwabook.com.hk
網址：http://www.chunghwabook.com.hk

發行

香港聯合書刊物流有限公司
香港新界荃灣德士古道兩百二十至兩百四十八號
荃灣工業中心十六樓
電話：（852）2150 2100
傳真：（852）2407 3062
電子郵件：info@suplogistics.com.hk

印刷

美雅印刷製本有限公司
香港觀塘榮業街六號海濱工業大廈四樓 A 室

版次

2021 年 4 月初版
©2021 中華書局（香港）有限公司

規格

32 開（210mm×140mm）

ISBN

978-988-8758-38-8

本項目獲香港特別行政區政府政策創新與統籌辦事處資助（項目編號：S2016.A8.002.16S）